LE VOYAGEUR FRANÇOIS

OU

LA CONNOISSANCE DE L'ANCIEN ET DU NOUVEAU MONDE.

VOYAGE DE FRANCE,
Mis au jour par Monsieur D***.

TOME XXXI.

Prix 3 liv. relié.

A PARIS,
Chez MOUTARD, Imprimeur-Libraire de la Reine,
rue des Mathurins, hôtel de Clugny.

M. DCC. XC.
Avec Approbation, & Privilege du Roi.

LE VOYAGEUR FRANÇOIS.

LETTRE CCCXCV.

LE DAUPHINÉ.

JE viens de parcourir le Dauphiné, Madame; & j'ai vu qu'on avoit raison de ne pas mettre cette province (si toutefois vous en exceptez une petite partie) au nombre des plus riches & des plus fertiles du royaume. Mais elle est remarquable sous d'autres rapports. Les productions de la terre y sont nombreuses & variées : le voyageur naturaliste y trouveroit, pendant un assez long séjour, un nouvel aliment à sa curiosité. L'histoire de ce pays eſt curieuſe ; & c'eſt un des gouvernemens généraux les plus importans de la France, parce qu'il doit en être regardé comme le rempart du côté des Alpes.

Ces montagnes & le Piémont lui ſervent de limites à l'eſt, & la Savoie au nord-eſt. Le Rhône, dont il eſt cotoyé, le ſépare, au nord, de la Breſſe & du Bugey ; à l'oueſt, du Lyonnois & du Vivarais. Le Comtat Venaiſſin le borne au ſud-oueſt, & la Provence au ſud. Il a environ quarante lieues de longueur du nord au midi, & trente-ſix lieues de largeur de l'orient à l'occident. La plus grande partie de cette province eſt hériſſée de montagnes du côté de l'orient. Elle forme preſque tout le haut Dauphiné, qui comprend ſix petits pays ; les *Baronnies* & le *Gapençois* au midi ; l'*Embrunois* & le *Briançonnois* au levant ; le *Gréſivaudan* & le *Royanès* au nord. L'autre partie en plaine, à l'occident, eſt le Bas-Dauphiné, qui renferme quatre petits pays ; le *Tricaſtin*, le *Valentinois*, le *Viennois*, le long du rhône, & le *Diois*, à l'orient du Valentinois.

Les Gaulois-Celtiques habitoient cette contrée, avant que les romains s'en fussent rendus les maîtres. Ils étoient séparés en plusieurs nations, parmi lesquelles les *Allobroges* tenoient le rang le plus distingué. Les autres étoient les *Gessates*, les *Voconces*, les *Cathuriges*, les *Cavares*, &c. La plûpart de ces peuples suivirent en Italie ce fameux Brennius, qui porta le fer & la flamme dans Rome. Durant les guerres puniques, les Allobroges favoriserent, tantôt les Carthaginois, tantôt les Romains, devenant tour-à-tour stipendiaires de ceux qui achetoient leurs services à plus haut prix. Mais aussi-tôt qu'ils virent les romains étendre leurs conquêtes jusques dans la Gaule, & former des établissemens en Provence, ils se déclarerent contre eux sans retour, & se joignirent, pour les combattre, à Bituit, roi des Auvergnats. Cette confédération fut également fatale aux deux peuples réunis. Fabius Maximus remporta sur eux une victoire complette; & Bituit, chargé de chaînes, orna le triomphe du vainqueur.

Ce fut sans succès encore que les

Allobroges groffirent la foule des Cimbres & des Teutons, qui étoient accourus du fond du nord & de la Germanie pour pénétrer en Italie. Marius, comme je l'ai dit ailleurs, les tailla en pieces; & d'autres généraux romains acheverent de les foumettre. Tout le pays des Allobroges & de leurs alliés fut réduit en provinces romaines, où l'on établit des garnifons de légionnaires, & où l'on forma des colonies. Le haut-Dauphiné dépendit de la province des Alpes cottiennes & maritimes. Le bas Dauphiné appartint à la Viennoife, ainfi nommée, parce que Vienne en étoit la capitale & la réfidence du préfet des Gaules.

Les bourguignons furent les premiers barbares du nord, qui, lors de la décadence de l'empire, occuperent le Dauphiné. Ce fut d'abord avec le confentement des romains. Ils vécurent même en affez bonne intelligence avec eux pendant quelque temps, & tâcherent de les défendre contre les Huns, & enfuite contre les Goths. Mais enfin ils s'arrangerent avec ceux-ci, de maniere que les rois des Bourguignons possédèrent le côté du rhône où est Vienne, & les Visigoths l'autre partie où est Narbonne. Clovis, après avoir anéanti la domination romaine dans les Gaules, battit successivement les Visigoths & les Bourguignons, dont les possessions furent réunies à la monarchie françoise. Le Dauphiné entra dans le partage de ses états fait entre ses enfans, & dépendit le plus souvent du royaume d'Austrasie. Dans le huitieme siecle, les Sarrasins vinrent le ravager, & l'occuperent même pendant quelque temps. Mais ils furent défaits par Charles Martel, & ensuite chassés pour toujours par Charlemagne.

Vous vous rappellez sans doute, Madame, que sous les descendans de ce grand monarque, Boson, gouverneur de Provence, fonda en 879 le royaume d'Arles, appellé aussi le royaume *de la Bourgogne cis-jurane*, dont le Dauphiné fit partie. Cependant dès le dixieme siecle, on vit naître dans cette province différentes petites souverainetés, soit par les cessions ou aliénations que firent les rois d'Arles en faveur de quelques seigneurs, foit par l'habileté de ceux ci à fe rendre indépendans dans leurs terres. Les principaux de ces petits fouverains furent les comtes de Vienne, de Valentinois, du Diois, & les marquis de Saluces. Rodolphe *le fainéant*, roi d'Arles, mort fans enfans en 1032, inftitua fon héritier l'empereur Conrad, dit *le Salique*. Mais ce monarque & fes fucceffeurs étoient trop éloignés de leur nouveau royaume. Ils n'en eurent d'abord que le haut domaine, dont ils furent même bientôt dépouillés dans des temps de trouble, où les nobles déjà établis affermirent leur puiffance, & où les évêques ufurpoient la feigneurie de leurs villes épifcopales.

Ce fut au onzieme fiecle que commencerent les comtes d'Albon. Ils devinrent dans la fuite les feigneurs les plus confidérables du pays, puifqu'ils réunirent le Gréfivaudan, le Viennois, l'Embrunois, le Gapençois & le Briançonnois. Le premier de ces comtes fut Guygues qui vivoit du temps du roi Rodolphe, & mourut en 1075. Son fils, comte d'Albon & de Moras, s'intitula auffi *comte de*

Grenoble. L'arriere-petit fils de celui-ci, Guygues IV, eſt le premier qui ait porté le nom de *Dauphin*. Le comte de Boullainvilliers penſe (& ſon opinion paroît très-probable) que ce ſurnom fut donné à ce prince à cauſe du cimier de ſon caſque qui imitoit la forme d'un Dauphin. Cependant il conſerva durant toute ſa vie le titre de comte d'Albon. Mais après ſa mort, arrivée en 1149, ſes ſucceſſeurs, à qui ſa mémoire étoit précieuſe, s'attribuerent plus particulierement le nom de *Dauphin*, comme une qualité; & inſenſiblement le comté d'Albon perdit ſon titre pour prendre celui de *Dauphiné*.

Guygues IV. ne laiſſa qu'un fils qui mourut en 1167 ſans enfans mâles. Béatrix, ſa fille unique, épouſa Hugues III, duc de Bourgogne, qu'elle rendit ſouverain du Dauphiné. Leur poſtérité maſculine fut éteinte en la perſonne de Guygues VII, mort en 1269. Anne, ſa fille unique & ſon héritiere, épouſa Humbert, ſeigneur de la Tour-du-pin. Le dernier des princes de cette maiſon fut Humbert II, qui, vivement affligé de la mort de son fils unique, & résolu de consacrer ses derniers jours à la vie religieuse, disposa, par trois différens traités, de tous ses états en faveur de Philippe de Valois, roi de France. Ces traités sont des années 1343, 1344 & 1349. Le Dauphiné ne comprenoit alors que le Viennois, le Grésivaudan, l'Embrunois, le Gapençois & le Briançonnois. Le reste a été uni depuis à cette province par des acquisitions.

« On a cru mal-à-propos, dit le président Hénault à l'occasion de cette cession, qu'une des conditions du traité avoit été, que le titre de dauphin seroit porté par le fils aîné de nos rois. Il arriva au contraire que le premier dauphin nommé par Humbert au premier traité de 1343, fut le second fils de Philippe de Valois. Mais il est vrai que cela n'eut pas lieu, & que ce titre a toujours été porté depuis par le fils aîné du roi. Nous voyons qu'en 1426, Charles VII céda cette province au dauphin son fils, quoiqu'il n'eût alors que trois ans, & que ce prince confirma cette cession en

» 1440. C'est la derniere cession que
» l'on trouve qui en ait été faite par
» nos rois à leurs fils aînés, s'étant
» contentés depuis de leur en faire
» porter le nom »

En faisant la description des dioceses & des différens cantons du Dauphiné, j'aurai occasion d'éclaircir d'autres points de l'histoire de cette province. Mais je ne croirai pas inutile de vous dire ici, Madame, qu'avant François I, on donnoit au dauphin le titre de *monseigneur*. Sous les regnes de Henri IV, de Louis XIII, & au commencement de celui de Louis XIV, on le nommoit *monsieur*. Mais vers l'an 1677 le nom de *monsieur* fut affecté à Philippe de France, frere unique du roi, & celui de *monseigneur* au dauphin. La cour vit alors avec surprise qu'il y eût en France un sujet à qui le monarque donnoit le titre de *monseigneur*, soit en lui parlant, soit en parlant de lui. Lorsque Louis XIV perdit le dauphin, il y avoit dix ans que *monsieur* étoit mort; & personne n'étant décoré de ce titre, le roi ne donna que celui de *monsieur le dauphin* au duc de Bourgogne, qui devenoit dauphin par la mort de son pere.

Au reste, les dauphins se qualifient dans leurs lettres, *par la grace de Dieu, fils aîné de France & dauphin de Viennois*. Le dauphin, fils de Louis XIV, mort en 1711, est le premier qui ait été qualifié *dauphin de France*. Depuis ce temps, nous trouvons que dans tous les écrits où il est fait mention du dauphin, on ne lui donne point d'autre titre que celui-là.

Le climat du Dauphiné est vif, pur & sain; mais plus froid que tempéré, excepté tout-à-fait sur les bords du rhône. Les montagnes y sont couvertes de neige pendant la plus grande partie de l'année. De-là vient que l'hyver y fait sentir ses rigueurs plus longtemps que dans les provinces voisines. Les chaleurs de l'été y sont cependant très-fortes. Quand le soleil échauffe le fond des vallées, les plantes y croissent avec beaucoup de rapidité, & les fruits y mûrissent parfaitement. Les deux tiers du haut-Dauphiné sont presque stériles: c'est ce qui oblige les habitans d'aller travailler une partie de l'année dans les autres pays, soit pour fournir à leur subsistance, soit pour améliorer leur sort. Mais il y a des contrées où le sol est très-fertile; & c'est principalement dans les plaines. Il produit du bled, du vin excellent en certains cantons, de très-bonne huile, du chanvre, &c. Les amandiers n'y sont pas rares; bien moins encore les mûriers dont les feuilles servent à nourrir les vers à soie. Le grand nombre des châtaigniers & des noyers est d'une grande ressource pour le peuple. Il faut convenir aussi que les habitans travaillent avec le plus grand soin les terres susceptibles de culture. Je doute qu'à cet égard on trouve en France des hommes plus actifs, plus laborieux & plus infatigables.

Quoique le bas-Dauphiné soit un pays de plaines, il ne laisse pas de contenir plusieurs montagnes. Mais les plus remarquables forment, comme je l'ai déjà dit, presque tout le haut-Dauphiné. Ce sont les Alpes cottiennes, dont les montagnes de Provence ne sont qu'une continuité. Elles abondent en excellens pâturages; & l'on y nourrit beaucoup de bétail, dont le lait sert à faire du beurre & des fromages qui sont en grande réputation & d'un grand débit dans le royaume. La plupart sont couvertes de bois propres pour le chauffage & la construction. Il y a, principalement dans l'Embrunois & du côté du Gréfivaudan, des forêts de chênes & de sapins d'une hauteur considérable, pour la grande & la petite mâture. On n'est embarrassé que de la maniere de les conduire à la mer. Les montagnes du Briançonnois offrent une quantité prodigieuse de melezes; espece d'arbre qui ressemble assez au sapin, & très bon pour la menuiserie; ce qui l'a fait quelquefois confondre avec le cédre.

 Vous avez peut-être ouï dire, Madame, que dans le siecle dernier on trouva deux sauvages sur ces montagnes. Un citoyen distingué de Grenoble m'a fait part d'une lettre écrite à ce sujet par M. Salvaing de Boissieu, elle est datée de Grenoble même le 13 Septembre 1646. L'original est dans le cabinet des manuscrits de la Bibliotheque du Roi. En voici une copie telle qu'on me l'a donnée.

« L'avis qu'on vous a donné, Monsieur, de deux sauvages qui ont été vus aux montagnes du Dauphiné, est véritable; & voici ce que j'en ai appris. Au mois de Juillet 1646, quelques bucherons, au nombre de six ou sept, allant travailler dans le bois de la Combe, ouïrent une voix fort agréable, mais sans articulation, qui donna curiosité à l'un d'eux de s'avancer jusqu'à l'endroit d'où venoit la voix, pour savoir ce que c'étoit; & après avoir fait trente ou quarante pas, il découvrit une femme velue par tout le corps, à la réserve d'un petit espace au-dessous des yeux, ayant les cheveux pendans jusqu'auprès du coude, & qui étoient repliés en forme de flocons, les mammelles fort avalées, dont le bout témoignoit qu'elle étoit nourrice; & ses pieds fort petits & semblables à ceux d'un enfant de trois ans. Mais comme ils étoient couverts de poil, il ne put pas remarquer s'ils avoient des doigts. Il demeura plus d'une demi heure à la considérer de huit ou dix pas, sans qu'elle en fût effarouchée : mais

» quant à lui, il n'eut pas la force
» d'aller à elle, & il s'enfuit. Ayant
» ensuite raconté son aventure, un
» autre bucheron plus déterminé dit
» qu'il iroit le lendemain au bois,
» que s'il avoit la même rencontre,
» il ne seroit pas aussi timide. Il tint
» parole ; car à peine il eut donné
» quelques coups de coignée à un
» arbre, qu'il entendit le chant de
» cette sauvage ; & étant allé, avec un
» autre bucheron qui l'avoit suivi,
» vers l'endroit d'où venoit la voix,
» il l'apperçut & courut à elle ; &
» comme elle s'enfuyoit, il la prit
» par les cheveux. Cette femme alors
» poussa un cri sans articulation, &
» fit un signe de la main pour appeler
» à son secours le mâle, qui vint en
» même temps à grands pas, laissant
» tomber quelques racines qu'il tenoit
» dans la main. Le bucheron, qui se
» voyoit abandonné de son compa-
» gnon, eut peur, de sorte qu'il lâcha
» prise. A l'instant le mâle prit la fe-
» melle par la main, & tous deux ga-
» gnerent fort vîte le haut du rocher,
» étant vus des deux paysans l'espace
» de trois ou quatre cents pas. Il

» demeura un flocon de poil dans la
» main de celui qui l'avoit saisie, le-
» quel a confirmé la relation qui avoit
» été faite par le premier, à laquelle
» il ajoute que la femelle avoit l'ha-
» leine puante ; que l'un & l'autre
» sont de fort petite taille, mais ra-
» massés & membrus ; que le poil
» dont ils étoient couverts étoit de la
» longueur de six lignes, de couleur
» noirâtre, hormis l'extrémité qui
» étoit blanche ; qu'ils n'en avoient
» point à la paume de la main, non
» plus qu'au dessous des yeux. Voilà
» tout ce qui est véritable de ces deux
» sauvages, que j'ai pris soin de sa-
» voir parfaitement, & digne d'être
» considéré. »

Il est fâcheux qu'on n'ait point fait de recherches pour prendre ces deux sauvages, qu'on auroit pu civiliser. Nous saurions peut être aujourd'hui d'où, quand & comment ils étoient venus sur ces montagnes. Je dis peut-être, parce que peut-être aussi nous ne saurions pas plus leur origine que celle de cette fille sauvage trouvée au mois de septembre 1731, près du village de Sogny, à quatre lieues de

Châlons en Champagne. On la mit dans une maison religieuse de cette ville, où elle reçut le baptême. De là elle passa dans celle des Nouvelles-Catholiques à Paris, & ensuite dans un couvent à Chaillot. Si vous êtes curieuse, Madame, de savoir quelques détails concernant cette fille, vous les trouverez dans une note de la deuxieme *Epître sur l'Homme*, par *Racine* le fils, & dans l'*Eclaircissement* qui est à la fin.

On chercheroit en vain dans les autres provinces de France plusieurs especes d'animaux qu'on trouve sur les montagnes du Dauphiné. Tels sont les *boucteins* ou bouquetins, ainsi nommés, parce qu'ils ressemblent aux boucs. Ils sont de couleur grise, & leur taille est presque la même que celle des cerfs. Les rochers sont le lieu où ils se plaisent le plus. Leur légéreté leur donne la facilité de sauter d'un rocher à l'autre, quoique fort éloignés. Le sang de ces animaux est très bon pour la guérison de diverses maladies: aussi les habitans de cette province ne manquent pas de s'en servir.

Les ours ne font point rares fur les montagnes d'Urbon & de Valaurié, dans le Diois. Sur celle de Voluis & fur bien d'autres, on voit des troupeaux de *chamois*. Ce qui diftingue ces derniers des boucleins, c'eft qu'ils paroiffent rouges en été & gris en hyver. Leurs cornes font petites, affez larges, & fi crochues par le bout, que quelquefois ils s'accrochent par là, & demeurent fufpendus, jufqu'à ce qu'ils s'élancent vers le lieu où ils ont envie d'aller. Cet animal eft timide, & aime le fel plus que toute autre chofe. Quand les chamois font attroupés, ils ont un conducteur, qui marchant à leur tête, donne l'allarme au moindre bruit.

On trouve encore dans les Alpes des *loirs* ou *marmotes*, efpeces de gros rats, qui dorment profondément pendant fix mois, fans fe réveiller. Admirez l'adreffe de ces animaux, quand ils font leurs provifions. Il y en a un qui fe couche fur le dos & leve les jambes en l'air : les autres le chargent & le font fervir de chariot, en le traînant par la queue jufques dans leur taniere. Toutes les relations du Canada nous apprennent que les *castors* usent du même stratagême dans la même circonstance. Il y a aussi dans le Dauphiné des aigles & des vautours. Le gibier y est communément excellent. On y voit des lievres blancs, & souvent des perdrix blanches: mais les meilleures sont celles à pattes rouges; les plus grosses se nomment *Bartavelles*.

Les médecins & les botanistes connoissent le mérite des arbustes, des simples & des plantes médicinales qui croissent principalement du côté d'Oysans, entre Grenoble & Briançon. Aux environs de cette premiere ville, on trouva il y a plus de trente ans, dans des creux ou puits qu'on avoit pratiqués, une terre chargée de petits brillans, de laquelle on tira, après une forte lessive, des cristaux de sel longuets. Ce sel fut envoyé à l'académie royale des sciences de Paris; & M. *Boulduc*, qui examina soigneusement cette matiere, découvrit qu'elle avoit les mêmes principes de composition que le sel de *Glauber*, & qu'ainsi c'étoit un vrai sel de Glauber, travaillé par la nature elle-même dans la terre.

Il y a dans cette province un petit volcan ou montagne qui jette de la fumée & des flammes & qu'on nomme le *mont Breſſier*, près de Saint-Genis. Elle renferme auſſi beaucoup de richeſſes ſouterraines, & des mines de toutes les eſpeces. Suivant nos anciens auteurs, la montagne d'*Orel*, dans le Diois, en contient d'or. Il eſt certain que l'on trouve beaucoup de pailloles dans les ruiſſeaux qui ſortent de cette montagne, & même dans le Rhône, au-deſſous de Valence, comme je l'ai dit ailleurs. Vers l'an 1730, on en découvrit une autre auprès de Grenoble. On a ſans doute négligé ces mines, parce que l'exploitation en a paru trop difficile & trop diſpendieuſe. Mais celles de fer, de cuivre & de plomb ſont tout-à-fait en valeur. Il y a auprès de Grenoble une grande fabrique de canons & de lames d'épée. Le fer eſt très-doux, & paſſe pour le meilleur que l'on puiſſe employer. On trouve dans ces mines de belles marcaſſites, & même des pierres précieuſes de différens genres. Le voyageur pourra voir auſſi dans les montagnes des mines de charbon de terre, de vitriol, de couperose, &c.

Les rivieres qui arrosent les différens cantons du Dauphiné ne sont pas en petit nombre : mais la plupart sont peu considérables. J'ai parlé ailleurs du Rhône qui cotoie la partie occidentale de cette province, & de la Durance qui baigne la partie du sud-ouest. L'*Isere* prend sa source en Savoie ; elle entre en Dauphiné entre Montmeillan & le Fort Barraux, traverse la ville de Grenoble & va se perdre dans le Rhône entre Thain & Valence. Elle commence d'être navigable à Grenoble, & même au-dessus, principalement pour les radeaux. La *Drome* vient du Diois : après avoir arrosé ce pays & une partie du Valentinois, elle se perd aussi dans le Rhône entre Valence & Montelimart. La *Guye*, ou plutôt le *Guyer*, est une petite riviere composée de deux ruisseaux. Elle est fort connue dans l'Histoire depuis le dernier traité des limites, conclu entre le roi & le roi de Sardaigne : elle y est nommée plusieurs fois comme servant de borne entre la France & la Savoie.

Quoique le *Drac* porte le nom de riviere, il n'est à proprement parler qu'un torrent, mais un torrent redoutable & bien dangereux, principalement lors de la fonte des neiges. Au mois de Décembre 1739, il se déborda si subitement & avec tant d'impétuosité, qu'il entraîna plusieurs villages & un grand nombre d'habitans & de bestiaux.

L'*Oron* & la *Veuse* ou *Veouse* sont deux rivieres, dont l'une passe à Moras dans le Valentinois, & l'autre à Beaurepaire dans le Viennois. Elles ont toutes deux, suivant Lancelot, une même source, se perdent dans les sables, reparoissent quelque temps après, & ont quelque chose de périodique dans leur cours. Elles sont fort basses pendant sept ans, & si grosses pendant les sept années suivantes, qu'elles inondent toutes les terres voisines. Le même auteur explique fort bien la cause de cette espece de phénomene, par rapport à ces deux ruisseaux & aux fontaines périodiques. Les réservoirs qui forment ces sources, doivent nécessairement se remplir de nouveau après qu'ils se sont vuidés.

Cette opération exige un certain nombre d'années, ou de jours, ou d'heures; & pendant cet intervalle de temps, ces ruisseaux ou ces fontaines cessent de couler.

Il y a dans la vallée de Vallouise au Briançonnois, un ruisseau nommé *Barberon*, qui, suivant plusieurs auteurs, a la propriété d'annoncer la fertilité de l'année par l'abondance de ses eaux. Il ne seroit pas difficile de trouver la cause physique par laquelle ces especes d'inondations de certains ruisseaux préfagent une bonne récolte. La plûpart de ces rivieres nourrissent quantité de truites, l'unique bon poisson qu'on y pêche.

Je ne vous parle point, Madame, des lacs du Dauphiné: ils font trop petits, quoiqu'abondans en poisson d'un goût excellent. Il n'y a point de canaux dans cette province; mais on y trouve plusieurs marais, deux entr'autres, ceux de *Bourgoin* & de *Branque*, qui donneroient un terrain d'une étendue considérable, si on les desséchoit, comme on a eu dessein de le faire.

Parmi les fontaines d'eaux minérales, on remarque celle qui est à la montagne d'Orel près de Die, & celle du Pont-de-Baret, entre Crest & Montelimart. Ces eaux sont, dit-on, spécifiques contre la fievre tierce. Celles qu'on trouve à une petite distance de Gap, guérissent de la fievre quarte. Mais la plus fameuse de toutes ces sources est celle de la Motte, près du petit village de ce nom dans le Gresivaudan. Cette fontaine est dans un vallon formé par des montagnes & des rochers arides & escarpés, au pied d'un précipice. Elle paroît sortir de dessous le *Drac*, qui à peine est cru d'un demi-pied, que la fontaine se trouve couverte des eaux bourbeuses de ce torrent. Cependant on la voit encore bouillonner sur la superficie à travers ces mêmes eaux. On a reconnu, par les expériences qui ont été faites, que les eaux de cette fontaine sont plus chaudes que celles d'Aix en Savoie ; aussi les compare-t-on ordinairement à celles de Bourbon. Elles ont beaucoup de réputation dans le pays, & sont fort estimées pour les maladies d'estomach, les rhumatifmes, les paralyfies, &c.

Nos auteurs du feizieme fiecle fe font fort étendus fur les fept prétendues merveilles du Dauphiné, qu'on fit remarquer à Louis XI, encore dauphin, qui s'y étoit retiré du vivant de Charles VII fon pere. Le roi François I les admira auffi en paffant par cette province. Mais depuis qu'on a fait beaucoup d'autres obfervations & de grandes découvertes en phyfique, ces merveilles, loin de nous paroître fi étonnantes, ne font à nos yeux que des fingularités d'hiftoire naturelle. Je me contenterai de les nommer ici, me réfervant de vous les faire connoître en décrivant les différens cantons où elles fe trouvent: ce font la *Tour-fans-venin*, la *Fontaine ardente*, la *Montagne inacceffible*, les *Cuves de Saffenage* aux environs de Grenoble; la *Manne de Briançon* dans le pays qui porte ce nom; la *Fontaine vineufe*, près de Gap, & *Notre-Dame de la Balme* dans le Viennois.

Le commerce du Dauphiné a trois principaux débouchés: Lyon où l'on voiture des foies, des laines, des aciers, des papiers & des anis ; la Provence,

Provence, où l'on transporte des chanvres, des toiles, du fil, du fer, du bois pour la marine & pour bâtir; la Savoie & le Piémont que l'on fournit de draperies grossieres & d'huile d'olive. Ces différentes marchandises, ainsi que les ouvrages de fer, d'acier & de cuivre, sont tirés des manufactures & des fabriques établies dans le pays. Les marrons qu'on appelle *de Lyon*, viennent du Dauphiné. Le commerce du vin qui croit en certains cantons, & celui du pastel, de la couperose & du plomb sont d'un assez grand produit pour cette province. Elle est peuplée de plus de quatre cent cinquante mille habitans. Ils ont en général de l'esprit, sont prudens, sages, intelligens & fort économes. L'industrie est principalement le partage des peuples du Briançonnois, qui s'appliquent fort au commerce. Mais ceux de la plaine se bornent à jouir tranquillement des productions que la terre leur donne.

Au seizieme siecle, l'Administration économique & politique du Dauphiné étoit confiée à des états qui s'assembloient sous la présidence du gouverneur de la province, en son absence, du lieutenant général, & après ceux-ci, du premier président. On y délibéroit sur l'admission & la répartition des impositions faites sur la province. Ils furent supprimés en 1628 (1); & quelques années après, on fit ce que l'on appelle un *cadastre*, c'est à-dire, une estimation générale de tous les biens-fonds, d'après laquelle chaque possession que l'on appelle *feu*, est imposée proportionnellement à son étendue & à sa valeur. Ainsi la taille est réelle en Dauphiné, & se paie par les biens nobles comme par les roturiers. Les vingtièmes & les autres impositions ont toujours pour base celles de la taille. Depuis la suppression des états, l'exécution du cadastre & les différentes parties d'administration relatives aux finances sont entre les mains de différentes compagnies, qui ont les mêmes titres & fonctions que celles du même genre répandues dans le royaume. Ainsi il y a dans cette province six élections, un bureau des finances & une cham-

---

(1) Ces états ont été rétablis en 1781.

bre des comptes, séparée du parlement depuis 1628, & qui réside à Grenoble.

Quant à l'administration de la justice, le Dauphiné est en général *pays de Droit écrit*; c'est à dire, qu'on y juge les procès conformément aux loix romaines. Il y a cependant quelques usages locaux qui lui sont particuliers. On prétend que la ville de Grenoble a des statuts par lesquels l'adultere n'est puni que d'une amende de cent sous. Les tribunaux ordinaires, civils & criminels, sont les bailliages & les sénéchaussées, justices royales, & les justices seigneuriales des évêques & des anciens comtes & barons de la province. On appelle des uns & des autres au parlement séant à Grenoble.

Ce tribunal doit son origine au conseil delphinal, créé en 1337 par Humbert II, dernier Dauphin de la race des seigneurs de la Tour du pin. Ce conseil n'étoit alors composé que de sept conseillers, sans aucun président. On a remarqué que de ces sept conseillers, quatre devoient professer le droit canonique & civil dans l'université de Grenoble, établie par le même dauphin. Bientôt après un de ces conseillers fut créé président. Pendant le cours du siecle suivant, le roi Louis XI, n'étant encore que dauphin, changea cette forme. En 1452 il transporta l'université à Valence, où elle est encore; & en 1453 il érigea le conseil delphinal en parlement, en y établissant plusieurs présidens & un procureur général & fiscal. Le roi Charles VII ne s'étant point opposé à cet établissement, & Louis XI l'ayant confirmé après son avénement au trône, le parlement de Dauphiné date son érection de 1453. Il n'étoit alors composé que d'une seule chambre : on en créa une seconde en 1538, une troisieme en 1577 : la quatrieme n'est que du dix-septieme siecle. Il est aujourd'hui divisé en quatre chambres, & composé d'un premier président, de neuf présidens à mortier, de cinquante cinq conseillers, d'un procureur général & de trois avocats généraux. Son ressort est aussi étendu que la province.

Deux archevêques & cinq évêques ont l'administration ecclésiastique du

Dauphiné. Les archevêques sont ceux de Vienne & d'Embrun ; les évêques, ceux de Grenoble, de Valence & de Die, suffragans de Vienne; celui de Gap, suffragant d'Aix ; & celui de Saint-Paul-trois-châteaux, suffragant d'Arles. Je vous ferai connoître, Madame, chacun de ces dioceses, en décrivant les différens cantons de la province où se trouvent les villes épiscopales, qui en sont les plus considérables.

Je suis, &c.

A Vienne, ce 3 Janvier 1760.

LETTRE CCCXCVI.

Suite du Dauphiné.

Si je devois vous communiquer, Madame, mes observations sur les divers pays du Dauphiné, conformément à la marche que j'ai tenue pour les parcourir, je vous parlerois tour-à-tour du *Tricastin*, du *Valentinois*, du *Diois*, des *Baronnies*, du *Gapençois*, de l'*Embrunois*, du *Briançonnois*, du *Grésivaudan*, du *Royanés* & du *Viennois*. Mais je ne veux point mêler dans mes récits les cantons de la partie haute avec ceux de la partie basse de cette province. Vous savez que c'est l'ordre que je me suis généralement prescrit dans la description de la France. Je vais donc commencer par le haut-Dauphiné.

Le premier pays que l'on voit du côté de l'est, en sortant de Grignan pour entrer dans cette province, est celui des *Baronnies*, du diocèse de Gap. On l'appelle ainsi, parce qu'il est composé de deux grandes terres, sous le titre de *Baronnies*, qui sont celles de *Montauban* & de *Mévouillon*. C'est un pays hérissé de montagnes, où il y a néanmoins de belles vallées. Il est arrosé de l'Oueze & de l'Aygues. On y recueille beaucoup de bled, & il y croît d'excellens pâturages. Les anciens seigneurs de ces deux terres ne reconnoissoient d'autre souverain que l'empereur dont ils relevoient immédiatement, & jouirent de cette sorte d'indépendance pendant trois cents ans ou environ. La baronnie de Montauban fut acquise par le dauphin Humbert I, mort en 1307, & celle de Mévouillon par le Dauphin Jean II, mort en 1319, fils de Humbert. Depuis cette époque elles ont subi l'une & l'autre le sort du Dauphiné.

La capitale de la baronnie de Montauban n'est point le village qui porte ce nom. C'est *Nyons*, petite ville qu'on prétend avoir été fondée par les mêmes phocéens qui s'établirent à Marseille. On y voit encore quelques débris de monumens anciens & un pont d'une seule arche qui est un ouvrage des romains. Elle est ceinte de murailles, & le dessus d'un des portails offre des armoiries écartelées de crapaux & de dauphins. Il y avoit autrefois un château que les dauphins viennois habitoient souvent. On n'en est pas surpris, en voyant la position non moins belle qu'avantageuse de cette petite ville peuplée de trois mille habitans. Elle est située sur la riviere d'Aygues, & au pied du *Col*, (c'est un passage étroit entre deux montagnes) du *Devés*, qui paroît s'élancer de la montagne du *Pied-devaux* au septentrion, & s'allonger vers celle du *Guard*, au midi, pour former un détroit de cinquante toises de largeur. Ce détroit ferme la gorge des *Pilles* au levant, & ouvre au couchant la vallée de Nyons. Celle-ci, large d'environ une demie lieue, présente le spectacle d'un grand jardin, arrosé par mille différens canaux, tapissé de la verdure des prairies, rempli d'une infinité de légumes divers, orné d'une grande quantité d'arbres dont les fleurs & les fruits embaument les promenades durant la belle saison. Deux chaînes de montagnes qui s'élevent sur plusieurs côteaux, fervent comme d'amphithéâtre à cette plaine, & l'enveloppent de deux rideaux couverts de forêts d'oliviers entremêlées de vignobles. C'eſt à la tête de cette vallée délicieuſe qu'eſt ſituée la ville de Nyous, partie dans la plaine, & partie ſur le bas du col de Devés.

Vers le ſommet & ſur la croupe de ce col de Devés, près d'un hermitage, ſe trouve la fameuſe *caverne de Pontias*. Son avenue large de huit ou dix pieds, bordée d'un petit parapet formé de rochers, deſcend en talus fort doux juſqu'à la porte de la caverne. Cette ouverture, d'une forme irréguliere que lui donnent les rochers dont elle eſt conſtruite, eſt de la hauteur & de la largeur d'une grande fenêtre. Elle préſente d'abord une eſpece de porche de la grandeur d'une longue chambre, couvert par un rocher qui imite aſſez un plafond. Le jour qu'il reçoit de la porte vers le levant, l'éclaire parfaitement. Le ſol y eſt pierreux & d'un talus plus rapide que celui de l'avenue. A l'extrémité de ce porche, du côté du nord, le rocher s'ouvre par une crevaſſe, dont la hauteur surpasse celle d'un homme. Mais sa largeur est si étroite, qu'on n'y entre qu'en présentant les flancs. Alors les curieux sont obligés de quitter leurs habits & d'allumer leurs flambeaux. Ce n'est plus qu'un boyau fangeux & obscur, formé à travers les fentes des rochers, enveloppé dans des replis tortueux, d'un sol inégal qui s'éleve quelquefois, mais qui ordinairement se précipite avec rapidité. Quoique l'élévation de ce boyau soit de beaucoup au-dessus de celle de l'homme, il est si étroit, qu'on ne peut s'y glisser qu'en s'appuyant tantôt des pieds & tantôt des mains, tantôt des genoux & tantôt des épaules & des fesses. On arrive enfin dans une espece de chambre, retraite des chauve-souris, qui effrayées par la lumiere des flambeaux, menacent de leurs ailes agitées le visage des curieux. Au bout de cette salle souterraine, continue l'étroit boyau, qui, à quelques pas de distance, annonce un abyme effrayant. Les plus hardis sont obligés de s'arrêter, & se contentent de s'en rapporter au bruit des pierres qu'ils y sont rouler. Elles bondiffent quelque temps sur les reffauts des rochers, & laiffent enfin entendre la chûte qu'elles font dans un gouffre d'eau.

On ne fauroit déterminer la diftance qu'il y a dans les replis tortueux de ce boyau. On n'a pu jufqu'à préfent en juger que par le fifflet du fiffre le plus aigu, qui fe fait à peine entendre d'un bout à l'autre, quoique conduit dans le refferrement d'un boyau. L'air qu'on y refpire eft chaud. Mais aucun vent ne s'y fait fentir, pas même à fon ouverture, ni à la defcente de fon entrée.

C'eft de cette caverne que l'opinion vulgaire fait fortir le *vent Pontias*, dont plufieurs phyficiens, que la curiofité a amenés à Nyons, n'ont pu expliquer la véritable caufe. Il fouffle ordinairement tous les jours à certaines heures plus ou moins reculées, pendant un plus long ou un plus court efpace de temps, avec plus ou moins d'impétuofité, fuivant la différence des faifons & la température de l'air. Ce vent eft extrêmement froid. En hyver, il commence à fouffler dès les cinq heures du soir, & ne cesse que vers les neuf ou dix heures du matin. Quand le froid est excessif, il ne discontinue presque pas de toute la journée. En été, il ne commence que vers les neuf heures du soir, & tombe vers les sept heures du matin.

Cette petite ville de Nyons a la gloire d'avoir donné naissance à une illustre héroïne, *Philis de la Tour-dupin-la-Charce*, fille du marquis de la Charce. En 1692, l'armée du duc de Savoie étant entrée dans le Dauphiné, cette nouvelle amazone, sous les ordres de Catinat, fit prendre les armes aux communes des environs, se mit à leur tête; & après avoir repoussé les ennemis en diverses rencontres, les força de se retirer. L'accueil que lui fit Louis XIV, & la pension qu'il lui donna, furent la récompense d'une si belle action.

Le lieu le plus considérable de la baronnie de *Mévouillon*, est *le Buis*, bourg situé dans un vallon sur l'Oueze, & du diocese de Vaison : c'est très-peu de chose. Il y avoit autrefois à *Mévouillon* une bonne forteresse, qui fut démolie en 1684 par ordre de Louis XIV, & dont il ne reste que des masures.

Au nord-est du pays des Baronnies, commence le *Gapençois*, dont Gap est la capitale. Il est arrosé de la Durance & de plusieurs autres rivieres moins considérables, qui, à proprement parler, ne sont que des torrens. L'air y est sain, vif & froid. C'est un pays de montagnes qui abondent en pâturages & en gibier. Mais il y a de belles vallées où l'on recueille assez de bled.

Les peuples qui habitoient le Gapençois du tems de César, étoient les *Caturiges* & les *Tricoriens*; il étoit compris dans la seconde Narbonnoise. De la domination des romains, il passa sous celle des bourguignons, & ensuite sous celle des françois. Il a fait partie du dernier royaume de Bourgogne. Après le démembrement de ce royaume, il fut possédé successivement par les comtes de Provence, par les comtes de Toulouse, marquis de Provence, & par les comtes de Forcalquier. Ces derniers portoient également le titre de comtes de Gap. Ensuite, les évêques de cette ville posséderent une partie du comté de ce nom; & pour se défendre contre leurs diocésains avec lesquels ils ne vivoient pas en bonne intelligence, ils s'unirent aux comtes de Provence. Les droits de ces derniers passerent à la couronne avec leurs terres. Les comtes de Forcalquier transmirent les leurs aux dauphins par le mariage de Béatrix de Sabran avec Guygues André, dauphin de Viennois. Cette alliance occasionna plusieurs fois des contestations entre les évêques de Gap & les dauphins. Les évêques prétendoient à la souveraineté de leur ville, en vertu de la donation qui leur en avoit été faite avec la qualité de princes, l'an 1058, par l'empereur Frédéric. Mais en 1332, l'évêque Dragone reconnut la souveraineté du dauphin, Guygues IX, & lui fit hommage. En 1538, le roi François I obligea les évêques de Gap de se contenter de la qualité de comtes de ce nom.

La ville de *Gap* est très-ancienne, puisqu'on assure qu'elle fut bâtie par les Caturiges, peuples de la Gaule

Narbonnoife. Les Itinéraires en font mention fous le nom de *Vapencum*. On trouve qu'elle étoit le chef-lieu des Tricoriens. Elle eft fituée au pied d'une montagne, fur la petite riviere de Benne, dans une vallée affez abondante en grains, & principalement en bons pâturages. Elle fut ravagée & brûlée vers la fin du fiecle dernier, par Victor Amédée, duc de Savoie; & l'églife cathédrale fut entiérement la proie des flammes, fans qu'on pût en fauver les titres. On y chercheroit inutilement de beaux édifices & des monumens remarquables.

Le premier évêque de cette ville s'appelloit *Demetrius*. Il a été mis au rang des faints, ainfi que trois de fes fucceffeurs, dont l'un nommé *Conftance* affifta au concile national des Bourguignons, tenu en 517 à Epaune. Cet évêché eft fuffragant d'Aix. Le diocefe a plus de deux cents paroiffes, dont cent cinquante en Provence, & ne renferme qu'une feule abbaye de Bénédictins, à préfent très-pauvre, que l'on appelle *Claufone*. Lesdiguieres, étant encore proteftant, la dépouilla de fes biens, qu'il ne rendit pas lorsqu'il embrassa la religion catholique, & qu'il fut fait connétable.

On peut remarquer dans le Gapençois la petite ville de *Serres*, située sur la rive droite du Buech. Elle est assez jolie, & se soutient avantageusement par ses manufactures de chapeaux & par son commerce. *Ventavon* n'est qu'un bourg; mais il est fort ancien; il est près de la Durance, à trois lieues de Sisteron, & à une lieue d'*Upaix*, ancien château des dauphins. Non loin de ce bourg, est la terre de Chabistan, érigée en comté l'an 1729, sous le nom de *la Ric*, en faveur d'Alexandre de Roux de Gaubert, conseiller au Parlement de Grenoble. Il y a dans ce comté, sur le bord du Buech, une tour assez forte, nommée *la tour de Champerou*, fameuse pour avoir été un des derniers retranchemens des calvinistes de cette province, qui s'y défendirent long-temps. Le duc de Savoie ne put pas s'en emparer. Dans ce même diocese est située la terre de *Tallard*, duché-pairie érigé en 1715 en faveur de Marie-Joseph d'Hostun, & éteint en 1755.

Si l'on veut aller à Saint-Pierre d'Argenson, village du Gapençois, on verra la *fontaine vineuse*, une des sept prétendues merveilles du Dauphiné. C'est une source, dont l'eau est minérale & ferrugineuse, & qui contracte une saveur aigrelette dans la mine, à travers laquelle elle passe. Voilà ce qui lui a fait donner le nom de *fontaine de vin*. Mais il n'y a en cela rien que de naturel. Combien d'autres fontaines dont les eaux ont la même saveur & la même qualité !

A une lieue & demie de Gap, on voit aussi un étang, au milieu duquel est un pré flottant, que quelques-uns vouloient mettre au rang des merveilles du Dauphiné. Il est vrai qu'il pourra surprendre ceux qui n'ont pas réfléchi sur ces petites îles flottantes. Mais rien ne paroîtra moins extraordinaire, si l'on fait attention à leur composition. C'est un assemblage d'un peu de terre légere, embarrassée dans des roseaux & du limon liés à l'écume de l'eau, qui forme une croute, sur laquelle vient de l'herbe que l'on fauche. Au reste, ce pré flottant a, dit-on, beaucoup moins de consistance que les îles flottantes qui sont auprès de Saint-Omer en Artois.

En sortant du Gapençois du côté de l'est, on entre dans l'*Embrunois*, pays, comme le précédent, hérissé de montagnes, où il y a cependant d'assez belles vallées qui produisent du bled. L'air y est également vif, pur & froid. La Durance, la Guillestre & quelques autres torrens arrosent ce pays, couvert en été d'une quantité prodigieuse de moutons qui y trouvent des pâturages excellens. Il y a aussi de beaux bois de charpente & de construction ; mais on ne peut guere en tirer parti à cause de la difficulté du transport.

L'histoire en est à-peu-près la même que celle du Gapençois. Occupé d'abord par les *Caturiges* & les *Brigantiniens*, il devint la conquête des romains, tomba ensuite sous le pouvoir des divers peuples barbares, & de nos rois de la premiere & de la seconde race, & fit enfin partie du royaume de Bourgogne. Lors de la décadence de celui-ci, les marquis de Provence, comtes de Forcalquier, furent faits comtes d'Embrun, sous la réserve cependant du haut domaine & de l'hommage que se réserva Rodolphe *le Fainéant* pour lui & ses successeurs. Mais l'empereur Conrad II céda ce haut domaine aux archevêques d'Embrun, qui, après quelques difficultés, partagerent la seigneurie avec les comtes de Forcalquier, & reçurent leur hommage, ainsi que celui des dauphins héritiers de l'Embrunois. Ceux-ci rendirent toujours ce devoir aux archevêques, jusqu'à ce que nos rois possesseurs du Dauphiné, non-contens de s'y soustraire, se sont fait rendre hommage par ces prélats, qui portent seulement le titre de princes d'Embrun.

Un rocher escarpé près de la rive droite de la Durance, est le lieu où est situé la ville d'Embrun : on estime que c'est la plus haute cité de l'Europe. Son nom latin, *Ebrodunum* ou *Ebredunum*, veut dire en langue celtique, *montagne fertile*, épithete que ne mérite pas celle ci. On présume que cette ville fut la capitale des Caturiges ; celle de *Caturigæ*, aujourd'hui *Chorges*, ayant perdu le premier rang. Quoi qu'il en soit, elle jouit, du tems des romains, de quelque considération, parce qu'elle étoit regardée comme une place militaire & importante au milieu des montagnes. L'empereur Néron lui accorda le droit des colonies latines, & Galba celui de ville alliée. Elle est forte par son assiette naturelle, étant couverte d'un côté par un précipice; de l'autre côté il y avoit une citadelle qui a été démolie. Ces fortifications n'ont cependant pas empêché qu'elle n'ait été plusieurs fois surprise, pillée & brûlée, soit par les protestans, soit par le duc de Savoie. On ne voit aucun reste d'antiquités dans l'enceinte de cette ville. Ce qu'il y a de plus remarquable dans son enceinte, c'est le palais archiépiscopal, dont la terrasse est fort élevée au-dessus du vallon formé par la Durance : la vue en est assez étendue & très-pittoresque. La cathédrale étoit riche autrefois ; mais les calvinistes en enlevèrent le trésor, qui consistoit en une grande quantité de beaux ornemens, de vases, de crosses, de croix d'or & d'argent & autres morceaux très-précieux ; entr'autres deux grandes statues d'argent, l'une représentant la sainte Vierge & l'autre saint Marcellin. Nos rois permettent au chapitre de cette église de les compter parmi leurs chanoines. Louis XIII, passant par Embrun, reçut l'aumusse & prit place au chœur.

Le diocese d'Embrun a plus de cent vingt paroisses, & presque autant d'annexes, parce qu'étant dispersées dans les montagnes, certaines paroisses occupent une étendue de terrain considérable. Il reconnoît pour son premier évêque *saint Marcellin*, qui vivoit l'an 340. Les successeurs de ce saint prélat furent confirmés dans le titre de métropolitains, au concile de Francfort, en 794. On leur a donné pour suffragans les évêques d'une partie de l'ancienne Viennoise, que l'on nommoit *les Alpes Maritimes*. Elles comprenoient cette chaîne de montagnes qui s'étend depuis Embrun jusqu'à la mer méditerranée, en traversant la haute Provence. Il s'est tenu dans cette ville en 1727 un concile provincial, qui, comme je l'ai dit ailleurs, suspendit Soanen évêque de Senez *de toute fonction épiscopale &*

sacerdotale, & le réduisit à la communion laïque.

La seconde ville de l'Embrunois est *Guillestre*, située au confluent de la riviere de son nom avec la Durance, à l'embouchure d'une vallée par où le duc de Savoie fit son irruption dans le Dauphiné. L'archevêque d'Embrun en est seigneur. A une lieue de cette petite ville, & sur une montagne fort escarpée, est la forteresse de *Mont-Dauphin*, que Louis XIV fit bâtir en 1693, sous la direction du célebre Vauban. Elle est presqu'entiérement entourée par la Durance; ne contient de maisons & de bâtimens civils, qu'autant qu'il en faut pour la subsistance de la garnison. Après que cette place eut été construite, on ressentit les effets désagréables de ce vent *pontias*, dont j'ai déjà parlé. Les ingénieurs reconnurent qu'il sortoit d'une caverne qui est sur une montagne, de l'autre côté de la Durance, & firent élever une muraille pour l'intercepter. Mais comme on s'apperçut bientôt que le séjour du Mont-Dauphin devenoit mal-sain, & que ce vent étoit nécessaire, dans certaine saison, pour agiter & purifier l'air, on lui rendit son libre cours. Ce vent s'appelle encore dans le pays, le balai du Mont-Dauphin.

A ce même diocese d'Embrun appartient le *Briançonnois*, situé au nord, sur la Durance, autre pays de montagnes qui, pour la plupart, sont seches & arides. Mais on trouve sur quelques-unes, & sur-tout dans les vallées, de bons pâturages, où l'on nourrit beaucoup de moutons. Ces vallées produisent aussi quelques bons fruits, & même du bled, mais point de vin.

L'air y est extrêmement froid en hiver, & très-chaud pendant les mois de juillet & d'août. Une grande partie de ces montagnes sont couvertes de melezes, arbres qui produisent la manne, le benjoin & l'agaric, espece d'excrescence qui vient sur l'écorce, & dont on se sert utilement dans la médecine, ainsi que dans la teinture de l'écarlate. Cette manne, qu'on met au nombre des sept merveilles du Dauphiné, n'est point une rosée que l'on trouve congelée sur le mélèze au lever de l'aurore : c'est le suc même de l'arbre, que le soleil raréfie. *Tournefort & Reneaume* ont prouvé que la manne n'est particulière, ni au mélèze ni au Briançonnois, puisqu'on en trouve sur les tilleuls, les sycomores, les érables & plusieurs autres arbres. Ces auteurs conviennent seulement qu'elle est plus abondante dans ce pays-ci que par-tout ailleurs.

Les montagnes du Briançonnois faisoient, du tems des romains, partie des Alpes Cottiennes. Lors de la chûte de l'empire, les peuples qui les habitoient, profitant de la situation avantageuse de leur pays, se maintinrent pendant quelques siècles, dans une sorte d'indépendance contre les barbares du nord, les rois françois, & les empereurs. Mais enfin lassés de la supériorité que les principaux d'entr'eux vouloient exercer sur le commun des habitans, ils convinrent de se choisir des maîtres. Ce furent d'abord les marquis de Suze en Piémont, & ensuite les dauphins de Viennois, qui joignirent à leurs titres ceux de prince de *Briançon*, & de comte d'*Oulx* & de *Cezanne*, du nom de deux vallées qui dependoient du du Briançonnois, & qui passèrent à nos rois en même tems que le reste du Dauphiné. Ce ne fut qu'à la paix d'Utrecht, en 1713, que la France perdit ces deux vallées qui lui étoient nécessaires pour la communication avec Pignerol, place importante à laquelle Louis XIV fut alors obligé de renoncer; ce qui diminua beaucoup l'étendue du Dauphiné.

Depuis cette époque la ville de *Briançon* est devenue une place de frontière, n'étant éloignée que d'une lieue des états du duc de Savoie. Aussi n'a-t-on rien négligé pour la bien fortifier; & l'on a été si bien aidé par la nature, qu'on est venu à bout de la rendre imprenable. Sa situation & ses fortifications sont des objets vraiment curieux, instructifs & intéressans pour un militaire. Mais pour tout autre, c'est un coup-d'œil vraiment effrayant & épouvantable. Il en est de même de toute la grande chaîne des montagnes du Dauphiné, des cols par lesquels on les traverse, des vallées qui les coupent de tous les côtés en différens sens. On a dit que c'est en examinant ces débouchés & les divers postes qui s'y trouvent, que le militaire peut apprendre à faire la guerre de montagnes, la plus difficile de toutes.

L'enceinte de Briançon ne renferme rien d'ailleurs qui soit bien remarquable. Mais à quelque distance de ses murs, il y a une roche percée, nommée *Pertuis rostang*, à travers laquelle on passe du Briançonnois dans la vallée de Queyras, qui est encore à la France. L'inscription latine gravée au dessus de cette roche, prouve que c'est un ouvrage des romains qui le dédierent à Auguste. Si le voyageur curieux veut grimper jusque sur le sommet du mont *Genevre* situé à une lieue de la ville, il jouira d'un point de vue admirable, en découvrant un pays immense & toutes les belles routes qui conduisent en Italie. Cette montagne sert de limites à la France & aux états du duc de Savoie.

Les habitans de ce canton ont généralement de l'esprit & de l'activité. Ils trouvent dans leur industrie des ressources que leur refuse le sol ingrat qu'ils cultivent. Briançon est la patrie *d'Oronce Finé*, mathématicien célébre né en 1494. Il fut profeſſeur au collége de Maître-Gervais, à Paris, puis au collége royal. Doué d'un génie admirable pour la Mécanique, il inventa une horloge & des machines qui lui acquirent une grande réputation.

Nous ne ſortirons pas encore, Madame, des montagnes du Dauphiné. Il nous reſte à parcourir le *Graiſivaudan*, où il y en a qui ſont affreuſes & inhabitées. Ce pays ſitué à l'oueſt du Briançonnois & de la Savoie, offre cependant quelques plaines & de belles vallées, qui produiſent aſſez de grains, de chanvres & de fruits. Il eſt arroſé de pluſieurs rivieres, telles que l'Iſére & le Drac. Le climat eſt aſſez tempéré dans les plaines, & très-froid dans les montagnes, où l'on trouve, entr'autres objets curieux & utiles, des ſimples, des mines de fer, des chamois & d'autres animaux ſauvages.

La capitale de ce canton, ainſi que de tout le Dauphiné, eſt *Grenoble*, ville très-ancienne, & l'une des ſept cités des allobroges. Plancus en fait mention dans ſes lettres à Cicéron. Elle s'appelloit *Cularo*, & conſerva ce nom, long-tems après qu'elle fut tombée sous le pouvoir des romains. L'empereur Gratien, fils de Valentinien, & prédécesseur de Théodose, l'ayant fait rétablir, on la nomma *Gratianopolis*, nom qu'elle porte encore en latin, & d'où l'on a fait celui de *Grenoble* en françois. De la domination des romains elle passa, avec le Graisivaudan, sous celle des Bourguignons. Après la destruction du premier royaume de Bourgogne, ce pays fit partie de la monarchie françoise. Il fut ensuite compris dans le second royaume de Bourgogne. Les derniers souverains de ce royaume donnerent le Graisivaudan aux évêques de Grenoble, sous le titre de principauté. Mais les dauphins de Viennois, ou plutôt les comtes d'Albon, obligerent ces prélats à leur céder une partie de leur seigneurie, & s'intitulerent comtes de Grenoble & du Graisivaudan. Vers l'an 1086, l'empereur Frédéric rétablit les évêques dans leurs anciens droits. Les dauphins ne tarderent pas à les leur enlever, en forçant les habitans de Grenoble à ne reconnoitre que leur autorité. Les évêques firent des protestations;

il y eut de grands débats, qui furent terminés par un accommodement. La souveraineté fut en quelque façon attribuée aux dauphins, qui laisserent les dîmes ecclésiastiques aux évêques. Ceux-ci n'ont conservé que la qualité de princes, tandis que les droits des premiers ont été transmis à nos rois avec leurs terres.

La ville de Grenoble est divisée en deux parties inégales par l'Isere, qui reçoit à peu de distance le Drac. Ces deux rivieres ou torrens sont assez souvent le fléau des environs : plusieurs fois même elles ont menacé la ville de sa ruine. On peut dire qu'elles en sont les deux ennemis naturels; & je croirois que les ingénieurs devroient s'appliquer à l'en défendre, plutôt que des ennemis étrangers. Ceux-ci en effet ne pourroient que difficilement pénétrer jusqu'à Grenoble par les nombreux défilés qui se trouvent entre cette ville, la Savoie & le Piémont.

On ne trouvera rien de remarquable dans la partie appellée *Saint-Laurent* ou *la Perriere*. Le plus beau quartier est celui de *Bonne*, nom de samille du connétable de Lesdiguieres. Les rues y sont grandes, belles & bien percées. L'ancien hôtel du connétable sert aujourd'hui d'hôtel-de-ville. Le fond en est antique : il a été orné & embelli à la moderne. La façade qui est sur les jardins, mérite l'attention des connoisseurs. Le palais épiscopal est un fort beau bâtiment, où l'on voit des salles décorées de tableaux précieux. Celui où s'assemble le parlement & la chambre des comptes, peut être passé sous silence. Au seizieme siecle, cette ville avoit pour citadelle la tour de *Rabot* & la *Bastille*, qui existent encore. Aujourd'hui l'arsenal en est la forteresse la plus considérable : il est situé à l'une des extrémités de la ville sur le bord de l'Isere.

Les évêques de Grenoble sont connus depuis *Saint Domnin*, qui vivoit l'an 380, & prennent, comme je l'ai dit plus haut, le titre de princes. Le chapitre de l'église cathédrale a un degré de jurisdiction, dont on appelle à l'officialité de l'évêque. Il y a un autre chapitre qui est celui de Saint André, un collége, un séminaire, & plusieurs hôpitaux. Il faut aller voir dans l'église des religieuses de sainte Claire le mausolée de la connétable Lesdiguieres & celui de sa fille. Ils sont de marbre, & la sculpture en est estimée. Les draperies sur-tout en sont très bien jettées.

Le commerce de cette ville, peuplée de plus de vingt-cinq mille habitans, consiste principalement en gands de peau très-fins, qui depuis long-tems sont renommés dans toute la France, & même dans le reste de l'Europe, & en draperie qui, quoique grossiere, est d'une assez bonne qualité. Les mines de fer & le commerce de bois sont aussi d'une grande ressource pour les habitans. Grenoble est la patrie du fameux *Pierre du Terrail de Bayard*, & a produit plusieurs autres hommes illustres. Un des plus célèbres est *Denis Salvaing de Boissieux*, premier président de la chambre des comptes. Il accompagna le maréchal de Créqui dans son ambassade à Rome, en qualité d'orateur de Louis XIII, en 1633, & y fit une harangue éloquente & judicieuse qui plut également au pape & au roi. Il nous a laissé plusieurs bons ouvrages sur diverses matieres. Celui de *l'usage des fiefs* est un des plus estimés.

On compte dans ce diocese plus de trois cents paroisses, dont il y en a environ deux cent vingt en France: les autres sont en Savoie. A quelque distance de la ville épiscopale, est le monastere de *Mont-fleuri*, fondé pour des religieuses Dominicaines, par le dernier dauphin Humbert II, en 1342. Ce prince leur abandonna un de ces châteaux, dont elles firent leur habitation. Dès le tems de leur institution, elles étoient toutes nobles; & leur nombre fut d'abord porté jusqu'à cent: au seizieme siècle, il fut réduit à soixante-dix. Dans celui-ci, on a fait divers arrangemens, dont l'exposé ne doit pas trouver ici sa place.

En suivant la riviere du Drac, au sud-ouest, on trouve sur un de ses bords, à une lieue de Grenoble, les restes d'une tour, qu'on appelle bien improprement, *la Tour-sans-venin*: c'est une des merveilles du Dauphiné. On a prétendu qu'il n'y avoit point de bêtes venimeuses, parce qu'elles ne pouvoient pas y vivre. Mais pour en faire l'expérience, on y en a porté, & l'on ne s'est point apperçu qu'elles y aient senti la plus légere incommodité. On y voit encore aujourd'hui des araignées, des crapauds & des serpents. Un auteur prétend qu'il y avoit autrefois près de cet endroit une chapelle sous l'invocation de *saint Verain*, & que le peuple s'accoutuma insensiblement à nommer cette tour, *la Tour de saint Verain*; ce qui a donné lieu à l'équivoque.

Près du village de *Saint-Barthelemi*, à trois lieues sud-est de la même ville, est *la Fontaine ardente*, qu'on devroit plutôt appeler le *Terrain qui brûle*. Pour vous faire connoître cette autre merveille, je vais emprunter les paroles d'un habile observateur qui se rendit sur les lieux, le 20 décembre 1696. C'est un terrain, dit-il, dont la surface a environ huit pieds de long sur quatre de large. Ce terrein ne produit point d'herbes : mais il vomit des flammes rouges & bleues, de la hauteur d'un demi pied. Quand la pluie est forte ou de longue durée, elle les éteint; mais à mesure que la terre sèche, les flammes renaissent insensiblement. Elles brûlent le papier, la paille, le bois, & généralement tout ce qu'on leur présente, excepté *la poudre à tirer*, qui ne prend point feu quand on y en jette. Il s'exhale de ce terrein une odeur de soufre minéral, qu'on sent à quinze pas de distance; & quoique la terre de ce sol semble brûler aussi, cependant elle ne consume rien de son volume. Il ne paroît point d'eau sur le terrain enflammé; mais il y en a sur le penchant d'un petit vallon, où coule un ruisseau qui, présentement, ne peut aller jusqu'aux flammes.

On ajoute que le guide qui conduisoit cet observateur, lui dit: que quelque tems avant la guerre qui ne finit que par la paix de Riswick, ayant conduit des allemands à ce terrein, ils le trouverent couvert de neige & de glace, & qu'ayant voulu les faire fondre avec de la paille allumée, la glace creva tout d'un coup avec un bruit extraordinaire, & avec un tel éclat d'explosion, que sept ou huit allemands, & le guide, furent culbutés au fond du bassin.

Au midi de Grenoble, à huit lieues, est la *montagne inaccessible*, qu'on nomme aussi le *Mont-aiguille*; parce que du côté du nord, en envisageant cette montagne, on découvre une élévation pointue qui domine sur la surface. C'est un rocher sur lequel on croyoit qu'il étoit impossible de monter, parce qu'il est plus large à son sommet qu'à sa base. On prétend que François I fit faire des machines pour l'escalader. On en vint à bout, & l'on y trouva des troupeaux de chamois qu'on crut y avoir été transportés par miracle, & s'y être multipliés de toute ancienneté. Mais on a reconnu qu'en tournant cette montagne, on peut parvenir jusqu'à son sommet, & qu'elle n'est que d'un difficile accès.

La quatrieme merveille qu'on voit dans le Graisivaudan, est près du village de *Saffenage*, baronnie ancienne de cette province, & situé sur la rive gauche de l'Isere à une lieue & demie ouest de Grenoble. Il est célébre par les excellens fromages qu'on y fait. Au dessus de ce bourg, on remarque dans une grotte, deux pierres creusées qu'on appelle les *Cuves de Saffenage*, & qui sont vuides toute l'année. Il passoit autrefois pour constant qu'il n'y avoit de l'eau que le jour de la fête des rois, & que l'une de ces deux cuves annonçoit la bonne ou la mauvaise récolte des grains, & l'autre celle des vignes. Mais on a découvert que cette prétendue merveille étoit l'ouvrage d'un fourbe adroit qui, pendant la nuit, mettoit de l'eau dans ces cuves. C'est dans cette grotte que les bonnes gens du pays montrent la chambre & la table de la *fée Mélusine*, à qui l'on attribue l'origine de la maison de Saffenage. Il y a cependant en ce lieu une singularité réelle : ce sont certaines pierres qu'on nomme *ophtalmiques*. Leur couleur est blanchâtre, ou d'un gris obscur; & elles sont de la grosseur d'une lentille. Quand il est entré quelque ordure dans les yeux, on fait glisser sous la paupiere une de ces pierres qui tombe d'elle même, après en avoir fait sortir ce qui incommode.

La *Grande-Chartreufe*, fondée en 1084 par faint Bruno, aidé des fecours de faint Hugues evêque de Grenoble, eft au feptentrion de cette ville. C'eft un lieu qui excite la curiofité de tous les voyageurs. On y va, en fortant de Grenoble, par deux chemins, celui de *Sapey*, & celui de *Saint-Laurent-du-Pont*. Par le premier, on monte fur une montagne couverte d'un bois de fapins, d'où l'on defcend dans la vallée où eft le village de *Chartreufe*, qui a donné fon nom à cet ordre refpectable. Après l'avoir traverfée, on trouve la petite riviere du *Guyer-Mort*, que l'on paffe fur un pont, à la diftance d'une lieue du monaftere. Le chemin de faint Laurent-du-Pont, terre confidérable qui appartient au chartreux, fait paroître ce défert beaucoup plus affreux. Deux montagnes couvertes de forets de pins, n'y laiffent entr'elles qu'un paffage fort étroit au Guyer-Mort, qui ferpentant avec bruit dans ces défilés, augmente l'horreur du lieu.

A l'entrée du monaftere eft un bâtiment que l'on appelle *la Courrerie*, demeure de *Dom Courier*, c'est-à-dire, du procureur de la maison, qui pourvoit à tous les besoins des religieux. On y a établi pour cet effet des manufactures de toute espèce, même une imprimerie: mais on n'y emploie que des hommes. Le vrai couvent est beau & encore plus commode. L'église, sombre comme toutes celles de cet ordre, est plus vaste, parce qu'il y a des tems où elle doit contenir les religieux des chapitres généraux qui se tiennent dans cette maison, chef-lieu de tout l'ordre, dont le prieur est général. Celui-ci ne sort jamais de l'enceinte de sa maison. Il envoie des visiteurs dans toutes les différentes chartreuses; & les autres prieurs se rendent à ses ordres. Le cloître est grand & fort long: les cellules y sont multipliées de façon qu'il puisse y habiter un certain nombre de religieux étrangers. La salle du chapitre général est vaste, & ornée de peintures. La galerie qui est tout auprès, offre sur de grands tableaux les plans des chartreuses les plus considérables de France & d'Italie. Enfin, la bibliothéque est assez nombreuse & bien choisie.

Il y a autour de la maison des fabriques qui méritent d'être vues ; telles que la menuiserie, la corderie, le four, les greniers & les caves où sont renfermées les provisions. On voit dans les greniers un tamis d'une invention singuliere, qui sépare quatre sortes de grains en même tems.

Hors les momens de conversation, il regne dans cette espece de *thebaïde* un silence imposant qui pénetre l'ame d'une frayeur religieuse, & la remplit tout-à-la-fois d'une joie douce, pure & tranquille, qui lui avoit été jusqu'alors inconnue. Mais les jours de récréation, ces pieux solitaires se rendent dans l'endroit qu'ils appellent l'*espatiément*. Ils traversent la cour, la robe retroussée, le bâton à la main, sans se dire un seul mot, & dès qu'ils sont arrivés dans cet endroit, ils s'embrassent, se parlent, & vont se promener dans les vallons & les rochers qui entourent leur monastere. C'est dans ce désert, à un quart de lieu de la chartreuse, qu'on a bâti la chapelle de saint Bruno, à vingt pas de laquelle il y en a une autre dédiée à la sainte Vierge.

Cette grande chartreuse à été souvent brûlée. Elle le fut deux fois, par accident, pendant le cours du quatorzieme siècle, & autant pendant le quinzieme. Au seizieme, les Huguenots la pillerent, la livrerent aux flammes, la détruisirent presque entiérement, & disperserent les religieux, qui ne se réunirent qu'à la fin des guerres civiles. Elle commençoit à peine à se rétablir au dix-septieme siecle, lorsqu'elle essuya un nouvel incendie. Mais depuis cent cinquante ans tous ces malheurs sont parfaitement réparés. On compte en France soixante-seize maisons de Chartreux, qui toutes existent depuis le seizieme siecle, & trois couvens de religieuses *Chartreusines*, dont l'un nommé *Prémol*, est dans le diocese de Grenoble, à quelques lieues de la grande chartreuse.

Dans la vallée qui conduit à Briançon, on trouve le *Bourg-d'Oisans*, un des plus considérables de tous ceux de ce diocese; &, en remontant l'Isere pour entrer en Savoie par Montmelian, le fort *Barraux*, qui appartient à présent à la France, & qui est la derniere fortification de ce côté-là. Ce fut Charles-Emmanuel, Duc de Savoie, qui fit bâtir cette forteresse en 1597, à la vue de l'armée françoise, commandée par Lesdiguieres. Le général françois fut blâmé dans son camp de souffrir une telle audace; la cour lui en fit aussi un crime, & Henri IV lui-même s'en plaignit jusqu'à dire tout haut: qu'*il lui faisoit un grand desservice de ne pas s'y opposer.* Lesdiguieres répondit au Roi: *Votre Majesté a besoin d'une bonne forteresse pour tenir en bride celle de Montmelian; puisque le Duc en veut faire la dépense, il faut le laisser faire. Dès que la place sera suffisamment pourvue de canons & de munitions, je me charge de la prendre.* Henri sentit la justesse de cette réponse, & Lesdiguieres tint sa promesse. Il s'empara du fort, dès 1598, ayant fait monter ses troupes à l'assaut au clair de la lune.

Sur les confins du Graisivaudan, près de l'Embrunois & du Gapençois, dans les montagnes, est le petit pays de *Champsaur*, dont la plus grande partie est du diocese de Grenoble. Du tems des dauphins de Viennois, il portoit le titre de duché. *Saint-Bonnet*, situé au midi, sur le Drac, en est la ville principale. Le bourg de *Lesdiguieres* est au nord ouest: il fut érigé en duché-pairie l'an 1611, en faveur de François de Bonne, qui en étoit seigneur. Ce grand capitaine naquit à Saint-Bonnet en 1543, de parens gentilshommes qui ne jouissoient que d'une fortune médiocre. Il éleva son nom au plus haut degré de gloire: ses actions de guerre lui mériterent, sous Henri IV, le bâton de maréchal de France, & sous Louis XIII, l'épée de Connétable. C'est le dernier de tous ceux qui ont été revêtus de cette éminente dignité. Il y a peu d'histoires de grands hommes, aussi curieuse & aussi instructive pour un jeune militaire & pour un courtisan, que celle de Lesdiguieres. Louis XIII disoit de lui: qu'*il avoit été toujours vainqueur, & n'avoit jamais été vaincu*. Il mourut à Valence, âgé de quatre-vingt-quatre ans, *rassasié de jours & comblé de gloire*, suivant l'expression du duc de Rohan. Il fut enterré dans la chapelle du château de Lesdiguieres, qui est actuellement abandonné, & même en partie détruit; mais on a conservé la chapelle & le Mausolée. Le duché qui avoit été assuré à sa fille, mariée à Charles de Crequi-Blanchefort, a été éteint en 1711. La maison d'Hostun ou de Tallard possede cette terre depuis 1719.

Le *Royanès* est un pays distinct du Graisivaudan, qui le borne à l'ouest, mais du diocese de Grenoble. Il n'a qu'environ six lieues de longueur sur quatre de largeur. La vallée où il est situé est fertile. C'est ce qu'il y a de plus remarquable dans ce petit canton, qui ne doit pas suspendre la marche du voyageur. *Pont-de-Royan* en est le chef-lieu. Cette petite ville avoit autrefois le titre de principauté, elle n'est aujourd'hui qu'un marquisat.

Je suis, &c.

A Vienne, ce 8 Janvier. 1760.

LETTRE CCCXCVII.

Suite du Dauphiné.

Nous allons entrer, Madame, dans le Bas-Dauphiné, en sortant du Royanés par le midi. Le premier canton qui s'offre à notre vue, est le *Diois*, autre pays de montagnes, & peu fertile, si ce n'est en pâturages qui y sont excellents. La Drome & le Roubion y prennent leur source.

Les premiers habitans de ce pays ont été les *Vocontiens*. Sous l'empire romain, il fit partie de la premiere Viennoise. Il fut ensuite soumis aux bourguignons, à nos rois de la premiere & de la seconde race, & aux rois de Bourgogne jusqu'à Rodolphe *le Fainéant*, qui mourut au onzieme siecle. Mais dès le dixieme, il y avoit des comtes de Diois. Leur héritiere épousa Guillaume, comte de Forcalquier, qui laissa le Diois à son fils Pons. La postérité de celui-ci le posséda pendant trois générations. En 1176, Isoard II mourut sans enfans;

& l'empereur Frédéric I, regardant le Diois comme un fief vacant de l'empire & du royaume d'Arles, en investit Aymar de Poitiers, comte de Valentinois. Ainsi ces deux comtés furent réunis.

Die, capitale de ce pays, située dans une vallée sur la Drome, est une ville fort ancienne, que quelques-uns croient avoir été bâtie par les Phocéens de Marseille. On l'appelloit en latin, *Dea Vocuntiorum*. Elle eut des évêques dès le quatrieme siecle, puisque l'un d'eux, nommé *Palladius*, assista, en 346, au concile de Sardique. En 1178, c'est-à-dire, deux ans après que l'investiture du Diois fut donnée à Aymar de Poitiers, l'Empereur Frédéric II, prétendant toujours être le haut souverain du royaume de Bourgogne, accorda à l'évêque de Die les plus belles prérogatives, telles que le titre de prince & les droits régaliens. Il augmenta même le domaine utile que cet évêque possédoit déjà, & lui donna, entr'autres, la petite ville d'*Aoste* dans le Diois, qu'on croit avoir été la vraie *Colonia Augusta* du tems des romains,

& la moitié de la ville de Crest, qui est dans le Valentinois. En 1275, le pape Grégoire X jugea à propos de réunir les deux diocèses de Valence & de Die.

Durant tout le cours du seizieme siecle, la ville dont je parle fut réduite dans le plus triste état par les calvinistes; tout y étoit livré & abandonné au bras séculier & à la fureur des huguenots. Après la révocation de l'Edit de Nantes, Louis XIV & le pape Innocent XII, voyant que l'évêché de Die pouvoit subsister seul depuis qu'il n'étoit plus tyrannisé par les hérétiques, le séparerent de celui de Valence. La cathédrale & le palais épiscopal furent rebâtis; & l'évêque rentra dans tous ses droits, qui sont considérables. Il est seigneur de la ville de Die, de quatre-vingt-quinze paroisses, & d'une partie de Crest, dont le reste appartient au prince de Monaco, comme duc de Valentinois.

La ville de Die est très petite, on n'y compte que quinze cents habitans; mais elle est forte par sa situation. Nous lisons dans l'histoire qu'elle a soutenu plusieurs sieges sans avoir été prise. Il y a encore un château où l'on renferme des prisonniers d'état. Le diocese est assez étendu : il contient deux cents paroisses, dont quelques-unes sont dans le comtat & dans les terres adjacentes de Provence. *Crest*, dans le Valentinois, est aussi de ce diocese. Les autres lieux que je crois devoir nommer seulement, sont *Bordeaux*, *Chatillon*, *Valdrome* & *Saillans*. Dans ce dernier, dont l'évêque de Die est seigneur, il y a différentes fabriques où plus de trente villages des environs trouvent leur subsistance.

Nous voilà, Madame, hors des montagnes. Descendons vers le sud-ouest pour parcourir bien rapidement le *Tricastin*, pays de plaines, situé sur le bord oriental du Rhône. Ce n'est pas qu'il ne soit fertile en olives, en bled & en vin; mais, outre qu'il est d'une très-petite étendue, il n'offre rien qui mérite une attention bien particuliere.

Ce pays a été ainsi nommé des *Tricastins* qui l'habitoient du tems des romains. La ville de *Saint-Paul-trois-châteaux*, qui en est la capitale, étoit connue des anciens sous le nom d'*Augusta Tricastinorum*. Celui qu'elle porte aujourd'hui, elle le prit au quatrieme siecle, de *Saint Paul*, son quatrieme évêque. L'épithete de *Trois-châteaux* dérive, sans doute, du nom des Tricastins. Le premier pasteur qui a gouverné cette église, est *Saint-Restitut*, qu'on croit avoir été l'un des soixante-douze disciples de Jesus-Christ. Au douzieme siecle, les empereurs éleverent les évêques de Saint-Paul trois-châteaux au rang de princes, & leur assurerent la souveraineté de leur ville & de leur diocese. Ces prélats en jouirent en toute indépendance jusqu'en 1408, que l'un d'eux associa à cette seigneurie notre roi Charles VI. Cependant ce ne fut qu'en 1450 que ces évêques consentirent à prêter serment de fidélité au roi Louis XI.

Au reste, tout ce qu'on peut remarquer dans cette ville, se borne à ses murailles qui sont bonnes, & au portique du couvent des dominicains qui produit un effet agréable à la vue par les arbres dont il est accompagné. On ne compte que trente-quatre paroisses dans ce diocese, dont le bourg

bourg le plus confidérable eſt *Pierre-Latte*, ſitué à une lieue de la ville épiſcopale, au commencement d'une fort belle plaine, ſur la petite riviere de Berre.

En ſuivant cette plaine le long du Rhône, vers le nord, & à trois lieues de ce bourg, on entre dans le *Valentinois* par la ville de Montelimart, dont je vous parlerai dans ſon lieu. Ce pays, à l'occident du Diois, en eſt limitrophe. Ce ne ſont point ici comme dans le haut Dauphiné, des montagnes, pour la plûpart ſtériles & nues; des rochers eſcarpés, qui ne peuvent ſervir de retraite qu'aux bêtes ſauvages; un ſol aride, qui n'a preſque point de tréſors à donner au plus infatigable cultivateur; un climat froid & pluvieux qui rend ces triſtes deſerts encore plus inhabitables. C'eſt une campagne vaſte & unie, qu'un grand fleuve cotoie, & que pluſieurs rivieres arroſent; une terre fertile, chargée d'arbres fruitiers & de grains de toute eſpece: ce ſont des côteaux couverts de vignes, des prairies toujours vertes, des payſages également agréables & variés.

Le climat y est des plus heureux : les grandes chaleurs, tempérées par un vent de nord assez habituel, y sont communément peu durables ; les froids de l'hyver tardifs, peu rigoureux & peu longs. On a bien souvent de la peine à ramasser de la glace pour l'été, & quelquefois même on ne peut point faire cette provision. Le printems n'y est pas long, le passage de l'hyver à l'été étant très-rapide. L'automne y est la plus belle des quatre saisons & y dure assez long-tems.

Ce climat est principalement favorable aux mûriers : aussi l'industrie des habitans se tourne beaucoup du côté des vers à soie, dont le produit forme un article très-considérable. Les vins y sont excellens, sur-tout ceux de la côte du Rhône. Mais peut-être les vignobles ont-ils été trop multipliés aux dépens des guerets; d'où il résulte une diminution des grains. Les orangers croissent dans les jardins en pleine terre. Les noyers y sont en grande quantité, & fournissent de l'huile d'une bonne qualité. On vient d'apporter en ce canton des oliviers qui promettent déjà d'abondantes récoltes. En un mot, il produit tous les végétaux qui servent à l'usage & à la subsistance de l'homme.

Le Valentinois étoit anciennement habité par les *Ségalauniens*. Sous l'empire de Neron, on comptoit déjà *Valence* qui en est la capitale, au nombre des colonies romaines. Elle passa successivement sous la domination des bourguignons, des rois de France & des rois de Bourgogne. Au milieu du dixieme siecle, sous Conrad *le Pacifique*, on vit paroître un comte de Valentinois, que nos auteurs du seizieme siecle nomment *Goutard de Poitiers*. Ils le croient descendu des premiers ducs d'Aquitaine, comtes de Poitou. Suivant ces mêmes auteurs, Goutard eut pour fils Lambert, pere d'Aymar I, dont l'arriere petit-fils, Aymar II, fut, comme je l'ai déjà dit, investi par l'empereur Frédéric I du comté de Diois. Les deux comtés réunis resterent à la postérité d'Aymar II jusqu'à la fin du quatorzieme siecle. A cette époque, le comte Louis II de Poitiers, n'ayant point d'enfans mâles, céda ses comtés au dauphin, fils de Charles VI, & qui fut depuis roi sous le nom de Charles VII. Louis de Poitiers de Saint-Vallier, cousin au troisieme ou au quatrieme degré du dernier comte, voulut le lui disputer. Mais il n'étoit pas assez puissant pour soutenir ses prétentions. Pendant les troubles qui agiterent la France, le duc de Savoie l'occupa quelques années, jusqu'à ce que Charles VII, ayant conquis & pacifié son royaume, reprit le Valentinois & le Diois, & les réunit à sa couronne.

Louis XII accorda le domaine utile du Valentinois, à titre de duché, à César Borgia, fils du pape Alexandre VI. Mais François I le reprit, malgré les représentations des seigneurs de Bourbon-Busset, qui descendent d'une fille de César Borgia. Henri II racheta leurs droits, & donna ce duché à Diane de Poitiers pour sa vie seulement. En 1642, Louis XIII érigea de nouveau le Valentinois en duché pour Honoré de Grimaldi, prince de Monaco. Ses descendans par femmes en jouissent encore. Cependant la ville de Valence n'étoit point comprise dans ce duché. Les évêques en avoient été faits princes par les empereurs Frédéric I & Frédéric II ; & ils en posséderent le haut domaine jusqu'en 1449. Ce fut cette année que l'évêque Louis de Poitiers reconnut la souveraineté du dauphin, qui, peu de tems après, occupa le trône de France sous le nom de Louis XI. Les évêques d'aujourd'hui n'ont que la seigneurie utile de cette ville, avec le titre de comtes de Valence.

Les premiers apôtres du Valentinois sont Félix, Fortunat & Achilée, disciples de Saint Irénée, qui les y envoya de Lyon, où il prêchoit la foi à la fin du second siecle. Ils furent tous les trois martyrisés à Valence. Mais on n'est pas sûr qu'aucun d'eux ait été évêque de cette ville. Le premier que l'on connoisse certainement est *Saint Emilien*, qui vivoit l'an 374. Il eut pour successeur *Saint Sextus*, qui souffrit le martyre lors de l'irruption des Barbares, dans laquelle Valence fut pillée. Un des plus célebres entre ces anciens évêques, est *Saint Apollinaire*, frere de Saint Avite, archevêque de Vienne. Ils vivoient sous la premiere race de nos rois. Il n'y a rien de bien intéressant dans le reste de l'histoire des évêques de Valence jusqu'à l'époque des donations des empereurs Frédéric.

L'union de l'évêché de Die à celui de Valence subsistoit encore, lorsqu'au seizieme siecle, ce siege fut occupé par le fameux Jean de Montluc, frere de Blaise de Montluc, maréchal de France. C'étoit un homme de beaucoup d'esprit & d'un grand talent pour les négociations. Il avoit rempli, en habile politique, jusqu'à seize ambassades, lorsqu'il fut fait évêque. Mais, bien différent de son frere, qui, dans les guerres de religion, fut la terreur du parti protestant, cet indigne pontife, en favorisant hautement les huguenots, donna les scandales les plus marqués & l'exemple le plus dangereux pour tous les prélats. Après s'être approprié les biens & les trésors de son église, après avoir dispersé les moines & les religieuses de son diocese, & détruit les couvents, il se maria avec une demoiselle nommée *Anne Martin*, de laquelle il eut Jean de Montluc, connu sous le nom de *Balagni*, qui apprit à faire la guerre sous son oncle le maréchal, se jetta ensuite dans le parti de la ligue, finit par se rendre maître de la ville de Cambrai, qu'il étoit chargé de défendre, força son souverain à capituler avec lui pour l'avoir, & obtint le bâton de maréchal de France. L'évêque fut condamné par le pape comme hérétique. Il renonça enfin à son évêché : mais ce ne fut qu'en le faisant passer, dans le triste état où il l'avoit réduit, à un de ses parens, & en assurant sur ses revenus la fortune de Balagni. Il revint cependant de ses erreurs à la fin de ses jours, professa de bonne foi la religion catholique, & mourut à Toulouse en 1579, dans les bras d'un jésuite, qui parla favorablement de ses dernieres dispositions. L'histoire ecclésiastique fait mention de six conciles assez célebres qui se sont tenus dans Valence.

Rien de plus agréable que la situation de cette ville, bâtie sur le Rhône, dans une plaine, au milieu d'un demi cercle formé par un côteau. Elle est d'une grandeur médiocre, quoiqu'elle soit divisée en trois parties :

ville haute, ville baſſe & bourg. La fortification en eſt ſimple & antique. Mais elle ſuffit pour arrêter pendant quelque tems une armée ennemie; d'autant plus qu'on peut aiſément ſe retrancher ſous cette place. La citadelle, de forme triangulaire, n'eſt pas non plus bien forte. Le gouvernement qu'elle renferme, & l'évêché, ſont les deux plus beaux édifices de la ville. Dans le premier, il y a un jardin en terraſſe où l'on jouit de la plus belle vue. Dans le palais épiscopal, on remarque principalement la nouvelle galerie conſtruite ſur le bord du Rhône. Le point de vue en eſt également charmant. Jean de Montluc, en pillant les tréſors de ſon égliſe, ménagea ce palais, qu'il regardoit comme ſa propre maiſon, & le vaiſſeau de la cathédrale, qui mérite d'être vu. Les couvens des Jacobins & des Cordeliers, qui étoient très-beaux, furent alors ruinés, & ont été depuis rétablis.

L'habitation principale de l'abbé de *Saint Ruf*, général d'un ordre de chanoines réguliers, eſt depuis le ſeizieme ſiecle dans Valence. Cet ordre, dont l'institution remonte environ à l'an 1050, fut établi près d'Avignon. Ces religieux conservoient le corps de Saint Ruf, un des premiers évêques de cette derniere ville, & menoient une vie très-austere, lorsque la guerre des albigeois les força d'abandonner leur maison. Les reliques de Saint Ruf furent transportées dans une église d'Avignon, & le chef-lieu de l'ordre fut transféré en 1192 dans une île du Rhône, nommée *l'Esparviere*, près de Valence. Mais pendant les guerres du seizieme siecle, ce second monastere, qui étoit très-beau, fut ruiné par les huguenots. Les abbés se retirerent à Valence, où ils embellirent leur maison, qui d'ailleurs est dans une belle situation. Parmi les abbés généraux de cet ordre, on compte deux saints, qui lui ont donné une grande réputation de sainteté, & plusieurs grands seigneurs qui ont contribué à ses richesses. Le pape Jules II en avoit été abbé général. Cet ordre a été destiné, dès son institution, à réformer le clergé. Mais il a eu plusieurs fois &

D 5

a lui-même encore besoin de réforme. (1)

Dans le cloître de ce monastere, on voit la représentation d'un squelette de géant, qui avoit quinze coudées de haut. Une inscription latine qui fut gravée en ce même endroit, en 1648, nous apprend que ce géant se nommoit *Buardus*, & qu'il avoit été un tyran du Vivarais; dont les os ayant été trouvés en 1456, furent en partie enterrés dans ce cloitre.

Il y a dans Valence un séminaire, un collége, & une université fondée par Louis XI, encore dauphin, qui l'y transféra de Grenoble en 1494. L'évêque en est le chancelier né. Elle a eu des professeurs célebres, surtout en droit, parmi lesquels on distingue Cujas. Cette ville a donné naissance à *Balthasar Baro*, de l'académie françoise. Il acheva l'*Astrée*, du marquis d'*Urfé*, dont il avoit été secrétaire.

Cette même ville avoit autrefois

───────────────

(1) Il a été éteint de nos jours. Les procès qui divisoient les abbés & leurs chanoines, en ont principalement hâté la destruction.

un port beau & commode. Il fut ruiné pendant les guerres de religion, & le quai le long du rhône entierement détruit. Les environs en sont aussi agréables, qu'on peut en juger par sa situation, & par ce petit coteau en demi-cercle, qui lui sert, pour ainsi dire, de cirque naturel. Ce qui les embellit encore, ce sont des fontaines, dont les eaux pures & limpides arrosent toute cette plaine. On y voit un château nommé le *Valentin*, qui est le plus beau qu'il y ait en Dauphiné. Il est situé au milieu d'un parc qui a une lieue & demie de circonférence, & qui est très-propre pour la chasse. Il y a une galerie qui, suivant un auteur, est dans le goût de celle du château de Versailles, & qui a même quelques pieds de largeur de plus que cette derniere. Si les dedans de celle-ci, dit-il, surpassent ceux du Valentin par la beauté des ornemens & par la richesse des meubles, celle du Valentin surpasse l'autre par l'étendue de la vue, & par le cours du rhône qui lui sert, pour ainsi dire, d'un magnifique canal, qui n'a d'autres bornes que la foiblesse des yeux. Ce château est encore accompagné de quatre grandes pieces d'eau, revêtues de pierres de tailles, & de quatre cents pieds de longueur chacune, qui se remplissent en moins de vingt-quatre heures, & qui servent à arroser une prairie immense qui est au-dessous de ce château.

Le diocese de Valence contient cent paroisses, dont trente-cinq sont de l'autre côté du rhône en Vivarais. Le lieu le plus considérable dans le Dauphiné, est *Montelimart*, au midi de Valence, près du rhône, ville ancienne habitée, avant les romains, par les Cavares. Le nom qu'elle porte aujourd'hui, elle l'a pris, comme je l'ai dit ailleurs, des *Adhemars de Monteil*, qui l'embellirent, l'aggrandirent & la fortifierent. Les seigneurs de cette maison la posséderent jusqu'à la fin du quatorzieme siecle : ils rendirent d'abord hommage aux évêques de Valence, ensuite aux papes qui résidoient alors à Avignon. Ces souverains pontifes parvinrent même à échanger contre d'autres terres la seigneurie des Adhemars, dont ils furent les seuls maîtres jusqu'au regne de Louis XI. Ce prince ayant racheté des Adhémars les terres qui leur avoient été cédées par les papes, les rendit aux pontifes, & leur enleva Montelimart, qu'il unit au Dauphiné.

Aussi-tôt que les erreurs de Luther & de Calvin furent répandues dans le royaume, les habitans de Montelimart s'empresserent à les adopter, & ne tarderent pas à donner dans tous les excès du fanatisme & de la rébellion. Cette ville fut, peut-être plus qu'aucune autre, le théâtre du meurtre, du brigandage & de la désolation. En 1567, les huguenots, devenus cruels à mesure qu'ils devenoient plus forts, en chasserent les catholiques, porterent le fer & la flamme dans les églises, & employerent les matériaux des édifices renversés à faire de nouvelles fortifications, & à aggrandir le temple qu'on leur avoit permis de bâtir quelques années auparavant. Bertrand de Simiane, seigneur de Gordes, la reprit à la tête des catholiques. Après la bataille de Montcontour, ceux-ci soutinrent un siege, poussé avec la plus grande vigueur par l'amiral de Coligny. Les femmes mêmes se distinguerent beaucoup dans cette défense. On en vit une d'entr'elles, nommée *Margot Delaye*, combattre avec ardeur sur les remparts entr'ouverts, repousser les ennemis, tuer de sa main le comte de Ludovic, un de leurs principaux chefs, & ramener les habitans vainqueurs, après avoir laissé un bras sur le champ de bataille. On lui éleva sur le rempart une statue, au bas de laquelle on mit une inscription, qu'il n'est guere possible de déchiffrer. Enfin, cette ville fut à diverses fois prise & reprise par le parti catholique & par le parti protestant, & toujours inondée de sang. On y voit encore un puits qui en fut rempli jusqu'à son embouchure, & qui a retenu le nom de *Saigneux*.

Il y a dans Montelimart une citadelle assez bonne, mais qui n'est pas regardée aujourd'hui comme d'une grande importance; une sénéchaussée établie par Louis XI; une église collégiale, qui est la paroisse de la ville; plusieurs maisons religieuses tant d'hommes que de femmes; un hôpital & une confrairie de pénitents blancs, dont la chapelle a été bâtie sur les ruines d'une ancienne église des Templiers. Le commerce en général n'y est pas aussi florissant qu'il pourroit l'être, à l'exception de celui des soies. La ville, sans être grande & bien peuplée, est jolie : elle est percée de quatre portes dirigées aux quatre points cardinaux. Le long des murs regne en dedans & en dehors une double allée qui permet même aux voitures d'en faire le tour en entier.

Les hommes illustres qu'a produits Montelimart, ne sont pas en grand nombre; mais je dois nommer ici *de Bary*, célebre jurisconsulte, auteur d'un traité très-estimé sur les successions. A une érudition vaste il joignoit une simplicité singuliere de mœurs & de caractere. On raconte qu'un enfant du peuple étant entré dans son cabinet, cherchoit du feu; n'ayant ni pelle, ni pincettes, ni aucun instrument pour l'emporter. De Bary surpris, l'examine attentivement; l'enfant remplit sa main de cendres, y place avec adresse un charbon ardent, & l'emporte fans fe brûler. Auffi-tôt notre philofophe s'en va tout déconcerté, difant qu'il veut brûler fes livres, & que la nature donne plus d'efprit que tout l'art & toutes les études poffibles.

Les dehors de cette ville font très-agréables & très-variés : ce font de vertes prairies, des bofquets riants, des côteaux chargés de vignes, des champs couverts d'arbres & de moiffons, & les deux petites rivieres de Roubion & de Jabron, qui, après avoir ferpenté dans la campagne, viennent fe réunir fous les murs de la ville. On trouve dans fes environs plufieurs fources d'eaux minérales, qui font bonnes contre la bile & les obftructions légeres dans le foie. Il y en a trois autres qui ont la même qualité, près de *Dieulefit*, bourg de ce diocefe, fitué dans une vallée affez fertile.

Au nord-eft de Montelimart, eft la petite ville de *Creft*, qui a un chapitre. Elle eft fur la rive droite de la Drome. Du tems des Albigeois, c'étoit une place forte & affez importante. Aymar, comte de Valentinois, qui avoit pris le parti du comte de Toulouse, y soutint une vigoureuse attaque de la part du comte de Montfort, qui fut obligé de se retirer avec perte. Aujourd'hui il n'y a plus qu'une tour, où l'on met quelquefois des prisonniers d'état.

On voit encore dans ce diocese *Livron*, petite ville, dont l'évêque de Valence est seigneur. Elle est située sur une colline que la Drome cotoie; & cette situation la rend un peu considérable, quoique les murailles en aient été presque toutes démolies.

Je suis, &c.

A Vienne, ce 1760.

LETTRE CCCXCVIII.

Suite du Dauphiné.

CE que je vous ai dit, Madame, du Valentinois, relativement à la température du climat, à la nature du sol, aux productions de la terre, vous pouvez l'appliquer au *Viennois*, avec cette différence pourtant qu'il n'y a point d'oliviers dans ce dernier canton. *Vienne*, sur le Rhône & la riviere de Jére, en est le chef lieu. Cette ville est très-ancienne. Après avoir été habitée par les Allobroges, elle devint, comme je l'ai dit ailleurs, la capitale d'une grande province romaine, la résidence d'un préfet du prétoire des Gaules, la garnison habituelle de plusieurs légions, & subit dans la suite le même sort que le reste du Dauphiné. L'histoire civile en est curieuse, & tient beaucoup à son histoire ecclésiastique.

Dès les premiers siecles du christianisme, Vienne eut ses évêques, qui, à cause de l'importance de cette ville, furent reconnus pour métropolitains, & même pour primats d'une bonne partie de la Gaule. Nos rois des deux premieres races y séjournerent souvent; & les premiers rois de Bourgogne & d'Arles y firent pendant quelque tems leur résidence. Au dixieme siecle, ceux ci y établirent des comtes, qui, suivant l'opinion commune, descendoient de Louis *l'Aveugle*, fils de Boson, par son fils Charles Constantin.

La premiere race de ces comtes finit en 1060, que Stephanie, fille de Gerard I, épousa Guillaume I, comte de Bourgogne, à qui elle transmit le comté de Vienne, qui étoit alors très étendu. De ce mariage naquirent deux fils, dont le premier nommé Guy, fut archevêque de Vienne, & l'autre, nommé Etienne, propriétaire de ce comté. Mais celui-ci en vendit une partie à son frere, laissant le reste à son fils. Ce dernier ayant refusé l'hommage à l'empereur Conrad, qui se prétendoit roi d'Arles & de Bourgogne, fut dépouillé de ses possessions par ce monarque, qui les céda à l'archevêque. Cependant la postérité de ces comtes de la maison de ceux de Bourgogne subsista encore pendant plus d'un siecle, sans renoncer à ses prétentions sur Vienne & le Viennois, qu'elle faisoit quelquefois valoir. Enfin, vers 1260, Béatrix, femme de Hugues de Pagny, derniere héritiere de ces comtes, vendit toutes ses prétentions à l'archevêque Jean de Burnius, dont les successeurs se qualifierent comtes de Vienne.

Ces prélats resterent même en pleine possession de toute la seigneurie, du moins de celle de la ville. Mais il paroît qu'ils avoient déjà vendu les terres du comté, & que les comtes d'Albon, du Graisivaudan & de Grenoble s'en étoient successivement emparés. *Guygues VII*, l'un de ces comtes, prenoit déjà, en 1237, le titre de dauphin de Viennois, & possédoit le plat-pays entre Vienne & le Rhône, qui est pourtant de l'ancien ressort du bailliage de Vienne.

Les seigneurs qui occupoient ces terres, rendoient hommage aux archevêques. Les dauphins leur enleverent successivement cet hommage, quoiqu'ils le rendissent eux-mêmes à ces prélats, comme comtes d'Albon & comme dauphins de Viennois. Bien plus, ils prétendirent par la suite à l'indépendance, & s'attribuerent une autorité dans Vienne même.

Les Rois de France, héritiers des dauphins, ont eu des prétentions encore plus fortes. Ils sont venus à bout de réduire les métropolitains de Vienne presque aux seuls honneurs ecclésiastiques, & au simple domaine utile d'une partie de la ville; encore est-il bien diminué. En 1448, Louis XI n'étant que dauphin, obtint de l'archevêque Jean de Poitiers la moitié de la seigneurie de Vienne, se fit prêter serment par les consuls & les habitans, & y établit un juge en son nom. Lorsqu'il fut monté sur le trône, l'archevêque lui-même le reconnut pour son souverain, en se réservant des titres & des franchises auxquelles nos monarques n'ont eu des égards qu'autant qu'ils l'ont jugé à propos. L'archevêque possede encore quelques restes de son ancienne autorité dans la ville, & l'on pratique quelques cérémonies qui paroissent aujourd'hui plus singulieres qu'elles ne peuvent être importantes pour la conservation de ses droits. J'aurai bientôt occasion d'en parler.

S'il faut en croire les anciennes traditions, *Saint Paul* doit être regardé comme le premier évêque de Vienne. En traversant les Gaules, il passa par cette ville, où il consacra une chapelle en l'honneur des saints martyrs Machabées, & y établit *saint Cressent*, qui n'y resta pas long-tems. *Saint Zacharie*, envoyé par saint Pierre, prit sa place ; il étoit chargé d'une précieuse relique que l'on conserve encore à Vienne, & que l'on nomme la *sainte Touaille* ; c'est la nappe sur laquelle Jesus Christ institua l'eucharistie : plusieurs autres églises prétendent aussi l'avoir. *Saint Martin* lui succéda : il avoit vu la passion de Notre Seigneur, quoiqu'il y eût cent ans que cet événement se fût passé lorsqu'il monta sur le siege de Vienne.

Tous les évêques du second & du troisieme siecle furent saints. L'un d'eux nommé *saint Lupicien*, jetta, vers l'an 260, les fondemens de l'église saint Pierre qui subsiste encore. Au quatrieme siecle, les persécutions contre le christianisme cesserent; & saint *Pascase* eut la satisfaction de voir Constantin, le premier empereur chrétien. Ce fut sous son pontificat que fut transporté à Vienne le corps de saint Maurice, chef de la légion thébaine. L'église cathédrale lui est dédiée. On le représente comme un chevalier armé de toutes pieces, portant un étendart ou un aigle.

Vers la fin du cinquieme siecle, dans le même tems que Clovis régnoit sur les françois, *saint Mamert* fut évêque, ou plutôt archevêque de Vienne: car ce titre avoit déjà été assuré aux prélats de cette ville plus de cent ans auparavant, malgré les oppositions de l'archevêque d'Arles.

Les grands siéges épiscopaux ont, comme les grandes maisons, des chimeres. De ce nombre est celui dont est ici question. Suivant toutes les vieilles chroniques, que les auteurs du seizieme siecle ont copiées, ce Ponce-Pilate, qui condamna, ou qui souffrit qu'on condamnât Jesus-Christ, fut, sous le regne de Tibere, exilé à Vienne, où il mourut dans la rage & le désespoir. On montre encore les ruines d'une maison qu'on prétend qu'il habitoit, & celles de la tour dans laquelle il étoit enfermé. On ajoute que les habitans de Vienne jetterent son corps dans le rhône. Il est certain qu'au cinquieme siecle, la ville fut frappée du fleau de la peste, & même ravagée par quelques tremblemens de terre. Saint Mamert, qui en étoit alors archevêque, déclara qu'il avoit appris en songe ou par révélation, que ces maux étoient occasionnés par la présence du corps de Pilate, qui étoit enterré dans le rhône, au pied de la tour ronde, que l'on appelle encore *Mauconseil*. On se transporta aussi-tôt sur le bord de ce fleuve, & l'on en retira un cadavre infect, qu'on alla jetter dans un marais, à deux lieues de Vienne. On ne douta point que ce cadavre ne fût celui du juge inique de Jesus-Christ; & le peuple croit encore aujourd'hui entendre sortir des eaux de ce marais bourbeux, les gémissemens de Pilate, & les cris des diables qui le tourmentent.

tent. C'est là, dit-on, que se forment les orages & les tempêtes des environs de Vienne. Ils y sont fréquens; & le tonnerre est souvent tombé sur la tour de Mauconseil. C'est à Saint-Mamert que l'on est redevable des rogations, dont il donna l'exemple à tout le reste du monde catholique qui l'a suivi, les papes ayant adopté ce pieux usage. Il fut enterré dans sa cathédrale : mais, environ cent ans après, Gontran, roi d'Orléans & de Bourgogne, de la race des Mérovingiens, fit transporter les reliques de ce saint archevêque à Orléans, sa patrie. Elles furent dispersées ou brûlées, en 1583, par les huguenots, qui pillerent la châsse où elles étoient renfermées.

Au milieu du neuvieme siecle, ce siége fut occupé par *Saint-Adon*, qui avoit été d'abord moine de Ferrieres, ensuite de Prum, & qui avoit fait différens voyages, sur-tout à Rome & à Jérusalem. Il avoit acquis de vastes connoissances, & passa pour le plus savant homme de son tems. Nous avons de ce saint prélat une chronique des rois de France & des archevêques de Vienne, jusqu'aux derniers événemens dont il avoit été lui-même témoin. Ce qu'il dit de ces derniers tems est fort exact. Mais il a adopté bien des fables sur les tems plus reculés.

Saint Thibaud, de la maison de Champagne, est le dernier archevêque qui ait été reconnu pour saint; & *Burcard*, son successeur, a été le premier comte & seigneur de Vienne. Ce titre lui fut donné, avec les châteaux qui tenoient la ville en respect, par Rodolphe *le fainéant*, qui le fit son premier ministre dans le royaume de Bourgogne. Burcard remplit dignement cette place. Les historiens du tems nous le représentent profondément versé dans la politique.

La gloire & les priviléges du siége de Vienne furent encore augmentés par un personnage très-illustre qui l'occupa en 1088. Ce fut Guy, cinquieme fils de Guillaume II, comte de Bourgogne. Il assista à ce fameux concile de Clermont, où l'on décida la premiere croisade. En 1119, ce prélat fut élu pape, sous le nom de Callixte II; & cette élection fut un vrai bonheur pour la chrétienté. Proche parent de l'empereur Henri V, il n'eut pas de peine à l'amener à une conciliation, pour éteindre les divisions qui duroient depuis si long-tems entre les souverains pontifes & les empereurs. Henri renonça à la prétention de donner l'investiture aux évêques par la crosse & l'anneau, se contentant d'en recevoir l'hommage simple de leurs fiefs temporels. L'église de Vienne obtint du pape Calixte de grands priviléges & de belles prérogatives Par une bulle particuliere, elle eut la prééminence sur sept métropoles, qui étoient la province Viennoise, celle de Bourges, de Bordeaux, d'Auch, de Narbonne, d'Aix & d'Embrun. Aussi-tôt l'archevêque de Vienne prit la qualité de *grand primat des primats des Gaules*, titre que ses successeurs ont conservé & conservent encore.

Pendant tout le cours du treizieme siecle, les archevêques de Vienne, toujours riches, puissans & considérés, reçurent plusieurs fois l'hommage des dauphins de Viennois, qui commençoient alors à s'élever. Ils ne reconnoissoient pour seigneurs que les empereurs, qui même avoient pour eux des ménagemens, tels qu'on doit les avoir pour de grands feudataires.

Au commencement du quatorzieme siecle, en 1311, on tint, dans Vienne, un concile général, qui fut assemblé par Clément V, le premier des papes qui siégerent à Avignon. Le roi de France, Philippe *le Bel*, & ceux d'Angleterre & d'Arragon, y assisterent. La fête du saint-sacrement, que l'on nomme communément la *Fête-Dieu*, y fut instituée. L'ordre des Templiers y fut aboli, & la plus grande partie de leurs biens donnée aux chevaliers de Saint-Jean de Jérusalem, qui venoient de conquérir l'île de Rhodes. Enfin on fit, dans ce concile, un grand nombre de constitutions, que l'on appela *clémentines*, du nom du pape qui y présidoit. On voit encore, à côté du palais de l'archevêque, la salle où se tenoient les assemblées. Un auteur dit qu'elle sert aujourd'hui à serrer le foin d'une auberge.

Dans le courant de ce même

siecle, les seigneurs de la maison de Clermont, la plus illustre du pays, & bienfaitrice de l'église de Vienne, rendirent plusieurs fois hommage aux archevêques. En 1338, Humbert, dauphin de Viennois, fut reçu chanoine honoraire de la métropole. On lui donna le surplis & l'aumusse, qu'il porta par-dessus ses armes, & prit ainsi séance au chœur; mais avec protestation, de la part de l'archevêque & du chapitre, que cela ne préjudicieroit point à l'hommage qu'il leur rendoit, comme comte d'Albon.

Peu d'années après, le Dauphiné fut donné à nos rois, & devint l'appanage de leurs fils aînés. Mais l'archevêque & le chapitre de Vienne soutiennent encore aujourd'hui que cette donation ayant été faite à la charge de l'hommage dû, nos rois sont toujours tenus à cette sujétion; & quand ces monarques sont reçus chanoines, le chapitre fait les mêmes protestations qu'il fit lors de la réception du dernier dauphin. Nos souverains se sont refusés, par la suite, à cet hommage. On offre cependant encore, de la part du roi, un gros cierge de cire jaune à la cathédrale de Vienne. Mais le procureur du roi, en le présentant, déclare que ce n'est que par dévotion; & celui de l'archevêque répond, qu'il le reçoit comme hommage. Ces prélats cessèrent de frapper monnoie au quinzieme siecle; & en 1448, ils consentirent, comme je l'ai déjà dit, à partager la seigneurie avec le roi. Au seizieme siecle, ils furent assujettis aux regles établies par le concordat, & à tous les usages du clergé de France.

Depuis 1482 jusqu'en 1507, Vienne eut pour archevêque *Angelo Carto*, né dans le royaume de Naples, homme savant, qui se piquoit d'être très-habile dans l'astrologie judiciaire. On assure qu'il prédit les plus grands événemens de son tems; entr'autres, la mort du duc de Bourgogne, connu sous le nom de Charles *le téméraire*.

En 1535, Charles de *Marillac*, évêque de Vannes, fut fait archevêque de Vienne. Fils d'un avocat, il avoit été d'abord avocat lui-même, conseiller au parlement, maître des requêtes, & chargé de plusieurs ambassades par le roi François I. Ses freres parvinrent, comme lui, à un haut degré de fortune, & fonderent un maison qui, en très-peu de tems, a beaucoup brillé dans l'église, la magistrature & l'épée. Vous savez, madame, quelle fut, sous le ministere de Richelieu, la fin tragique du maréchal de Marillac, & de son frere le garde des sceaux.

Son successeur, Jean *de la Brosse*, eut beaucoup à souffrir de la part des huguenots. Les églises furent pillées, en 1562 & 1567, par le fameux & cruel baron des Adrets. Depuis 1575 jusqu'en 1693, ce siége fut successivement occupé par cinq archevêques de la maison de Villars. Les derniers étoient de la branche dont est sorti le célebre maréchal de ce nom. D'après ce que je viens de dire de l'archevêché de Vienne, vous jugerez sans doute, madame, que l'ancienne Gaule n'en offre peut-être aucun qui ait été plus illustré.

Cette ville n'est pas peuplée à proportion de sa grandeur. Elle a, dit-on, une lieue & demie de circuit, & ne contient, à présent, qu'environ cinq mille habitans. On y entre par cinq

E 4

portes, dont une s'appelle de *Mau-sonseil*, du nom de la tour voisine, où j'ai dit qu'on croit que Pilate avoit été renfermé. Une autre s'appelle la porte de *Pipet*, d'un château qui, du tems des Romains, s'appeloit *Pompeiacum*, en l'honneur du grand Pompée, d'où l'on a fait *Pompet*, & puis *Pipet*. On voyoit autrefois dans Vienne, deux autres châteaux, dont l'un portoit le nom de *Quiriacum*, & l'autre celui de *Crappum*. Ce dernier s'appelle aujourd'hui *le mont Saint-Just*, & l'autre *le mont Sainte-Blaudine*. Sur celui-ci, il y avoit un monastere, que les huguenots ont détruit, & où l'on ne recevoit, pour religieuses, que des veuves, parce que Sainte Blaudine étoit elle-même veuve. Elle avoit eu des enfans ; & elle est regardée à Vienne comme la patrone des nourrices.

La troisieme porte de Vienne s'appelle la *porte d'Avignon*, & la quatrieme, qui est près du Rhône, la *porte du Pont*. Près de celle ci, en effet, il y en avoit un très-beau. On en voit encore quelques piles qui embarrassent la navigation, & qui sont des écueils au milieu du Rhône. Ce pont, le plus ancien de tous ceux qui ont été bâtis dans les Gaules, fut fondé par Tiberius Gracchus, l'an 175 avant Jésus-Christ, & dura, suivant les chroniques de Vienne, pendant mille cinq cent quatre-vingt-deux ans. Après qu'il fut tombé pour la premiere fois, l'an 1407, on passa tout un siecle à réfléchir sur les moyens de le réparer. Enfin, l'an 1507, on y travailla sérieusement, au moyen d'une taxe ou aumône forcée que l'archevêque imposa sur tous ses diocésains, en leur permettant de manger de la viande les deux premiers jours de carême. Quoique la récolte fut considérable, les arches qui manquoient ne furent réparées qu'en bois. Ce pont essuya deux autres accidens en 1535 & 1574. On fit de nouvelles réparations. Mais en 1617, il fut si endommagé par la violence du Rhône, qu'il n'est plus susceptible d'être réparé. La cinquieme porte est celle de *Saint-Martin*, qui n'offre rien de remarquable.

En parcourant Vienne, on ne trouve point de belles rues ; elles sont toutes étroites & mal pavées. Mais les monumens curieux y sont en grand nombre. La cathédrale, dédiée à Saint Maurice, est un très-bel édifice gothique. Le parvis qui est au devant, est une plate-forme, sur laquelle on monte par vingt-huit degrés. Le frontispice est chargé d'une multitude d'ornemens gothiques, de niches & de statues de grandeur naturelle. Des deux côtés s'élevent, sur quatre piliers, deux hautes tours quarrées de belle apparence. Le vaisseau de l'église est grand, & a cent quatre pas de longueur sur trente-neuf de largeur. La voûte est soutenue par quarante-huit colonnes, dont vingt-quatre sont engagées dans le mur, & les autres isolées, séparant la nef des bas côtés. Cette voûte, peinte en bleu, chargée d'étoiles d'or, est très-élevée, d'un trait fort hardi, qui mérite l'admiration des connoisseurs. La construction de cet édifice se prolongea pendant plusieurs siecles avant de parvenir à sa perfection. Elle fut commencée au huitieme, par *Saint Eoalde*, continuée au dixieme par *Saint Thibaud* ou *Théobald*, & ne fut achevée qu'en 1527, sous l'archevêque *Pierre Palmier*.

La première chose que l'on fait remarquer aux étrangers en entrant dans cette église, qui passe pour être une des plus belles du royaume, est le monument élevé près du grand autel. Il renferme le cœur de François Dauphin, fils aîné de François I, mort à l'âge de dix-neuf ans, à Valence, en 1536, d'une maladie vive & prompte, qui le saisit aussi tôt après qu'il eut bu un verre d'eau, pendant qu'il jouoit à la paulme; ce qui fit croire qu'il étoit empoisonné. Son corps fut porté à Saint-Denis, & son cœur dans cette église de Vienne. C'est ce qu'apprennent les deux vers latins qui composent son épitaphe.

De l'autre côté du grand autel, est l'épitaphe d'Isabeau d'Harcourt, femme du comte de Roussillon, morte en 1439. L'église de Vienne reçut de cette dame de très-grands bienfaits. On lit sur son tombeau qu'elle lui donna, entr'autres, un reliquaire d'or & d'argent, dans lequel étoit renfermé un morceau de la colonne de pierre à laquelle Notre-Seigneur fut attaché pour subir le supplice de la flagellation. Cette relique venoit sans doute de Rome, où le reste de cette colonne est conservé.

Dans la chapelle de Saint-Clair, qui n'est pas une des moins bien ornées de cette église, est le tombeau de la famille des *Maugirons*, une des plus illustres du Dauphiné. Dans celle de Sainte-Apolline, on voit celui de Boson, le premier de tous les rois de Bourgogne. Il fut élu dans un château de Viennois, nommé *Mantaille*, & couronné en 879. Il mourut en 887. Son épitaphe est en vers latins, dignes du siecle dans lequel ils ont été composés.

Il y a, attenant à cette église, des charniers ou petits cloîtres, qui renferment les sépultures de quelques reines de Bourgogne; mais les épitaphes en sont effacées. On ne reconnoît que celle d'Ermengarde, femme de Rodolphe *le fainéant*, qui fut aussi enterré dans ce lieu. En mourant, il envoya à Conrad *le salique*, qui avoit épousé sa niece, la lance vraie ou prétendue de Saint Maurice, qui servoit de sceptre aux rois de Bourgogne. Dans une petite chapelle voisine, on reconnoît encore le tombeau de Mathilde, femme de Conrad.

Le palais de l'archevêque est contigu à la cathédrale & assez commode. On prétend qu'autrefois c'étoit un de ceux que les rois de Bourgogne avoient dans Vienne. On y voyoit beaucoup d'autres antiquités. Mais les réparations qu'on y a faites à différentes reprises, en ont fait disparoître la plus grande partie.

La seconde église de Vienne, est l'abbaye de Saint-Pierre, autrefois possédée par des bénédictins, aujourd'hui convertie en collégiale noble. Elle est entourée de hautes murailles. Tous les anciens auteurs ecclésiastiques ne parlent de cette église qu'avec une vénération extraordinaire, à cause du grand nombre de reliques & de corps saints dont elle est remplie. On est persuadé qu'elle renferme ceux de plusieurs martyrs de la légion Thébaine, ainsi que celui de Saint Zacharie, disciple de Saint Pierre. Ce fut lui qui bâtit en l'honneur du prince des apôtres, la premiere chapelle qu'on ait vûe dans Vienne, & qui a donné lieu à l'églife dont je parle. Les fondemens en furent jettés, au commencement du dixieme fiecle, par Hugues, qui n'étoit alors que comte & premier miniftre de Louis *l'aveugle*, fecond roi de Bourgogne. Devenu enfuite tuteur de Charles Conftantin, fils de Louis, il s'empara de la couronne d'Italie fur fon pupille. Mais il en fut dépouillé par Bérenger, & fe fit moine en 945 dans cette abbaye de Saint-Pierre, où il mourut. Les religieux de cette abbaye en furent chaffés en 1612, & on établit à leur place un chapitre de chanoines, defquels on exige des preuves de nobleffe de plufieurs générations. Les voyageurs curieux & érudits, pourroient paffer plufieurs jours à étudier les monumens de cette ville. Ils y trouveroient beaucoup d'épitaphes d'archevêques, d'abbés & de princes qui y avoient choifi leur fépulture, & un grand nombre d'infcriptions antiques qui y ont été tranfportées, les pierres fur lefquelles on les voit gravées, ayant fervi à la conftruction & au pavé de l'églife & des cloîtres.

Il y a deux autres collégiales dans Vienne. La premiere fe nomme *Saint-André le bas* qui eft auffi une abbaye fécularifée. L'églife eft d'une très-belle architecture. La voûte du chœur eft foutenue par deux colonnes de marbre d'une hauteur & d'une beauté finguliere, & celle de la nef par des colonnes d'ordre dorique. Le fondateur de ce monaftere eft, fuivant un auteur, un duc Anfemond, plus ancien que les rois de Bourgogne. Conrad *le falique*, l'un de ceux-ci, qui mourut en 993, y fut enterré.

Près de cette églife dans une petite place, eft un monument que l'on appelle la *table ronde*. C'eft effectivement une table de pierre foutenue par quatre piliers & couverte d'un dôme. Elle avoit le droit d'afyle, c'eft-à-dire que tous ceux qui avoient le bonheur d'en approcher & d'y toucher, ne pouvoient être arrêtés & y mettoient même leurs effets en fûreté. Ce privilége avoit été accordé au baron de Monléans, feudataire des comtes archevêques de Vienne. La famille des Monléans étant éteinte, leur terre a passé à la maison de Chevrier & ensuite à celle de Maugiron, qui ont conservé ce monument. On voit encore écrit sur cette table, *asyle de Monléans*.

La derniere collégiale de Vienne est *Saint-Severe*, église fort ancienne & bâtie sur les ruines d'un temple dédié aux faux dieux, dans lequel ce saint souffrit le martyre l'an 430. Quelques archevêques ont été enterrés dans cette église; & l'on y lit quantité de vieilles inscriptions tant sacrées que profanes. C'est dans cette collégiale que l'on consacre les archevêques; & on les conduit ensuite processionnellement dans leur cathédrale.

Saint-André le haut est une abbaye de filles où, par un usage constant, on ne reçoit que des demoiselles nobles. *Notre-Dame de la vie* est encore une église fort ancienne & très-curieuse. C'est l'ancien prétoire du tems des romains. On y voit une grande & belle colonnade, dont les colonnes, d'ordre corinthien, laissoient entre elles des intervalles vuides & ouverts. Mais aujourd'hui ces colonnes sont encastrées dans un mur qui renferme la chapelle fondée par le fameux archevêque Burcard. Les bonnes gens ne manquent pas de dire que là étoit le prétoire de Pilate.

L'église de Vienne avoit autrefois des usages particuliers dont nos vieux auteurs font mention, mais qui ont été sagement abolis au commencement du seizieme siecle. On élisoit solemnellement un abbé des fous. Il se faisoit des cérémonies ridicules dans le chœur de la cathédrale, le jour des innocens. L'archevêque régaloit tout son clergé le lundi de Pâques, & ne lui épargnoit pas le *vin d'epices*. Tous les assistans alloient ensuite processionnellement chanter les *graces* dans l'église. Mais la plus ridicule de ces fêtes étoit celle des *noircis*. On y voyoit courir dans la ville un grand nombre d'hommes presque nuds & noircis de la tête aux pieds, qui sans doute représentoient des diables. Au milieu d'eux étoit un homme vêtu en hermite, qui buvoit du vin, mangeoit du pain & du jambon, & jettoit des cendres sur tous ceux qu'il rencontroit. Il représentoit apparemment Saint Antoine tenté par les diables. L'archevêque, les abbés, & même l'abbesse de la ville nommoient les personnages qui jouoient cette scène scandaleuse.

On peut se dispenser d'aller voir les colleges, & les autres maisons religieuses. Mais le séminaire mérite d'être remarqué par son agréable situation sur les bords du Rhône. En parcourant cette ville, on verra une place où se rendoit anciennement la justice. C'est celle *des Ormes*, ainsi appellée du nom des arbres sous l'ombre desquels on remplissoit cette auguste fonction. A présent les juges royaux ont leur tribunal dans le palais des anciens rois de Bourgogne. Ce palais ayant passé au dauphin, fut nommé *palais delphinal*; & Louis XI, en y établissant les juges, fit mettre sur la porte ces mots latins, qui renferment un grand sens : *justitia est divina lex, & vinculum societatis humanæ.* (La justice est la loi de Dieu même, & le lien de la société des hommes). Les prifons qui tiennent à ce palais, étoient anciennement des salles de ce château des rois. On verra encore une place appellée le *cirou*, où étoient l'ancien cirque & l'amphithéâtre des romains. Mais il faut être connoisseur pour en distinguer les traces.

La ville de Vienne est renommée par ses lames d'épée. Le commerce d'ailleurs n'y est pas très-florissant. C'est la patrie de Jean Elie *Leriget de la Faye*, & de Jean François son frere puîné. Ils prirent tous les deux le parti des armes. Mais l'aîné s'appliqua aux mathématiques & fut reçu de l'académie des sciences. Le cadet cultiva la poésie & mérita une place à l'académie françoise. Sa piece la plus estimée, est son *ode apologétique de la poésie*, contre le système de *la Motte-Houdart*, en faveur de la prose. Je ne parle point de *Boissat* qu'on appelloit dans son pays *Boissat l'esprit*, & dont les ouvrages, quoiqu'il fût de l'académie françoise, sont aujourd'hui tout-à-fait oubliés; ni de Nicolas *Chorier*, écrivain extrêmement licentieux, & historien très-inexact.

Vienne a un fauxbourg qui est

du lyonnois. C'est celui de *Sainte-Colombe* situé au-delà du rhône, & où l'on voit une assez haute tour qui commande le pont. Le long de ce fleuve, les dehors de la ville sont agréables & forment un beau point de vue. A quatre ou cinq cents pas de ses murs, hors de la porte d'Avignon, est une pyramide antique, qu'on nomme l'*aiguille*. Elle est placée sur une voûte carrée, d'environ vingt-quatre pieds de long, soutenue par quatre piliers. La pyramide en a autant de hauteur; & le tout est de pierres grosses & dures sans aucun ciment. Il n'y a point d'inscription; mais les savans pensent que c'étoit un cénotaphe élevé en l'honneur d'Auguste.

L'archevêque de Vienne a pour suffragans les évêques de Valence, de Die, de Grenoble, de Viviers dans le Vivarais, de Saint-Jean-de-Maurienne en Savoie, & de Geneve. Il compte dans son diocese quatre cent quatorze paroisses. Il y en a une à trois lieues de la ville, où l'on voit un vieux château nommé *ponas*. On croit que ce fut en cet endroit que se tint, l'an 517, un concile national des Gaules, connu dans notre histoire ecclésiastique, sous le nom de *concile d'epaune*.

Dans l'étendue de ce diocese, on peut remarquer l'abbaye de *Saint Cerf*, fondée au sixieme siecle, par *Saint-Theudere* qui en fut le premier abbé. Elle fut rebâtie à la fin du dixieme par l'archevêque Saint Thibaud, dont la tête y est conservée dans un reliquaire; & c'est delà qu'on croit que cette abbaye a pris le nom qu'elle porte aujourd'hui. En 1525, les moines furent convertis en chanoines, & la mense abbatiale fut réunie à l'archevêché. Le chapitre est composé de vingt-huit chanoines y compris le doyen : vingt-six doivent être nobles; & il n'y en a que deux, le théologal & le capiscol, qui soient dispensés de l'être; il suffit qu'ils soient gradués. Avant de devenir chanoines, il faut passer par la classe des habitués qui composent le bas chœur. Les preuves de noblesse doivent se faire tant du côté maternel que du côté paternel (1).

La seconde ville du Viennois est *Romans*, au midi de Vienne, sur l'Isere, dans une belle plaine, & dans une agréable situation. Elle est peuplée, assez considérable & commerçante: il y a trois paroisses & sept à huit maisons religieuses. C'est le lieu où s'assembloient autrefois les états du Dauphiné (2). Quelques auteurs ont tort de croire qu'elle existoit du tems des romains. Suivant le plus grand nombre, l'endroit où elle a été bâtie n'étoit qu'un desert. Saint Bernard, archevêque de Vienne, y fonda, en 839, un monastere sous l'invocation de Saint Pierre & Saint Paul, & le nomma *Romans*, du nom du propriétaire qui lui donna ce terrain. Mais à l'égard de ce nom, quelques écrivains pensent qu'il fut donné à cette abbaye, parce qu'elle fut soumise immédiatement au Saint-Siége.

---

(1) Les chanoines de ce chapitre ont été transférés à Vienne, en 1773, dans l'église de Saint-André-le-Bas.

(1) Ils s'y sont tenus depuis qu'ils ont été rétablis.

Il se forma dans la suite, autour de ce monastere, une ville qui prit le même nom, & qui fut sous la jurisdiction de l'abbé. Les moines ayant été sécularisés, la mense abbatiale fut réunie à l'archevêché de Vienne, & ces prélats eurent le haut domaine de la ville. Mais il leur fut enlevé par le pape Clément VI, qui prétendit que Romans appartenoit au Saint-Siége, & qui le fit passer aux Dauphins. Humbert II, l'un de ces princes, accorda beaucoup de privileges à l'église collégiale de cette ville. Il y en a un qui permet aux *petits Clercs* de cette église, d'ôter à ceux qui y entrent, l'épée au côté & les éperons aux pieds, ladite épée & lesdits éperons, & de les retenir, si c'est leur bon plaisir. On remarque à Romans un calvaire modelé sur celui de Jérusalem par Romanet Baffin, qui avoit fait le voyage de la terre sainte. François I. y mit la premiere pierre, l'an 1520.

A l'ouest de Romans, près du rhône, est un petit bourg nommé *Thain*, dans le voisinage duquel, on voit l'*hermitage*, côteau fameux par ses excellens vins, ainsi que la *côte rôtie*, qui est tout auprès. Ce nom lui a été donné à cause de son exposition aux rayons du soleil.

En montant vers le nord-est, on trouve, à trois lieues de la même ville, un bourg qui a pris son nom d'une abbaye très-considérable ; c'est celle de *Saint-Antoine* fondée au commencement du douzieme siecle, sous l'épiscopat de l'archevêque Guy, fils d'un comte de Bourgogne : voici à quelle occasion. Le corps de Saint Antoine avoit été transporté, en 552, de la Thébaïde à Alexandrie. Il fut apporté de cette ville, en France, par un seigneur dauphinois, nommé *Josselin*, fils de Guillaume chapeau cornu, seigneur de la Motte-Saint-Didier en Viennois, & conduit jusqu'à la Motte, où il opéra de grands miracles, sur-tout pour la guérison d'une maladie cruelle & inflamatoire que l'on appelle le feu Saint Antoine. On bâtit dans ce village une belle église, un hôpital & un couvent. Plusieurs chevaliers & grands seigneurs dauphinois, en s'y consacrant au service des pauvres malades, enrichirent

chirent cet établissement de tous leurs biens. L'archevêque bénit la nouvelle église; & quand il monta sur le trône pontifical, il confirma l'ordre des *Hospitaliers de Saint-Antoine de Viennois*, qui ne fut d'abord qu'une société purement laïque. L'église, aujourd'hui une des plus belles du Dauphiné, étoit desservie par des moines bénédictins, sous la conduite d'un prieur, dépendant de l'abbaye de Montmajor, près d'Arles. Mais à la fin du treizieme siecle, le pape Boniface VIII supprima les moines, & érigea les hospitaliers en chanoines réguliers & ecclésiastiques, faisant les trois vœux, suivant la regle de Saint Augustin. Leur général eut le titre d'abbé: c'est le seul de tout son ordre, qui, depuis cette époque, s'est fort étendu en France, en Savoie, en Piémont, & qui même a eu des maisons en Italie, & jusques dans Rome. Cependant en 1616, on trouva que cet ordre avoit besoin d'une réforme, & l'abbé, général d'alors, nommé *Brunel de Grammont*, en fit une qui fut autorisée par une bulle du pape Urbin VIII (1).

Non loin de Saint Antoine, vers l'Orient, est la petite ville de *Saint Marcellin*. Elle est fort jolie, & située, près de l'Isere, dans un terroir aussi agréable que fertile en bon vin. Si de cet endroit on veut revenir sur les bords du Rhône, & monter toujours vers le nord, on trouvera *Saint Vallier*, assez gros lieu, qui donna son nom à une branche de l'illustre maison de Poitiers : *Albon*, dont le titre fut porté par la premiere race des comtes, qui prirent ensuite le surnom de dauphins : enfin *Roussillon*, une des premieres & des plus anciennes seigneuries du Dauphiné. C'est dans son château que le roi Charles IX rendit, en 1564, une ordonnance qui portoit que l'année commenceroit dorénavant au premier janvier,

___

(1) Cet ordre en a subi de nos jours une autre bien plus considérable. Tous les chanoines réguliers ont été incorporés, en 1777, à la partie ecclésiastique de l'ordre de Malte, dont on a trouvé que l'institution étoit analogue à la leur, & le tau d'étoffe bleue qu'ils portoient sur l'estomac, & qui faisoit la marque distinctive de leur ordre, a été changé en une croix à huit pointes de toile blanche.

au lieu qu'auparavant elle ne commençoit qu'à Paques.

La Tour-du-Pin est à l'orient de Vienne : de ce lieu sont venus les princes dauphins de la troisieme & derniere race. De ce même côté, le *Pont-de-Beauvoisin* sur le Guyer, sert de limites à la France & à la Savoie. La partie occidentale appartient à la France, & l'orientale au roi de Sardaigne. Les autres lieux du Viennois un peu considérables, sont situés, au nord, le long du Rhône, qui faisant un grand circuit autour du Dauphiné, l'enveloppe au septentrion & à l'orient. On peut remarquer dans ce circuit la petite ville de *Crémieu*, fameuse par un édit qu'y donna le roi François I en 1536, pour servir de réglement aux justices inférieures. Près de là se trouve la grotte de *Notre-Dame de la Balme*, qui est la septieme prétendue merveille du Dauphiné. Mais cette caverne, dont l'ouverture est haute de plus de cinquante toises, & large d'environ soixante, n'est remplie, comme tant d'autres du royaume, que de pétrifications. C'est ce qui la faisoit paroître merveilleuse au seizieme siecle.

La *Guillotiere* est un fauxbourg de Lyon, sur lequel la province de Dauphiné a eu des prétentions, parce qu'il est du côté du Rhône qui dépend de cette même province. Si ces prétentions avoient été trouvées justes, il auroit appartenu au Viennois; mais il a été adjugé au Lyonnois. Je dirai ici, à l'occasion de ces deux pays, qu'il y a eu souvent des guerres entre leurs habitans. Les archevêques & les chapitres de Vienne & de Lyon, oubliant combien il est scandaleux d'armer l'église contre l'église, ont quelquefois favorisé des irruptions qu'on faisoit de part ou d'autre en traversant le Rhône. L'histoire du Dauphiné fait mention d'une de ces expéditions de l'an 1297, dans laquelle un archidiacre de Vienne ayant été fait prisonnier, fut obligé de payer cherement sa rançon. En 1314 les deux église leverent des armées & formerent des alliances l'une contre l'autre. Les Lyonnois pillerent le village de Saint-Clair, & les viennois ravagerent les bonnes vignes de Condrieu. La paix fut faite par l'entremise du dauphin. L'an 1328, la guerre recommença : mais le roi Philippe de Valois s'étant déclaré contre les viennois, les força à demander la paix.

Il y a dans le Dauphiné cinq baronies très-anciennes, qui sont *Clermont*, *Bressieux*, *Maubec* dans le Viennois; *Sassenage* dans le Graisivaudan, & *Montmaur* dans le Gapençois. Tant que les états de cette province se sont assemblés, les quatre premieres places parmi la noblesse, ont été occupées par quatre de ces barons, ceux de Bressieux & de Maubec jouissant alternativement de cette distinction. Ils avoient des fauteuils, tandis que les autres gentilshommes étoient assis sur des sieges à dos.

Quelques anciens auteurs font descendre cette maison de *Clermont* des empereurs allemands de la maison de Souabe, & lui donnent des alliances avec les ducs d'Aquitaine dès le commencement du onzieme siecle. Quand même on n'adopteroit pas cette opinion, on ne pourroit pas nier que l'illustration de cette famille ne remonte jusques au pontificat de Calixte II, dont j'ai déjà parlé, qui étoit de la maison des comtes de Bourgogne, & qui avoit été archevêque de Vienne. Sibon de Clermont rendit les plus grands services à ce souverain pontife. Il commanda les troupes qui le rétablirent dans Rome, dont s'étoit emparé Henri V, partisan de l'anti-pape Grégoire VIII, & favorisa sa réconciliation avec cet empereur. Le pape lui donna en récompense le droit de porter pour armes deux clefs en sautoir & pour cimier une tiare. La baronnie de Clermont, que les prédécesseurs de Sibon possédoient déjà depuis quelques générations, obtint de grands priviléges & une sorte d'indépendance. Mais les barons continuerent toujours de rendre au moins l'hommage simple aux archevêques de Vienne, jusqu'au regne des derniers dauphins. Alors ils abandonnerent les archevêques pour ceux-ci; & ils obtinrent de ces princes les plus beaux titres, tels que ceux de connétables & de sénéchaux héréditaires du Dauphiné. Humbert II érigea

Clermont en vicomté, & le roi Henri II en comté l'an 1547.

Du reste cette maison a fait, dès les treizieme & quatorzieme siecles, les plus belles alliances. Elle en a eu avec les rois de Naples, de Sicile & de Hongrie, & souvent avec la maison de Savoie. Dans le dix-septieme siecle, elle a recueilli l'héritage de la derniere branche de la maison impériale & royale de Luxembourg. Mais elle ne l'a pas gardé long-tems: il a presqu'aussitôt passé par une fille dans celle de Montmorenci. Tout le monde sait qu'avec de si beaux titres & celui de comte & pair de France, François de Clermont-Tonnerre, évêque de Noyon dans le siecle dernier, se donna cependant, par sa vanité, les plus grands ridicules. Tant il est vrai que dans les gens de qualité, la hauteur n'est pas moins déplacée que la bassesse. Ce prélat fastueux vouloit qu'un chanoine de sa cathédrale lui portât la queue dans les processions & dans les autres cérémonies. Le chapitre s'y opposa; & l'affaire fut portée au parlement. L'avocat *Fourcroi* plaidant pour les Chanoines, dit que : « la queue de M. de Noyon étoit une comète, dont la maligne influence s'étendoit sur toute l'église gallicane ».

La baronnie de *Saſſenage* étoit très-anciennement poſſédée par des ſeigneurs, dont la race s'eſt éteinte en 1338. On prétend que leur terre avoit été indépendante juſqu'en 1297, qu'ils jugerent à propos de ſe ſoumettre aux dauphins. Ils deſcendoient des comtes de Forez, & ceux-ci, dit on, de la fameuſe Méluſine. De là vient que MM. de Bérenger & de Saſſenage conſervent encore en cimier la figure de cette princeſſe prétendue fée.

La maiſon de *Bérenger* a la même origine. Dès l'année 1060, Iſmidon Bérenger obtint la ſeigneurie ou principauté de Royans en Dauphiné, & en fut ſeigneur ſouverain & indépendant. Ce fut un de ſes deſcendans qui, en 1338, épouſa l'héritiere de Saſſenage, réunit ces deux ſeigneuries & les deux principales branches de ſa maiſon, & prit le nom & les armes de Saſſenage. La postérité masculine de cette seconde maison de Sassenage ne s'est éteinte que de nos jours. Mais celle de Bérenger subsiste encore dans d'autres branches descendantes d'un petit-fils cadet du premier prince de Royans Ismidon. C'est de la branche de *Gua* qu'est M. le comte de Bérenger, qui ayant épousé une fille du dernier comte de Sassenage, a encore une fois conservé dans la descendance des comtes de Forez, la baronnie de Sassenage.

Dans la description de la Provence, j'ai fait mention des maisons d'*Agoult*, de *Simiane* & d'*Adhemar*. Celles de *Græle* & d'*Albon* appartiennent au Lyonnois & à la Bresse plus encore qu'au Dauphiné. Parmi les familles illustres originaires de cette province, & qui existent de nos jours, on doit distinguer celle des *Aynard* ou *Montaynard*, de *Guiffrey*, des *Allemand*, *Dupuymontbrun* & de *Beaumont*. En voici quelques autres.

On croit que la maison de *Montauban* n'est pas éteinte. Les gentilshommes de ce nom qui subsistent, descendent, dit-on, des Artaud, &

ces Artaud des comtes de Forez, aussi-bien que les Bérenger & les Sassenage. Les *Moreton-Chabrillant* sont connus depuis le treizieme siecle. Il y a en Angleterre une famille de lords qui porte ce nom, & qui a produit un archevêque de Cantorbéri. Mais il est bien plus probable que ces lords viennent du Dauphiné, que les Chabrillant d'Angleterre.

Les *Virieu* originaires du Viennois, furent connus dès le onzieme siecle. La branche de *Virieu-Beauvoir*, qui subsiste, a pour devise ces mots, *sine fine* (sans fin).

Les de *Vesc* sont, depuis le même tems, illustres dans le Valentinois. Le connétable de Lesdiguieres se faisoit honneur d'en descendre par les femmes, & portoit leurs armes écartelées avec celles de sa famille (de Bonne).

Les *Montchenu* se signaloient au quatorzieme siecle. Ils avoient eu un abbé de Saint-Pierre de Vienne au treizieme; tems où ce bénéfice n'étoit possédé que par des gentilshommes.

Les de la *Poype* sont aussi très-anciens & fort illustres. Ils furent maréchaux héréditaires des derniers dauphins. Cette maison a cette belle devise, *nec temere, nec timide* (ni téméraire, ni timide).

Les *Labaume de Suze*, qui n'ont d'ailleurs rien de commun avec les *Labaume-Montrevel* de Bourgogne, sont de très-bons & anciens gentilshommes : ils ont été illustrés dans le siecle dernier.

Le nom de *Salvaing* étoit très-honoré au seizieme siecle. Il y a eu de cette maison un grand maître de l'ordre des templiers. On croit qu'ils descendent des seigneurs d'Alinge en Savoie. Ils ont possédé la baronnie de Boissieu. Leurs armes sont celles de l'empire à la bordure de France, & leur devise, *que ne ferai-je pas pour elle*: c'est sans doute à une dame qu'elle est adressée. Leur épithete ou sobriquet, est *loyauté de Salvaing*.

La maison de *la Tour* est séparée depuis long tems en plusieurs branches, dont les principales sont celles de *Gouvernet*, de *la Chau de Montauban*, & de *la Charce*. Leur origine est si ancienne, qu'on a présumé qu'ils étoient de la famille des barons de la Tour-du-Pin, qui ont été dauphins.

en conséquence ils ont pris le surnom de *la Tour du Pin*, & ont ajouté des Dauphins à leurs anciennes armoiries.

On croit qu'il subsiste encore, en Dauphiné, des gentilshommes du nom de *Viennois*. Ils descendent d'un fils naturel du dernier dauphin, Humbert II, & portent les armes du Dauphiné sans brisure.

Je suis, &c.

A Vienne, ce 20 Janvier 1760.

LETTRE CCCXCIX.

LE LYONNOIS.

LE jour même que je vous ai écrit, Madame, ma derniere lettre de Vienne, je suis arrivé à Lyon, qui n'en est qu'à cinq lieues. On peut dire que cette ville vaut seule toute une grande province par le nombre de ses habitans, ses richesses, l'étendue de son commerce, les avantages de sa situation, la grandeur & la beauté de ses édifices, enfin par les remarques que l'on peut faire sur son histoire, tant écléfiastique, que civile & littéraire. Elle est la capitale d'un gouvernement qui comprend trois petites provinces; le *Lyonnois* proprement dit, le *Beaujolois* & le *Forez*.

Le Lyonnois est borné au nord par le Beaujolois; à l'ouest & au sud par le Forez; à l'est par la Saône qui le sépare de la Bresse & de la principauté de Dombes, & par le Rhône qui le sépare du Dauphiné. Il a dix lieues de longueur, sur six de largeur. Le climat en est assez tempéré, plus froid pourtant que chaud, & plus humide que sec. C'est un pays mêlé de côteaux & de montagnes, où il y a quelques plaines. La terre assez fertile y produit une quantité suffisante de bled, de vin & de fruits. Les vins sur-tout y sont excellens le long de la côte du Rhône. Indépendamment de ce fleuve & de la Saône qui le longent du côté de l'orient, il est arrosé de plusieurs autres petites rivieres, telles que le *Giez*, le *Garon*, l'*Azergues*, la *Benne*, la *Brenne* &c. Il y a, dit-on, des mines d'argent qui ont été, jusqu'ici, entiérement négligées, sans doute parce que les frais d'exploitation en excederoient le produit. J'aurai occasion de parler ailleurs de quelques fontaines minérales qu'on y trouve.

Ce qu'on appelle le *franc Lyonnois*, est une petite contrée d'environ deux lieues & demie de longueur sur une de largeur, qui s'étend, le long de la rive gauche de la Saône, depuis le village de Riottiers, jusqu'aux portes de Lyon. Elle contient treize paroisses exemptes de taille ; ce qui lui a fait donner le surnom qu'elle porte. On prétend que sous les rois de Bourgogne & les empereurs, elle jouissoit de ce privilége & qu'elle ne s'est donnée à la France, qu'à condition qu'elle y seroit maintenue. Quant à l'histoire de ce pays, ou plutôt de Lyon sa ville capitale, elle n'est pas moins curieuse qu'intéressante ; & je ne crois pas, Madame, que l'espece d'abrégé que je vais vous en tracer, puisse vous paroître trop long ou superflu.

Il seroit bien difficile de marquer l'époque de la fondation de Lyon. Que de fables absurdes, racontent, à cette occasion, nos vieux cosmographes ! Ils ne craignent pas de remonter jusqu'à un certain *Lugdus* qui régnoit sur la Gaule Celtique, dans le tems même que Moïse étoit à la tête du peuple Hébreu. Il est bien plus naturel de croire que Lyon a pris son nom latin *Lugdunum*, du mot celtique *dunum* qui veut dire *montagne*, & de celui de *lug*, qui, comme on le croit, signifie *Corbeau*.

En effet la montagne sur laquelle cette ville a été bâtie, pouvoit être peuplée de corbeaux.

Il y a apparence que le premier établissement que l'on y fit, n'étoit pas bien considérable, puisque Polybe ni Tite-Live n'en font aucune mention, & que César n'en parle point dans ses commentaires. Mais il est certain que la ville de Lyon fut bâtie ou agrandie par les ordres de Munatius Plancus, qui avoit été consul, & qui commandoit dans les Gaules, l'an 711 de la fondation de Rome, quelques années avant la naissance de Jésus-Christ. Les Romains lui conserverent son ancien nom gaulois ou celtique. Ils sentirent du reste que la position en étoit très-avantageuse, pouvant mettre ceux qui s'y retiroient à l'abri de toutes les irruptions de la part des Allobroges.

Lyon s'agrandit de plus en plus sons l'empire d'Auguste & de Tibere. Le hazard fit que Claude y naquit, tandis que son pere, Drusus, commandoit dans les Gaules. Ce prince, d'ailleurs très-indigne de regner, étant devenu empereur, se souvint du lieu de sa naissance. Il prononça dans le sénat de Rome, l'an 47 de notre ere, un discours ou harangue pour faire accorder à Lyon le privilége de colonie romaine. Il y réussit; & cette ville fut appelée *Colonia Claudia Augusta*. Les Lyonnois firent graver la harangue de cet empereur sur deux tables de bronze, qu'ils placerent, sans doute, dans quelque temple. Mais elles se perdirent lors de l'irruption des barbares & des sarrazins. On les retrouva, l'an 1528, en creusant dans la colline de Saint-Sébastien pour chercher les eaux d'une fontaine. Elles furent placées dans le vestibule de l'hôtel-de-ville, où on les voit encore.

Il paroît que Lyon étoit déjà considérable lorsque, sous l'empire de Néron, les flammes y firent les plus horribles ravages. Séneque a dit, très-élégamment, qu'il n'y eut qu'une nuit d'intervalle entre l'existence d'une grande cité & son anéantissement. Le cruel Néron s'intéressa en faveur de cette ville, & fit donner de grosses sommes pour son rétablissement. L'exécution en fut également prompte & facile. On répara les temples & les édifices publics, sur-tout celui que soixante villes de la Gaule, réunies, avoient fait élever en l'honneur d'Auguste. Ce temple, dont l'autel étoit décoré avec magnificence, étoit le lieu où l'on faisoit des sacrifices & où l'on célébroit des jeux. On avoit cru honorer Auguste, ce protecteur des lettres, en proposant des prix littéraires à ceux qui déposeroient sur son autel les meilleures pieces d'éloquence ou de poésie. Mais, suivant quelques historiens, les auteurs qui avoient eu l'audace d'y présenter de mauvais ouvrages, étoient condamnés à des peines corporelles, & quelquefois à être jettés dans le Rhône. On voit encore quelques ruines de ce temple, ainsi que celles des aqueducs qui conduisoient les eaux dans les quartiers de la ville les plus élevés. Il y avoit dans cette ville un palais pour les empereurs, que plusieurs d'entr'eux habiterent jusqu'aux derniers tems de l'empire Romain.

Sous le regne de Sévere, Lyon éprouva un accident bien fâcheux. Albinus, que Sévere lui-même avoit nommé *César*, jaloux de porter un plus beau titre, se fit couronner empereur dans les Gaules, où il avoit passé avec l'armée qu'il commandoit, & occupoit Lyon. Sévere marcha contre lui, & lui livra bataille assez près de cette ville. Albin, vaincu, se donna la mort : mais la ville fut saccagée par l'armée victorieuse. On prétend que le village d'*Albigny* est le lieu qui fut le théâtre de ce combat, & qu'il tire son nom d'Albinus. Cependant Lyon devint la principale ville des Gaules, & donna son nom à une province romaine, d'une si grande étendue, qu'elle fut successivement partagée en plusieurs parties, qui toutes portoient le nom de *Lyonnoises*, quoique les dernieres fussent bien éloignées de cette cité. Elles s'étendoient sur tout ce qui forme aujourd'hui le centre de la France, & même jusques sur les côtes de l'Océan. L'autorité du préfet des Gaules, résidant à Lyon, étoit néanmoins très-bornée du côté des Alpes. Tout ce qui étoit au delà du Rhône dépendoit de la Viennoise.

Les Bourguignons furent les premiers barbares, qui, lors de la décadence de l'Empire, s'emparerent de Lyon. Nos rois de la premiere race, & ceux de la seconde leur succéderent. Sous les premiers, Lyon fit partie du royaume d'Orléans; & sous les seconds, le Lyonnois eut des comtes. Cette ville ne fut pas soumise au second royaume de Bourgogne, aussi-tôt que celui ci se forma. Ce ne fut que lorsque Conrad, fils de Rodolphe II, eut épousé Mathilde, fille du roi Louis d'*Outremer*. Alors Lothaire, frere de Mathilde, céda tous ses droits sur Lyon à son beau-frere. Conrad eut deux fils, Rodolphe III, dit *le Fainéant*, & Burchard, qui fut archevêque de Lyon. Celui-ci profitant de la foiblesse du roi son frere, confondit si bien les droits de sa naissance & ceux de son siége, qu'il se fit de Lyon un apanage, & en transmit la seigneurie à ses successeurs.

Les archevêques de Lyon, dont la grandeur temporelle avoit été fondée par Burchard, eurent de grandes querelles, tant avec les empereurs qui prétendoient avoir succédé aux rois de Bourgogne, qu'avec les comtes de Lyonnois & de Forez. Mais ces prélats se maintinrent dans leurs droits contre les uns & les autres. En 1173, Guygues II, comte de Lyonnois & de Forez, abandonna absolument Lyon à l'archevêque Guichard, & renonça même au titre de comte de Lyonnois. L'empereur Frédéric II ayant été excommunié & dépossédé dans un concile général, tenu à Lyon en 1245, par le Pape Innocent IV, l'autorité des empereurs & des rois de Bourgogne cessa absolument dans cette ville. Ainsi, Lyon ne dépendit plus, au treizieme siécle, que de son prélat, auquel néanmoins les habitans ne voulurent pas être tout-à-fait assujettis. Le chapitre de la cathédrale forma des prétentions qui tendoient à partager la seigneurie de la ville & du comté avec l'archevêque. Nos rois s'entremirent pour concilier ces différends; & ils profiterent si bien de cette circonstance, qu'ils se firent rendre hommage par les uns & par les autres, établirent parfaitement leur souveraineté sur Lyon & le Lyonnois, y firent exercer la justice en leur nom, & réduisirent enfin la puissance temporelle du prélat & du chapitre, au vain titre de comtes de Lyon.

Il faut cependant observer que l'autorité spirituelle de l'archevêque est plus brillante à Lyon qu'en aucun autre siége épiscopal du royaume; car il y a dans Lyon, trois officialités, suivant les trois degrés de jurisdiction, l'officialité ordinaire, la métropolitaine & la primatiale. Comme simple diocese, Lyon est un des plus étendus du royaume, puisqu'il contient près de huit cents paroisses. Comme métropolitain, sa province est considérable : il avoit au seizieme siecle quatre suffragans ; & il en a aujourd'hui six. Enfin l'archevêque est reconnu pour primat dans trois grandes provinces ; celle de Sens, & celle de Paris qui a été tirée de la premiere, au dix-septieme siecle, & celle de Tours, mais seulement quant aux évêchés qui ne sont point situés en Bretagne ; le parlement de Rennes ne voulant point reconnoître cette primatie. L'archevêque de Lyon a fait long-tems tous ses efforts pour étendre sa jurisdiction sur la province de Rouen : mais au dernier siecle il a été obligé d'y renoncer. L'histoire abrégée des évêques qui ont occupé ce siége depuis les premiers siecles de l'Eglise jusqu'à présent, fera mieux connoître encore comment ces prélats sont parvenus au degré de puissance temporelle & spirituelle dont je viens de parler.

Saint Pothin, disciple de Saint Jean, est regardé comme le premier évêque de cette ville. Il y vint prêcher la foi sous l'empire de Marc-Aurele, & y souffrit le martyre, l'an 177. *Saint Irenée*, son successeur, nous a laissé quelques écrits. De son temps le christianisme commença à faire des progrès. Les noms & l'époque de l'épiscopat de ceux qui lui succéderent sont incertains.

On croit généralement que *Saint Verissimus* fut le douzieme évêque de cette ville. Il vécut sous l'empire de Constantin, & vit rendre la paix à l'Eglise chrétienne. C'est à-peu près dans le même tems que furent jettés les fondemens de la célebre abbaye de l'*Isle-Barbe*, située au milieu de la Saône, à quelques lieues au dessus de Lyon, & l'un des plus anciens monasteres des Gaules. On en voit la preuve dans ses masures mêmes, concernant lesquelles des Volumes de recherches ont été imprimés. Il fut d'abord habité par des chrétiens échappés aux ravages que firent dans Lyon les troupes de l'empereur Sévere, après qu'il eut vaincu son compétiteur Albin. Vérissimus en fit des moines cénobites, qui adopterent ensuite la régle de Saint-Benoit. Sécularisés au seizieme siecle, ils devinrent chanoines, & leur abbé, doyen du chapitre. De nos jours, le lieu ayant été trouvé mal sain, désagréable & presque inhabitable, l'abbaye & la collégiale ont été réunies au grand chapitre, & au séminaire de Lyon.

Le successeur de Vérissimus fut *Saint Just*, prélat pieux jusqu'au scrupule, & qui quitta son siége pour un fait dont il semble qu'il étoit très-innocent. Un fou furieux, courant les rues de Lyon, avoit tué plusieurs personnes. Poursuivi par la populace, il se réfugia dans la cathédrale; l'évêque voulut d'abord le soustraire à la fureur du peuple: mais enfin

enfin étourdi par ses cris, il le lui livra; & le malheureux fut assommé. Le prélat se croyant coupable d'avoir abandonné les priviléges de son église, prit la fuite, passa en Egypte, se retira chez les solitaires de la Thébaïde, & mourut dans ces déserts. Son corps, ayant été reconnu, fut transporté à Lyon, & placé dans une église qui lui a été dédiée, & dans laquelle est établie une collégiale.

Il nous reste quelques écrits de *Saint Eucher*, dix neuvieme évêque de Lyon, qui fut tiré de la fameuse abbaye de Lerins. Sous *Saint Patient*, son successeur, les Bourguignons s'emparerent de la ville. Ils étoient ariens; mais ce saint évêque, & ceux qui vinrent après lui, réussirent à les convertir.

Vers la fin du sixieme siecle, cette église fut gouvernée par *Prisque*. Grégoire de Tours fait un portrait affreux de ce prélat, & lui reproche sur tout, de ce qu'étant évêque, il vivoit publiquement avec sa femme, & habitoit avec elle dans le palais épiscopal. D'un autre côté, l'église de Lyon le reconnoît pour saint, &

célebre sa fête le 13 juin. Il fit de plus en plus reconnoître la primatie de l'église de Lyon dans les Gaules.

Les historiens accusent *Saint Arrige* d'avoir soutenu les désordres & les attentats de la reine Brunehaut. Mais il engagea cette princesse à faire bâtir, avec une grande magnificence, le monastere d'Aisnay sur les ruines de l'ancienne basilique élevée en l'honneur d'Auguste, & qu'on appeloit *Atheneum*. L'abbaye des filles de Saint Pierre eut pour premier fondateur *Saint Ennemond*, qui fut massacré, sous le regne de Clotaire III, dans la ville d'Orléans. *Saint Genis* étoit évêque de Lyon, lorsque les habitans soutinrent un siege contre le maire Ebroïn. Ils battirent même, dans une sortie, une armée ennemie commandée par deux évêques. Ce fut sous l'épiscopat de *Fulcoalde* que les Sarrasins s'emparerent de Lyon, qu'ils furent obligés d'abandonner après avoir été défaits par Charles Martel. Les églises avoient été pillées & brûlées. Elles furent rétablies sous le regne de Pepin.

Leidrade, le quarante-sixieme

évêque de cette ville, étoit bibliothécaire de Charlemagne, qui l'aimoit beaucoup. On date de son épiscopat l'établissement des chanoines de Saint Jean & comtes de Lyon. Il souscrivit le testament de ce grand monarque. Ce prélat eut pour successeur *Agobard*, qui fut cause que l'on substitua, dans Lyon, les loix établies par les capitulaires de Charlemagne à celles dont les rois Bourguignons, & particulierement Gondebaut, étoient les auteurs, & que, pour cette raison, on appeloit *Gombettes*. Il assista, en 825, à la fameuse assemblée tenue à Paris, concernant le culte des images. Le zele de cet évêque s'étant échauffé contre des juifs que protégeoit l'impératrice Judith, mere de Charles *le chauve*, il fut déposé dans le conciliabule de Thionville, & remonta ensuite sur son siege, où il mourut tranquillement. L'église de Lyon le compte au nombre de ses saints. Les écrits qu'il a laissés sont très-instructifs, par rapport aux mœurs & aux ouvrages ecclésiastiques du neuvieme siecle. On y trouve une piece très-remarquable contre certaines gens qui, non seulement croyoient qu'il y avoit des sorciers, mais qui se persuadoient fermement qu'ils l'étoient eux-mêmes, & qu'ils étoient transportés en l'air dans des navires volans. Le peuple vouloit absolument les assommer : Agobard les sauva de sa fureur, en prouvant qu'ils n'étoient ni sorciers ni fripons, mais, dans le vrai, des extravagans de bonne foi.

Les disputes sur la prédestination & la grace occuperent beaucoup les évêques de Lyon, pendant le reste du neuvieme siécle. On doit rapporter à ce tems-là le droit qu'a l'évêque d'Autun de gouverner le temporel de l'église de Lyon, pendant la vacance de ce siége. Ce fut dans ce même siécle, que l'évêque *Aurélien* sacra & couronna dans sa cathédrale Boson, & ensuite son fils Louis, rois de Provence, ou de la *Bourgogne-cis-Jurane* ; royaume qui, comme je l'ai dit ailleurs, comprenoit le Lyonnois.

L'évêque *Burchard* I vivoit au milieu du dixieme siécle. Il y a des auteurs qui font remonter jusqu'à lui la puissance des archevêques de Lyon. Mais l'opinion la plus certaine est celle qui n'en fixe l'époque qu'à l'épiscopat de Burchard II, fils cadet de Conrad *le Pacifique*, roi de Bourgogne. Les archevêques, ses successeurs, s'occupèrent, pendant cent cinquante ans, du soin d'établir leur puissance temporelle, & de bien assurer leur primatie au spirituel. Ils réussirent parfaitement, sur-tout relativement à ce dernier objet. Plusieurs de ces prélats furent légats du saint siège. *Hugues*, l'un d'entr'eux, fut à la terre sainte, lors de la première croisade. Il étoit de la maison des ducs de Bourgogne, par conséquent de la race de Hugues Capet. En 1157, *Heraclius de Montboissier* obtint de l'empereur Frédéric I tous les droits régaliens, tant dans la ville de Lyon, qu'au dehors, dans les terres dépendantes de son archevêché. En 1173, sous *Guichard*, se fit cet accommodement, dont j'ai parlé plus haut, par lequel les comtes de Forez renoncèrent à la plus grande partie de leurs prétentions sur Lyon & sur le Lyonnois.

Durant le cours du treizieme siécle, Lyon vit au nombre de ses archevêques des seigneurs de la maison des comtes de Forez, & de celle des comtes d'Auvergne. Il s'y tint deux conciles généraux, dans le dernier desquels, on s'occupa sérieusement des moyens de recouvrer la terre sainte. Les deux prélats qui siégerent pendant les premieres années du quatorzieme siécle, eurent de grandes querelles avec les rois de France, touchant l'étendue de leur souveraineté, de leur autorité & de leur jurisdiction dans Lyon. Philippe *le Bel* envoya son fils Louis, depuis roi, avec une armée pour combattre & soumettre l'archevêque *Pierre de Savoie*. Ce prince prit la ville de Lyon, & fit prisonnier le prélat qui fut conduit à Paris, & ne fut relâché qu'après de longues négociations. Enfin, en 1312, l'archevêque & son chapitre reconnurent la souveraineté de Philippe *le Bel*, dans Lyon, & renoncerent même à toute jurifdiction dans cette ville. Mais, Philippe *le Long* leur rendit en 1320 la jurifdiction en premiere inftance, fauf l'appel aux juges royaux. D'ailleurs, le roi & l'archevêque confirmerent alors tous les privileges des habitans. En 1321, le nombre des chanoines fut fixé, comme il l'eft encore, à trente-deux, y compris les dignitaires.

Henri de Villars, le quatre-vingt-treizieme archevêque, rendit fervice à la France, par la grande part qu'il eut à la réfolution que prit le dauphin Humbert II de donner fes états au roi Philippe de Valois. Ce fut dans l'églife des Dominicains de Lyon, que fe fit la cérémonie de cet abandon; & tout auffi-tôt l'ancien dauphin ayant remis les marques de la fouveraineté du Dauphiné entre les mains du prince Charles, depuis roi fous le nom de Charles V, & petit-fils de Philippe, reçut des mains de l'archevêque l'habit de faint Dominique; & fe retira dans le cloître pour y vivre fous le nom modefte de *frere Humbert*.

Un prince de la maifon de France,

de la branche d'*Alençon*, fut élu archevêque en 1365; & c'est à peu-près à cette époque, que l'église de Lyon cessa de faire battre monnoie à son coin. Il y en eut encore un autre, dans le quinzieme siécle, de la maison de France: ce fut *Charles de Bourbon*, cardinal. La maison de *Talaru*, une des meilleures de la province, qui, de tems immémorial, avoit fourni à l'église de Lyon des chanoines & des dignitaires, donna aussi trois archevêques dans le quinzieme siécle & dans le précédent. Tous ceux du seizieme furent de la plus haute naissance. Au cardinal d'*Epinay*, d'une ancienne maison de Bretagne, succéda *François de Rohan*, fils du maréchal de Gié. *Jean de Lorraine*, fils cadet du duc René II, occupa ce siége pendant trois ans. Ce fut en vertu de la nomination de François I, conformément au concordat, qu'il en fut pourvu par bulles du Pape Léon X. Il possédoit de plus l'archevêché de Narbonne, six évêchés, plusieurs abbayes considérables, & étoit cardinal. Il eut pour successeur le cardinal *Hippolite d'Est*, fils du duc de Ferrare, qui, de l'agrément du roi & du pape, permuta en 1551 avec le cardinal de Tournon, archevêque d'Auch.

Ce fut sous ces deux derniers prélats, que les hérésies de Luther & de Calvin pénétrerent à Lyon. Ces erreurs n'y pouvoient pas paroître nouvelles, puisqu'elles y avoient été prêchées, au douzieme siécle, par Pierre *Valdo* ou *Devaux*, fanatique, dont les sectateurs, appellés *Vaudois*, furent contraints de se réfugier dans les vallées situées entre le Piémont & le Dauphiné. Vous savez, madame, que le cardinal de Tournon joua un grand rôle aux cours de François I, d'Henri II & de François II. Il mourut en 1662, & huit jours après sa mort, les Calvinistes s'emparerent de Lyon, où ils commirent les plus grands désordres. Prêtres, religieux, religieuses en furent chassés; les trésors des églises pillés; celle de *Saint Just*, qui étoit magnifique, détruite, & la messe abolie pendant treize mois. Elle y fut enfin rétablie; & *Antoine d'Albon*, qui avoit été élu archevêque au milieu de ces troubles, se mit en possession de son siége. Il avoit eu le commandement militaire de Lyon, n'étant encore qu'abbé de l'Isle-Barbe; & il étoit aussi capable de conserver cette place au roi en brave & sage gouverneur, que de conduire son diocese en bon archevêque. Pierre d'*Epinac* lui succéda en 1573. C'étoit un homme très-éloquent, zélé catholique, comme il devoit l'être; mais ardent ligueur. Ami intime des Guises, il fut arrêté à Blois en même tems qu'eux en 1588; mais il ne fut point massacré. Après être resté quelque tems en prison, il fut le conseil des Guises, & remplit les fonctions de chancelier pendant cette fameuse ligue si opposée à Henri III & à Henri IV. Ce ne fut que lorsque tout le royaume se soumit à son légitime souverain, que Pierre d'Epinac le reconnut aussi.

La lettre suivante vous offrira, madame, le détail de ce que Lyon contient de plus beau & de plus intéressant.   Je suis, &c.

A Lyon, ce 3 février 1760.

LETTRE CD.

Suite du Lyonnois.

Vous savez, sans doute, madame, que la ville de Lyon est gardée par la milice bourgeoise, qui est très-ancienne. Mais vous ne savez pas, peut-être, que cette troupe étoit autrefois armée de lances, au bout desquelles étoit attaché un *pennon*. C'étoit un étendard à longue queue, opposé à la banniere qui étoit carrée. Le seigneur, ou chevalier banneret portoit la banniere, & le simple gentilhomme le pennon. Lorsqu'on élevoit celui-ci au rang du premier, on coupoit la queue de son étendard. C'est de là qu'est venu cet ancien proverbe; *faire de pennon banniere*, pour dire, passer à une nouvelle dignité. Dans des tems postérieurs on a donné le nom de *pennon* aux capitaines de cette milice bourgeoise, & celui de *pennonage*, aux différens quartiers qui partagent la ville de Lyon. Il y en a vingt-huit, & autant de compagnies qui ont chacune leur enseigne. Les vingt-huit quartiers contiennent, suivant nos cosmographes modernes, cent cinquante mille habitans, &, suivant les lyonnois, deux cent mille.

Cette ville est située au confluent du Rhône & de la Saône. Cette derniere riviere prend sa source aux montagnes de Vosges, & passe par la Franche-comté, la Bourgogne & le Beaujolois. Elle est aussi tranquille que le Rhône est rapide. Mais l'une & l'autre très-larges, sur-tout à leur entrée dans Lyon, forment des brouillards très-mal-sains pour les étrangers auxquels ils occasionnent des fluxions & des catarres. Les naturels du pays ne ressentent point ces dangereux effets. Ces brouillards mêmes sont aussi salutaires à certains tempéramens, que l'habitation dans un air pur & vif l'est à bien d'autres; & si l'on voit des anglois & quelques françois passer à Lyon pour se rendre en Languedoc & en Provence, afin d'y jouir des douceurs d'un climat plus pur & plus sec, on prétend qu'on voit aussi quelques habitans de nos provinces méridionales avoir recours pour leur santé aux brouillards de Lyon. Quelque tranquille que paroisse la Saône dans son cours, elle est très-dangéreuse dans ses débordemens. Le fond en est gras & limoneux : mais ce limon épais & visqueux, loin de fertiliser les terres qu'il couvre, étouffe absolument toutes les semences, empêche la végétation, & rend les eaux de la Saône mal-saines à boire. Cette riviere d'ailleurs abonde en excellens poissons. Il y en a un qui lui est particulier, ainsi qu'au Rhône : c'est le *Carpeau*, le plus délicat peut être qui se mange en France. Les naturalistes ne savent pas trop dans quelle classe ils doivent le ranger. Au reste, de ce côté-là, les dehors de la ville couverts de maisons de campagnes, sont charmans.

On entre dans Lyon par huit grandes & belles portes; & aux dehors sont quatre fauxbougs; celui de *Vaise*, sur la route de Paris ; celui de *la Croix-Rouge*, du côté de la province de Bresse; celui de *la Guillotiere*, vers le Dauphiné, & celui de *Saint-Just* ou de *Saint-Irénée*, sur le chemin de Montbrifon dans le Forez. La Saône forme une division naturelle de cette ville en deux parties ; le côté de Fourvieres, sur la rive droite, & le côté de Saint-Nizier, sur la gauche. L'enceinte en est des plus étendues : la seule indication des objets suivans pourra vous en donner une idée. Elle renferme quatorze paroisses ; sept églises collégiales ; une abbaye & vingt-deux communautés, soit seculieres, soit régulieres d'hommes ; trois abbayes royales, un prieuré & donze communautés de filles ; deux séminaires & deux colleges pour l'instruction de la jeunesse ; six confréries de pénitents ; deux hôpitaux généraux ; deux fondations de piété & de charité ; une communauté de nouvelles catholiques ; une communauté du bon pasteur ; une maison de filles pénitentes ; une maison de force ou de recluses ; une maison ou hôpital de la Providence ; une maison ou congrégation des sœurs de la charité ; quatre places principales ; environ sept mille huit cents maisons, & quatre ponts, dont trois sur la Saône & un sur le Rhône. Il y a aussi un présidial, un sénéchal, qui sont du ressort du Parlement de Paris; un hôtel des monnoies, & une élection. Toutes les rues de Lyon étoient anciennement mal pavées, montueuses, & la plupart étroites. Les places étoient en petit nombre, ainsi que les beaux édifices: aucun quai ne bordoit ni le Rhône ni la Saône. Mais pendant le cours du siecle dernier & de celui-ci, on a embelli plusieurs quartiers; multiplié les places, élargi les rues, & formé différens quais. Cependant il n'a été ni ne sera jamais possible de remédier à l'inégalité du terrain qui s'étend par de là la Saône sur plusieurs montagnes, dont quelques-unes sont droites & hautes, & près de la moitié, fort rudes.

La plus belle place de Lyon est entre la Saône & le Rhône. On l'appelloit autrefois & on l'appelle encore communément place de *Bellecour*. Mais en 1713 qu'on y éleva une statue équestre de bronze de Louis XIV, il fut ordonné que dans le discours & dans les actes, on l'appelleroit la *place de Louis-le-Grand*. Les bâtimens, les fontaines & les plantations qui l'embellissent, en font un des plus beaux lieux qu'on puisse voir en ce genre. Deux faces du piédestal de cette statue sont ornés de deux grandes & belles figures, qui ont été faites par *Coustou*, & dont l'une représente le Rhône, & l'autre la Saône. Dans la troisieme face sont les armes de France & de Navare, & dans la quatrieme, celles du maréchal de Villeroi.

Derriere cette place, & sur le bord du Rhône, on voit le grand *hôpital général de la Charité*, que peut-être aucun hôpital du royaume n'égale en richesses & en magnificence. On l'appelle aussi l'*aumône générale*, parce qu'il fut bâti, en 1531, d'une quête faite dans un tems d'une extrême disette. Les secours en argent que les lyonnois s'empressèrent de fournir, ayant été plus que suffisans pour pourvoir au besoin du moment, on consacra les sommes restantes à un fonds qui perpétua un établissement si utile & si respectable. Il s'est de plus en plus perfectionné depuis deux cent cinquante ans. Les bâtimens actuels n'ont été commencés qu'en 1613. Ils servent à renfermer un grand nombre de mendians vagabons de l'un & de l'autre sexe, & des orphelins, depuis l'âge de sept ans jusqu'à quatorze. Ceux ci y sont nourris, instruits, & ensuite mis en apprentissage dans la ville. On y place aussi les enfans trouvés, lorsqu'ils ont atteint l'âge de sept ans : ils y sont soignés comme les orphelins. L'administration de cette maison veille sur eux jusqu'à l'âge de vingt-cinq ans, & conserve même, pendant toute leur vie, l'autorité paternelle conformément au droit écrit. S'ils meurent sans postérité, laissant quelques biens, l'hôpital hérite d'eux comme de ses enfans adoptifs. Les vieillards des deux sexes, aussi bien que les enfans, sont occupés aux travaux dont ils peuvent être capables : c'est ordinairement à filer de la laine ou de la soie. Les mendians de profession & les vagabons qui sont arrêtés & enfermés dans d'autres bâtimens, sont employés à des travaux plus rudes.

Les logemens de ces différens pauvres sont distribués en neuf cours.

Les salles & les corridors sont surmontés de greniers immenses & commodes, qui méritent d'être vus. L'église, qui n'a été bâtie qu'au dix-septieme siecle, est belle & assez bien distribuée, pour que les pauvres n'y soient pas confondus les uns avec les autres, & n'y embarrassent point les particuliers du dehors, qui y assistent aux offices. On y remarque la sépulture du cardinal Alphonse de Richelieu, frere du grand cardinal Armand. Il mourut en 1653, & voulut être enterré au milieu des pauvres, qu'il avoit faits ses héritiers. Alphonse étoit l'aîné d'Armand : il se destina de bonne heure à l'état ecclésiastique, & fut d'abord nommé à l'évêché de Luçon. Un excès de zele l'engagea à le quitter & à se retirer à la grande chartreuse: son frere cadet en profita. Celui-ci étant parvenu au ministere, tira son aîné des chartreux, le fit archevêque d'Aix, ensuite de Lyon, puis cardinal. Mais on prétend que ce pieux & humble prélat mena toujours, dans son palais, la vie des solitaires, dont il avoit embrassé la regle. C'est à la délicatesse de sa santé que l'on doit l'usage du chocolat en France: la foibiesse de son estomac le lui avoit rendu nécessaire.

Ce bel établissement n'avoit autrefois que huit administrateurs représentant les huit bourgeois qui, en 1531, donnerent naissance à l'*aumone générale*, destinée aux malheureux habitans de la campagne, que la misere avoit forcés de descendre dans la ville par la Saône. Le nombre en a été doublé. Ils ont toujours pour chefs un chanoine, comte de Lyon, & un trésorier de France: les administrateurs ordinaires changent tous les deux ans. Les malheureux qui habitent cet hôpital, ne sont pas les seuls objets des soins & de la vigilance de l'administration. Elle fait encore des aumônes extérieures aux pauvres familles de la ville, fournit du pain & du linge aux prisonniers, & marie de pauvres filles: tant ce monument de la charité des Lyonnois a de revenus considérables!

Dans le même quartier de la place de Louis *le Grand*, est le couvent des filles de la visitation de Sainte Marie, fondé par Saint François de Sales. Ce saint y mourut, en 1622, dans un bâtiment extérieur. Son corps fut transporté à Annecy, & son cœur déposé dans l'église de ce monastere.

Si l'on va se promener sur les remparts de la ville, qui s'étendent le long du Rhône, jusqu'à sa jonction avec la Saône, on jouira de la plus belle vue sur les îles que forme ce fleuve. Mais ce qu'il y a de plus remarquable dans ce quartier, est l'ancienne abbaye d'*Aisnay*, aujourd'hui sécularisée, & pleine de monumens d'antiquités, tant chrétiennes que profanes. Il y a lieu de croire que c'est là qu'Annibal passa le Rhône à la tête de son armée, puisqu'il est dit que ce fut précisément au confluent du Rhône & de la Saône. Mais on est bien persuadé que c'est à *Aisnay* qu'étoit situé ce temple fameux, dédié par soixante nations des Gaules à Rome & à Auguste, & qu'on appela *Athénée*, parce qu'il fut construit suivant les regles de l'architecture attique. On trouve encore des médailles qui représentent la façade de cet édifice : & l'on y voit quatre grandes colonnes, que l'on croit reconnoître dans celles qui foutiennent la voûte d'Aifnay : elles font de granit.

Au refte, on penfe que, depuis le quatrieme fiecle de notre ere, il y avoit tout auprès une petite chapelle fouterraine, qu'habitoit un hermite nommé *Saint Badulphe*. La réputation de ce faint religieux lui attira des difciples, qui formerent une communauté de moines. Ils bâtirent une églife, qui ne devint magnifique que lorfque la reine Brunehaut eut abandonné aux religieux le refte de l'ancien temple d'Augufte. L'églife & le monaftere ayant été ruinés par les Sarrafins, ne furent rétablis qu'au onzieme fiecle. On tira parti du peu de débris qui furent confervés. Les religieux fe foumirent à la regle de Saint-Benoît, & dépendirent de Cluny. C'eft cette églife qui fubfifte : elle eft en partie antique & en partie gothique. On y remarque un pavé de mofaïque du dernier genre, & un bas-relief antique. Ce n'eft qu'en 1685 que les moines ont été convertis en chanoines, de qui l'on exige des preuves de noblesse, mais seulement de pere & d'aïeul.

Il y a un premier pont de bois sur la Saône, du côté d'Aisnay. Près de là est l'arsenal, autrefois regardé comme une forteresse de Lyon, mais aujourd'hui peu de chose, relativement à la grandeur de la ville.

Si vous remontez la Saône sur la même rive, & dans l'intérieur de Lyon, vous trouverez un beau quai, qui porte le nom du monastere des Célestins, & qui, jusqu'à nos jours, a appartenu à cet ordre. C'étoit autrefois une commanderie des chevaliers du Temple, dont les biens furent, comme l'on sait, donnés aux chevaliers de Saint-Jean de Jérusalem. C'est de ces derniers que les comtes de Savoie acheterent cette maison. Amédée VIII, qui le premier eut le titre de duc, en fit d'abord son palais dans Lyon, & la donna ensuite aux Célestins. Louis, duc de Savoie, son successeur, fit agrandir le couvent & bâtir l'église, dont l'architecture est gothique & mauvaise, mais qui d'ailleurs est assez ornée. La famille des *Pazzi*, qui a été illustre dans Florence, mais ennemie mortelle des Médicis, ayant été chassée de sa patrie, vint se réfugier à Lyon. Ces riches Florentins se firent élever un superbe mausolée dans cette église. Marie de Médicis étant arrivée à Lyon, pour épouser Henri IV, vit ce monument. Elle ne put contenir son indignation, en apprenant qu'il renfermoit les cendres de ceux qui avoient conspiré contre sa maison, & même fait assassiner quelques uns de ces ancêtres. Elle fit détruire leur sépulture ; & il n'en est resté que quelques sculptures d'un très-bon goût. Dans une autre chapelle de cette église, fut déposé le cœur du cardinal d'Amboise, le premier ministre de Louis XII, si chéri de son maître qui mérita lui même le beau titre de *pere du peuple*.

L'église des Dominicains est assez près des Célestins. On doit en remarquer le portail, orné de statues & de bas-reliefs, & le chœur décoré de beaux marbres. Il faut voir aussi plusieurs chapelles qui sont magnifiques, une, entr'autres, revêtue intérieurement d'un marbre gris dont la carriere n'est pas éloignée de Lyon. Elle a été construite par la famille de *Gadagne*, originaire de Florence, où elle subsiste sous le nom de *Guadagni*. La branche établie en France, y acquit par le commerce de grandes richesses. Le dernier fut sénéchal de Lyon, lieutenant général de la province, & enfin chevalier de l'ordre du saint-Esprit en 1597. Quand il fut question d'admettre ses preuves, on voulut lui objecter que ses ancêtres & son pere même avoient fait publiquement le négoce. Mais il produisit des privileges de nos rois, qui permettoient, nommément aux florentins, de trafiquer à Lyon, sans déroger à leur noblesse ; & ses preuves furent admises. Sous une arcade du chœur de cette même église, est le tombeau de deux princes de la maison de Bourbon, *Jacques* comte de la Marche, & *Pierre* son fils, tous deux morts à Lyon, en 1362, des blessures qu'ils reçurent à la bataille de Brignais (petite ville à deux lieues de Lyon) contre les *Tardvenus*, troupes de brigands, composée de soldats congédiés & débandés, qui faisoient de grands

grands ravages dans les provinces méridionales.

Je ne passerai point ici sous silence une rue qu'on trouve en se rapprochant du Rhône. C'est la rue *Belle-Cordiere*, ainsi nommée, parce que c'est là que demeuroit, au seizieme siecle, *Louise Labbé*, veuve d'un négociant en cables & en cordes, femme alors illustre par ses attraits, son esprit, ses talens, ses galanteries & ses aventures. Sa maison étoit fréquentée par toutes les personnes de qualité, d'esprit & de mérite de Lyon. Tous les princes & tous les généraux qui y passoient, étoient curieux de la voir. Nous avons ses poésies imprimées, pleines de feu, d'esprit & de délicatesse. Son dialogue en prose, intitulé: *Débats de folie & d'amour*, est une des allégories les plus ingénieuses qu'on puisse lire. *Nicéron* dit de cette dame, « qu'elle faisoit le métier de courtisanne; qu'elle vouloit être payée des faveurs qu'elle accordoit; mais qu'elle avoit des égards pour les gens de lettres, qu'elle recevoit quelquefois gratis. Démosthene, continue-t-il, eût été

„ bien aise que la courtisanne *Laïs*
„ eût ressemblé à celle-ci : il n'auroit
„ pas fait le voyage de Corinthe inu-
„ tilement. „

Le grand Hôtel-Dieu, qui est sur le bord même du Rhône, l'emporte par son ancienneté sur l'hôpital général de la charité, dont j'ai déjà parlé. Il fait remonter son origine jusqu'au roi Childebert, petit fils de Clovis, & à la reine Ultrogothe sa femme, qui vivoient au milieu du sixieme siecle. Mais il ne subsiste que la mémoire de cette fondation ; & l'on ne sait pas même, d'une maniere certaine, ce qu'est devenu cet hôpital, depuis cette ancienne époque jusqu'au quinzieme siecle. Alors l'administration en fut confiée, sous l'autorité des archevêques, à différens ecclésiastiques, & à des moines de différens ordres. Enfin les magistrats de l'hôtel-de-ville s'en emparerent jusqu'en 1585, qu'on lui donna une nouvelle forme. Il est aujourd'hui régi par quatorze administrateurs, dont les deux premiers sont toujours un magistrat du présidial, & l'un des plus célebres avocats.

Les belles entrées qu'on voit à cet hôpital, tant du côté de la ville que de celui du Rhône, ont été faites dans ce siecle. Elles communiquent dans plusieurs cours, dont les bâtimens ont différentes destinations. Le plus considérable, est la grande infirmerie, disposée en forme de croix, dont chaque branche est garnie de deux, & quelquefois de trois rangs de lits, dans lesquels les malades sont séparés suivant leur sexe & le genre de leur maladie. Au milieu est un autel à quatre faces, où l'on célebre plusieurs messes. Il est surmonté d'un dôme de trente six pieds de diametre. Indépendamment de cette chapelle, l'Hôtel-Dieu a une église d'une belle architecture & bien ornée. La plus longue des faces de ce bâtiment donne sur le Rhône; & dans l'intervalle, on a pratiqué un quai, qui, prolongé jusques à l'extrémité de la ville, en fait aujourd'hui une des plus grandes beautés.

Le seul pont qu'il y ait sur le Rhône, est précisément vis-à-vis l'angle du grand bâtiment de l'Hôtel Dieu. Vous vous rappellerez ici, madame, que l'empereur Gratien fut tué, l'an 383, en passant le Rhône à Lyon, sur un pont ; & qu'au commencement du treizieme siecle, Philippe Auguste, roi de France, & Richard *cœur de Lion*, roi d'Angleterre, étant sortis de cette ville, partant pour la croisade, le pont du Rhône rompit sous le nombre des gens de leur suite. Ce pont étoit ou de bois ou de bateaux. La rapidité du fleuve empêcha longtems qu'on n'en fît un de pierres. Le pape Innocent IV, contemporain de Saint Louis, hasarda cette entreprise. Elle fut exécutée dans l'intervalle des sept années qu'il passa à Lyon, à cause des querelles qu'il avoit avec l'empereur Fréderic II. La longueur de ce pont est de deux cent soixante-une toises trois pieds. On s'est apperçu qu'il étoit trop étroit, & que, de plus, il ne pourroit guere résister à l'impétuosité du Rhône. La façon dont on a remédié à ces deux inconvéniens est remarquable & singuliere. On a doublé, pour ainsi dire, le pont, en appuyant contre chaque pile & chaque arcade une maçonnerie de pareille forme & de pareille épaisseur,

& l'on a lié ce second pont au premier par de grosses barres de fer; ce qui l'a rendu du double plus large; encore est il trop étroit. L'arche principale étant sujette à s'engorger par les sables que charie le Rhône, on a eu la hardiesse de l'agrandir en coupant la pile du milieu; de sorte qu'au lieu de vingt arches, le pont n'en a plus que dix neuf.

En rentrant dans la partie de la ville qui est entre le Rhône & la Saône, on trouve la rue *Merciere*, fameuse par la quantité d'imprimeurs & de libraires qui l'habitent depuis longtems. L'imprimerie fut introduite à Lyon en 1476, c'est-à-dire, trente-six ans après que cet art avoit été découvert en Allemagne, vingt-six ans après qu'on y avoit imprimé des ouvrages entiers, & six ans après qu'on avoit commencé d'imprimer à Paris. Les premiers livres qui sortirent des presses de Lyon, sont la légende des saints, dite *la légende dorée*, traduite en françois, & le *nouveau testament*, dans la même langue. L'imprimeur, qui demeuroit rue Merciere, s'appeloit *Barthélemi Buyer*. Avant la fin du quinzieme siecle, on vit paroitre plus de soixante ouvrages qui avoient été imprimés à Lyon. Dans le siecle suivant, les plus fameux imprimeurs de cette ville étoient, 1°. *Josse Badius*, qui y avoit enseigné le grec. Jean Treschel, après l'avoir fait correcteur de son imprimerie, lui avoit donné sa fille en mariage. Badius imprima à Lyon *l'histoire de France de Robert Gaguin*, qui l'attira à Paris. Son fils & ses deux gendres, *Robert Etienne & Vascosan*, se rendirent célebres dans le même art. 2°. Le savant & malheureux *Dolet*, qui fut brûlé à Paris comme athée, à l'âge de 37 ans. On dit qu'il étoit fils de François I & d'une Orléanoise nommée *Cureau*. On ajoute qu'il ne fut point reconnu par ce prince à cause d'une intrigue de sa mere avec un seigneur de la cour : mais cette anecdote mérite confirmation. Cet imprimeur étoit, tout à la fois, poëte, orateur, humaniste, & outré en tout. 3°. *Sébastien Gryphius*, né en Souabe, qui vint s'établir à Lyon. Il imprima un ouvrage de Dolet, intitulé, *commentarii linguæ latinæ*, 2 vol. in-fol. à Lyon,

1536-1538. C'eſt un chef-d'œuvre de typographie, ainſi que ſa *bible* latine de 1550, in-fol. 2 vol.

Pendant le cours du ſeizieme ſiécle, on imprima preſqu'autant de livres à Lyon qu'à Paris, & autant d'italiens que de français. Les grandes relations que cette ville avoit avec l'Italie, & les nombreuſes colonies italiennes qui habitoient Lyon, y rendoient cette langue auſſi familiere que celle du pays. Depuis ce tems, & juſqu'à nos jours, le commerce des livres a été au nombre de ceux qui font fleurir cette ville. Il faut cependant convenir qu'il n'y eſt pas auſſi conſidérable qu'il l'étoit autrefois. Veniſe lui en a enlevé la partie la plus lucrative; & les Eſpagnols eux-mêmes ayant multiplié les imprimeries dans leur pays, ont trouvé les moyens de ſe paſſer à cet égard de l'étranger, du moins en grande partie.

En ſuivant le quai qui regne ſur la Saône, depuis le pont de bois juſqu'au pont de pierres, on trouve l'égliſe de *Saint-Antoine*, qui, dès le commencement du treizieme ſiécle, étoit un hôpital deftiné aux perfonnes attaquées de maladies *nervales*. En 1274, l'archevêque Aymard de Rouffillon s'étant apperçu que ce genre d'infirmité, qui avoit été autrefois commun dans Lyon, n'y étoit prefque plus connu, & qu'au contraire, le feu faint Antoine y faifoit de grands ravages, établit dans cette maifon les Antonins.

Si l'on veut voir, en repaffant par la ville, du côté du Rhône, le grand couvent des Cordeliers, fondé par les feigneurs de la maifon de Grolée, on admirera dans leur églife, qui eft très-vafte & gothique, la magnificence du grand autel, & plufieurs tableaux de grands maîtres italiens, flamands & françois. Le chef de faint Bonaventure, furnommé le *docteur féraphique*, y eft renfermé dans un très-beau reliquaire. Les autres reliques de ce faint furent difperfées, lorfque les Proteftans s'emparerent de Lyon. La cellule qu'il occupoit dans ce couvent, a été convertie en une chapelle très-bien peinte, & magnifiquement ornée.

Tout auprès de ce monaftee ft

la chapelle d'une confrérie de pénitens, dite *du Gonfanon*. Henri III revenant de Pologne, voulut y être admis. A son imitation, les grands seigneurs du royaume se sont empressés d'en être membres, & ont fait de très-grandes libéralités à cette chapelle. Elle est ornée intérieurement de marbres, de boiseries, de dorures, & renferme plusieurs beaux tableaux.

L'université qui étoit à Lyon, fut transférée à Bourges, sous le regne de Louis XI, au quinzieme siecle. Il n'y a aujourd'hui que deux beaux colleges, celui de *la Trinité*, & celui de *Notre-Dame*. On enseine gratuitement dans l'un & dans l'autre le latin, jusqu'à la rhétorique inclusivement, la philosophie, les mathématiques, & la langue hébraïque : il y a même des professeurs en théologie & en droit : mais on n'y prend point de degrés (1). Il faut voir dans le premier la magni-

_____

(1) Ces deux colléges étoient ci-devant occupés par les Jésuites.

fique église, la nombreuse & précieuse bibliotheque, les cabinets de mathématiques, de médailles & d'antiquités, la chapelle de la congrégation, les salles d'exercices, les classes, la cour dans laquelle elles sont renfermées, les différens bâtimens, &c.; & l'on verra dans son ensemble un des plus beaux ornemens de Lyon. Lorsque la reine Christine passa par cette ville, il y avoit dans ce college un Jésuite, le P. *Menestrier*, auteur de plusieurs ouvrages, & dont la mémoire étoit un prodige. La reine voulut le voir, & prononça, en sa présence, trois cents mots les plus bisarres qu'elle put imaginer, & qu'elle fit écrire afin de s'en ressouvenir. Le P. Menestrier les répéta avec facilité, non-seulement dans l'ordre où ils avoient été lus; mais encore selon tel ordre & tel arrangement qu'on voulut lui prescrire.

Au centre de la ville, est l'église de *Saint Nizier*, qui passe pour être la plus ancienne, & qui a servi de cathédrale pendant les premiers siécles. On voit une crypte ou église souterraine & voûtée, dans laquelle saint Pothin, assembloit les fideles, & où il éleva le premier autel qui ait été dédié à Jesus-Christ, dans les Gaules. L'église supérieure est du 14e. siecle, commencée par les soins & aux frais d'un marchand nommé *Renouard*, & achevée par ses enfans. C'est un assez beau bâtiment; la voûte est estimée & admirée par sa hardiesse. Les ornemens intérieurs consistent en un grand autel très-magnifique, & dans sept ou huit tableaux des plus grands maitres. Le portail a été fait sur les dessins de Philibert de Lorme, fameux architecte du seizieme siecle. Le chapitre composé de quinze chanoines & de deux dignitaires, fut fondé en 1305 par l'archevêque Louis de Villars.

Une rue qui est en face de cette église, conduit au pont de pierres sur la Saône; pont qui est le plus grand passage de la ville, mais fort étroit. Quelques rochers qui se trouvoient au milieu de la riviere, ont facilité la fondation de plusieurs piles qui sont très-solides.

Les autres ne le font pas autant, & ont eu en différens tems besoin de réparation. Il est en tout composé de quatre arches. Il a été bâti au onzieme siécle, par ordre de Humbert, archevêque de Lyon.

La place *des Terreaux*, autrefois la plus grande de cette ville, est remarquable. D'un côté, on voit de belles maisons de particuliers, & des boutiques. Le côté opposé est occupé tout entier par la magnifique abbaye des filles de *Saint-Pierre*, fondée au septieme siecle, & rebâtie par Charlemagne. Les abbesses ont toujours été des demoiselles de grandes maisons, ou dont les familles étoient en grand crédit. Il y a même eu, parmi les simples religieuses, des princesses de France & de Lorraine. Ce monastere fait, sur la place, l'effet d'un beau palais; & l'on assure que l'intérieur répond à l'extérieur. Cette église a le privilége d'être paroissiale en même tems qu'abbatiale. Le curé & le clergé sont à la nomination de l'abbesse, & ses religieuses assistent & chantent aux offices de la paroisse.

Au fond de cette même place est l'hôtel-de-ville, que tous les voyageurs ont bien raison d'admirer. C'est un des plus beaux édifices de l'Europe en ce genre. Ce ne fut qu'en 1647, que l'on en jetta les fondemens; & en 1655, il fut entiérement achevé. Auparavant, le corps municipal s'assembloit dans une assez mauvaise maison. On en avoit même changé plusieurs fois depuis le treizieme siecle; mais en observant toujours de se tenir près de l'église Saint-Nizier, où étoit la *cloche d'alarme*, dont le son réunissoit les citoyens dans les cas d'accidens, de troubles ou de réjouissance. L'édifice actuel souffrit beaucoup d'un incendie en 1676. Mais il fut parfaitement rétabli sur les dessins du fameux Mansard, & a été depuis continuellement embelli.

La façade qui est sur la place des Terreaux est décorée au milieu par une tour carrée, terminée en coupole, & aux angles par deux grands pavillons en avant-corps. La grande porte est ornée de deux colones ioniques de marbre. Le frontispice est superbe : il y a une galerie en saillie, au-dessus de laquelle on voit un très beau médaillon représentant Louis XIV à cheval. Cette porte conduit à un grand vestibule voûté, où l'on voit les deux tables de bronze, dont j'ai parlé plus haut, sur lesquelles fut gravée la harangue de l'empereur Claude. Il y a aussi les bustes de trois de nos rois, dont Lyon a reçu les bienfaits les plus signalés. Le premier est Philippe *le Bel*, qui établit le consulat à Lyon ; le second, Charles VIII qui honora en 1495 les magistrats municipaux des privileges de la noblesse, la rendant même transmissible à leurs descendans ; & le troisieme, Henri IV qui, en 1595, donna à ce consulat la même forme qu'il a aujourd'hui, en le composant d'un prévôt des marchands, de quatre échevins, d'un procureur du roi & d'un greffier. Les cinq premiers de ces officiers restent chacun deux ans en place. Mais tous les ans on élit deux échevins ; & tous les deux ans, le prévôt des marchands est élu ou continué par forme de scrutin, dans une assemblée de trente-six notables habitans. Le prévôt des marchands commande le militaire en l'abfence du gouverneur, & lorfqu'il n'y a point de commandant exprès nommé par le roi.

C'eft dans une des falles de l'hôtel-de-ville, que s'affemble ce que l'on appelle le *tribunal de la confervation de Lyon* ; jurifdiction établie pour le foutien du commerce, & pour le maintien des priviléges accordés aux grandes foires qui fe tiennent à Lyon. Cet établiffement eft plus ancien que le regne de François I, qui ôta la connoiffance de ces affaires au fénéchal, & l'attribua à un juge particulier. Au milieu du dix-feptieme fiecle, le corps municipal acheta la charge de juge, qui fut réunie au confulat. Ainfi ce font les prévôts des marchands & échevins qui prononcent les fentences, fur les matieres qui ont été réglées par un édit de 1669. La *confervation* juge en dernier reffort, jufqu'à la fomme de 500 livres ; & fes condamnations font toujours exécutées par provifion, & même par corps, pour les fommes excédentes, quelque considérables qu'elles soient. Ceux qui sont condamnés par ce tribunal, sont arrêtés par tout le royaume sans *visa* ni *pareatis*.

Les foires de Lyon se tiennent quatre fois l'an ; aux rois, à Pâques, au mois d'Août & à la Toussaint. Elles durent chacune quinze jours, sans y comprendre les Dimanches : l'usage est de contracter des engagemens à une foire, pour payer à l'autre. Les deux premieres ont été établies au commencement du quinzieme siecle ; & les deux dernieres à la fin, par le roi Charles VIII. Elles ne sont pas tout-à-fait franches. : les marchandises qui y arrivent, payent quelques droits à la douane, dont l'établissement ne remonte pas plus haut que le regne de François I.

La ville de Lyon a toujours entretenu un grand commerce avec l'Italie. Dès le seizieme siecle, les négocians, marchands & banquiers italiens y formoient un corps considérable. Avant qu'on cultivât la soie en France, celle qui entroit dans le royaume, venoit de l'Italie & passoit par Lyon, où l'on en travailloit une partie; le reste se distribuoit dans le royaume, & étoit conduit tant à Paris qu'à Tours, où l'on en faisoit des étoffes. Le commerce entre Lyon, la Suisse & les grandes villes d'Allemagne, que l'on appelle villes *anséatiques*, étoit aussi très-considérable ; & les Allemands & les Suisses, établis à Lyon, ont obtenu de grands priviléges de nos rois. Le commerce avec l'Espagne est aussi ancien : il consistoit principalement dans la contrebande des matieres & de lingots d'or & d'argent. Quant à l'Angleterre & à la Hollande, elles n'avoient guere de relations avec Lyon, avant le dix-septieme siecle.

Depuis que les troubles ont cessé dans le royaume, les manufactures de Lyon sont très-florissantes, & font entrer en France des sommes considérables. Les principales fabriques sont celles des étoffes de soie brochées, & souvent mêlées d'or & d'argent, soit pour habits ou pour meubles. Le goût avec lequel on sait à Lyon choisir & allier les couleurs, & l'agrément du dessein pour la persection desquels les principaux commerçans n'épargnent rien, ont porté si loin la réputation de ces étoffes, qu'elles sont recherchées dans toute l'Europe, où elles ne sont jamais qu'imparfaitement copiées ou imitées. La fabrique des étoffes a entraîné un grand nombre d'autres travaux, tels que ceux de la filature & de la teinture des soies, l'affinage & le filage de l'or & de l'argent, &c. &c.

En continuant de parcourir la ville de Lyon entre les deux grands fleuves, on trouve plusieurs belles églises, dont quelques-unes n'ont été construites qu'au dix-septieme siecle. Les *Feuillans* ne datent leur établissement à Lyon que de 1620. Ils le doivent à MM. de Villeroi, qui ont engagé ensuite le corps-de-ville à se déclarer fondateurs de cette église, & à prendre les Feuillans pour leurs aumôniers. Il y a dans leur église plusieurs beaux tableaux, sur-tout dans une chapelle fondée par la famille de *Scarron*, originaire de Piémont, établie d'abord à Lyon, & ensuite à Paris, où elle ne s'est éteinte qu'au commencement de ce siecle. Elle a produit plusieurs magistrats d'un grand mérite. Cependant elle est principalement connue par un fameux poëte comique & burlesque, Paul *Scarron*, qui épousa Françoise d'Aubigné, depuis Marquise de Maintenon. On dit que lorsqu'il fut question de dresser le contrat de mariage, Scarron dit qu'il reconnoissoit à l'accordée *deux grands yeux fort mutins, un très-beau corsage, une paire de belles mains, & beaucoup d'esprit*. Le notaire demanda quel douaire il assuroit. *L'immortalité*, répondit Scarron. *Le nom des femmes des rois meurt avec elles ; celui de la femme de Scarron vivra éternellement.* C'est dans cette même chapelle que furent enterrés Cinqmars, grand écuyer de France ; & de Thou, maître des requêtes, tous deux décapités sous le regne de Louis XIII, & le ministere du cardinal de Richelieu.

Dans l'enceinte de la ville de Lyon mais du côté le moins habité, & près la porte de la Croix-Rousse, on voit les restes de l'*amphithéâtre* & de la *naumachie* du tems des Romains. Plus loin, est le monastere des *Carmélites*, fondé par la maison de Villeroi. Leur église contient la sépulture de plusieurs seigneurs de ce nom. La maison des Chartreux a été bâtie dans l'emplacement d'une citadelle que le roi Henri III fit raser en 1585, pour donner aux Lyonnois une preuve de la confiance qu'il avoit en leur fidélité. Elle est vaste & commode pour ceux qui l'habitent, & n'a d'ailleurs rien de remarquable que quelques tableaux & peintures. La ville se termine de ce côté-là sur les bords de la Saône, vis-à-vis du château de *Pierre-Scife*, & du fauxbourg de *Vaise*, qui est sur le chemin de Paris. On traverse cette riviere sur deux ponts, dont l'un celui de *Saint-Vincent*, est de bois, mais d'une construction très-hardie, & d'une seule arche : l'autre porte le nom d'*Alincourt*.

La partie de la ville, qui est en-deçà de la Saône, par rapport à Paris, est montueuse. En commençant à la parcourir du côté du nord, on trouve le fauxbourg de *Vaise*, où il y a quelques lieux remarquables. Le premier est le *monastere des deux amans*: c'est un petit couvent de l'ordre de saint François, qui a pris son nom d'un monument qui existoit au seizieme siecle, & à l'occasion duquel nos anciens auteurs font un grand étalage d'érudition. C'étoit un autel ou un tombeau composé principalement de quatre colonnes posées sur une base élevée. La principale face étoit ornée d'un fronton; l'architecture en étoit bonne, & paroissoit être du siecle d'Auguste. Comme il n'y avoit point d'inscriptions, on a beaucoup disputé sur l'origine du nom de *tombeau des deux amans*, qu'on lui donne, pour ainsi dire, de tems immémorial. Les uns ont dit que c'est la sépulture d'Hérode & de sa maîtresse Hérodias, soutenant que ce monarque de Judée avoit été exilé à Lyon par l'empereur Caligula. D'autres auteurs ont composé des romans, ont adopté des fables touchantes & tragiques, contenant les aventures de deux prétendus amans, & selon d'autres, de deux amis qui furent enterrés en ce lieu. Mais la conjecture la plus raisonnable est que ce sépulcre étoit celui de deux prêtres d'Auguste, peut-être freres, & nommés tous deux *amandus*.

Le couvent des *Cordeliers de l'Observance*, a pour fondateurs le roi Charles VIII & la reine Anne de Bretagne, dont les armes sont sur la porte de l'église. On y voit une chapelle que l'on prétend être du dessin de Michel Ange. Dans une autre, est la sépulture de la famille de *Grollier*, ancienne dans Lyon, & illustre pour avoir produit des hommes de mérite & des gens de lettres. Le premier d'entr'eux vivoit sous François I, & fut employé dans diverses ambassades. Il avoit rassemblé une nombreuse bibliotheque, dont il se faisoit un plaisir de prêter les livres à ses amis. Aussi avoit-il fait graver sur la reliure de chacun de ses volumes : *Grollierii & amicorum* (à Grollier & à ses amis). On trouve encore dans un grand nombre de bibliotheques, en France, & même en Europe, beaucoup de livres qui portent cette inscription. Cette bibliotheque a été long-temps conservée par les descendans de son premier possesseur. Ils y avoient même ajouté un cabinet de machines très-curieux. Il y a quelques années que les voyageurs alloient le voir dans la maison de MM. Grollier de Servieres.

Le château de *Pierre-Scife* tire son nom du genre de fortification qui est taillée dans le roc, & très-escarpée dans la plus grande partie de son enceinte. Il domine sur toute la ville. Mais il seroit difficile, par sa position trop élevée, qu'il empêchât les ennemis d'y pénétrer. Il appartenoit encore, au seizieme siecle, aux archevêques de Lyon. Au commencement du dix-septieme, Henri IV s'en assura. Alphonse de Richelieu, archevêque de Lyon, frere du ministre, le vendit à Louis XIII. On y renfermoit des prisonniers d'état.

Si l'on suit le cours de la Saône, on arrivera au quartier *Saint-Paul*, ainsi nommé de son église collégiale, bâtie au milieu du sixieme siecle, détruite par les Sarrasins, & rétablie sous le regne de Charlemagne; édifice gothique, massif & de mauvais goût, éclairé par les vitrages d'un dôme de forme octogone. C'est dans cette église qu'a été enterré le célebre *Jean Gerson*, théologien & grand canoniste, à qui quelques auteurs ont attribué l'excellent livre de l'*imitation de Jésus-Christ*.

Au pied de la montagne de Fourviere, s'offre d'abord le couvent des *Capucins*, bâti avec cette simplicité qui caractérise les maisons de cet ordre; & tout auprès celui des *Carmes déchaussés*, digne de la curiosité des voyageurs, par les beaux morceaux d'architecture, de peinture & de sculpture qu'il renferme. Au pied de la même montagne, est la rue de *la Juiverie*, autrefois habitée par des Juifs qui étoient riches & nombreux au neuvieme siecle. A cette époque ils en furent chassés, & n'y ont point été depuis ouvertement tolérés. C'est dans cette partie de la ville de Lyon que le roi Charles VIII, à son retour de son expédition d'Italie, s'amusoit à faire des joutes & des tournois, & suivant l'expression des vieux historiens, de *grandes chevaleries*. Là, disent-ils, *le roi Charles, quoique de petite taille & foible de corps, faisoit de bons coups d'épée, & les seigneurs*

gneurs de France plusieurs beaux faits d'armes, à pied & à cheval; & pour icelle joûtes furent dressés trois piliers de pierre avec aucuns vers en langue latine. On voit dans cette rue une de ces inscriptions.

Les rues par lesquelles on arrive à la montagne de *Fourviere*, du côté de la Saône, sont d'une pente très-roide &, bordées de degrés. Le nom de cette montagne vient du latin, *forum Veneris*, parce qu'il y avoit, suivant les uns, un temple & un marché dédiés à Vénus, & selon d'autres, un tribunal qui fut établi sous Trajan, & que l'on appella, depuis, *forvial*, & par corruption *fourviere*. Au douzieme siecle on éleva sur les ruines de cet édifice païen, une chapelle à la Sainte-Vierge, sous le titre de *Notre-Dame de Fourviere*, église paroissiale & collégiale. Le monastere du l'Art quaille est aussi sur le sommet de cette montagne. Ce nom lui vient de l'ancien palais des empereurs Romains, qui étoit, dit-on, situé dans cet endroit. L'empereur Severe l'habita, après qu'il eut vaincu Albin. Geta & Caracalla y naquirent : on sait que ce dernier fit mourir son frere. Cependant ce monstre s'occupa du soin d'embellir Lyon sa patrie. On voit encore sur la même montagne, des traces de l'incendie qu'éprouva cette ville, sous l'empire de Néron. Ce sont des pierres calcinées, & des morceaux de métaux fondus.

L'église collégiale de *Saint-Just* est près de la porte de ce nom. Elle étoit autrefois très-belle : mais les huguenots la détruisirent en 1562. On l'a rebâtie au commencement de ce siecle, du moins en plus grande partie, sur les ruines de l'ancienne. Le chapitre possede d'assez grandes terres, une sur-tout avec titre de baronnie, dont il est redevable au pape Innocent IV, qui passa plusieurs années à Lyon. De là vient que les chanoines s'intitulent quelquefois barons de *Saint-Just*. Le chapitre a sa justice particuliere qui ressortit à la sénéchaussée de cette ville.

La quantité d'épitaphes & d'inscriptions sépulcrales que l'on voit de ce côté là, prouvent sans doute qu'il y a eu un cimetiere du tems du paganisme. Depuis le haut de la montagne jusqu'assez loin dans les champs hors de la ville, on trouve plusieurs arcades d'un fameux aqueduc des Romains. On prétend qu'il fut construit par l'armée de Jules-César; & l'on en donne pour preuves, les noms de quelques villages auxquels ces arcades aboutissent, tels que celui de *Marcilli*, qui tire, dit-on, son nom de *Marcellus*, & celui de *Cuire* de *Curius*, principaux officiers de César, qui commandoient dans ces quatiers les travaux des légionnaires. La porte de *Trion*, par laquelle on sort pour s'y rendre, est nommée ainsi du latin *trium-fontium*, parce qu'il y a tout auprès trois fontaines.

Le fauxbourg *Saint-Irénée*, qui s'étend hors des portes de Saint-Just & de Trion, est assez grand. Mais il n'est remarquable que par son ancienne église, bâtie sur les tombeaux des premiers chrétiens, martyrisés sous l'empire de Marc-Aurele, & dont les corps furent déposés dans la crypte ou église souterraine qui subsiste encore. Cet édifice sacré fut aussi la proie de la fureur des huguenots, qui difperferent les reliques de Saint Irénée. On ne voit plus que le fépulcre vuide de ce Saint, & le pavé en mofaïque de l'ancienne églife, fur lequel on lit une infcription en vieux vers latins, qui porte qu'il y a dix-neuf mille martyrs enterrés dans ce lieu.

Il eft tems de rentrer dans Lyon, & de parler de la fameufe églife cathédrale de *Saint Jean*, de celles de *Saint Etienne* & de *Sainte-Croix* qui y font contiguës, & du palais archiepifcopal. Ces églifes, plus refpectables que belles, font des bâtimens gothiques, vaftes, mais obfcurs, parce que la peinture des vitraux empêche le jour d'y pénétrer. L'églife de *Saint-Etienne* fut bâtie au quatrieme fiecle, & devint cathédrale (car celle de Saint-Nizier l'avoit été auparavant). On croit que celle de *Sainte-Croix* fut fondée au feptieme fiecle. La conftruction de celle de *Saint-Jean* eft rapportée au regne de Charlemagne. Ces deux dernieres furent bâties aux côtés de la premiere; celle de Saint Jean eft la cathédrale depuis cinq fiecles. Le nombreux clergé la trouvant plus vaste, s'est accoutumé à y officier de préférence, sans cesser néanmoins de desservir les deux autres. Ainsi ces trois églises n'en forment proprement qu'une seule. Il n'y a ni musique ni orgues. Les chanoines officient la mitre en tête. On ne s'y sert point de livres : ceux qui chantent l'office savent le pseaunier par cœur, & apprennent chaque jour les antiennes convenables à la fête ou férie.

Cette église a été agrandie & embellie en différens tems. Aussi le goût de son architecture varie dans les différentes parties du bâtiment, & paroît plus ou moins gothique. On reconnoît aisément que le sanctuaire, & ce que l'on appelle le chevet de l'église, sont ce qu'il y a de plus ancien; que la grande nef a été faite du tems de Philippe Auguste ou de Saint-Louis, & que la partie la plus moderne est le portail qui n'a été achevé que sous le regne de Louis XI. Quatre grosses tours carrées flanquent l'église aux quatre coins; l'une sert de clocher, & contient une des plus grosses cloches du royaume.

Dans les deux derniers siecles, on a bien décoré l'intérieur, mais en observant de lui conserver l'air d'une antiquité majestueuse & respectable. Il faut remarquer au-dessus du jubé, le grand crucifix, la forme & l'arrangement des stalles des chanoines, & le grand autel qui est au milieu du chœur. C'est dans ce chœur que Grégoire X tint un concile général, où il fut question de la réunion de l'église grecque avec la latine; & l'on prétend que c'est en mémoire de cette réconciliation, que l'on place aux extrémités du grand autel deux croix, l'une à la grecque, l'autre à la romaine.

Entre les chapelles qui sont dans les bas côtés de l'église, il y en a une de remarquable : c'est celle des Bourbons, décorée par Charles, prince de cette maison, cardinal-archevêque de Lyon, qui vivoit sous le regne de Louis XI. Il étoit filleul du roi Charles VII, & fut parrain du roi Charles VIII. Il fut enterré dans cette chapelle : son mausolée est d'un assez beau marbre blanc. Son frere, Pierre de Bourbon, que l'on appelloit le

Sire de Beaujeu, à la cour de Louis XI, dont il épousa la fille, fit achever cette chapelle commencée par le cardinal. On y voit par-tout la devise des Bourbons de ce tems là : elle étoit renfermée dans ces mots, *n'espoir, ne peur*; ce qui vouloit dire, sans doute, que les princes de cette maison se mettoient au-dessus de tout desir ambitieux, ainsi que de toute crainte pusillanime.

Une chose qui attire l'attention des curieux dans l'église de Lyon, est une horloge construite en 1598 par Nicolas Lippius de Bâle, & qui a passé pour un chef-d'œuvre de méchanique, jusqu'à ce que cette science se soit perfectionnée. C'est une espèce d'obélisque figuré, qui s'éleve de terre sur un large piédestal, jusques vers la fenêtre du mur. Tout au haut est un coq, qui, toutes les fois que l'heure est près de sonner, bat des ailes & fait deux cris. Au dessous est une représentation mouvante de l'annonciation. Il y a plusieurs cadrans à cette horloge; celui des heures, celui des jours, des mois & de la semaine, & celui des planettes qui ont un cours réglé.

On remarque dans ce dernier une singularité : il est ovale, & l'aiguille s'allonge & se raccourcit, suivant qu'elle parcourt le grand ou le petit diametre de l'ovale.

Le chapitre de cette église, l'un des plus illustres de l'Europe, a le roi pour premier chanoine. J'ai déjà dit que le nombre en fut réduit, en 1321, de soixante-douze à trente-deux, y compris les dignités. J'ai fait connoître aussi l'origine du titre de comte de Lyon, que prennent ces chanoines. Ils sont obligés pour être reçus, de faire preuve de noblesse de quatre dégrés. Il est seulement permis, & même d'usage, de remonter jusqu'au cinquieme, mais jamais au-delà, parce qu'on veut éviter les comparaisons odieuses. Il y a dans ce chapitre un clergé du second ordre, qui consiste en quatre custodes, huit prébendes que l'on nomme *chevaliers* : ceux-ci ne doivent pas être nobles, mais seulement gradués. Il paroit qu'ils sont institués pour régler les affaires du chapitre, où ils assistent, sans avoir voix délibérative. On les appelle *Chevaliers*, comme étant chevaliers ès loix, & défenseurs à toute outrance, par raison & écritures, des droits du chapitre. Après eux, viennent vingt semi-prébendés, que l'on appelle perpétuels; vingt habitués & vingt-quatre enfans de chœur. Ainsi le clergé entier de cette église est composé de plus de cent ecclésiastiques.

Plusieurs terres anciennement dépendantes du comté de Lyonnois appartiennent à ce chapitre, & les chanoines-comtes en partagent les revenus entr'eux. Mais quant à l'intérieur de la ville, ils n'ont d'autre autorité que le droit d'exercer la justice dans leur cloître. Leurs registres capitulaires sont tenus dans la regle la plus parfaite depuis 1561. On y trouve toutes les preuves de ceux qui, depuis cette époque, ont été reçus chanoines. Un auteur de l'histoire de la ville de Lyon dit qu'il y avoit en même tems dans ce chapitre un fils d'empereur, neuf fils de rois, & quatorze fils de ducs. Le duc de Berri, troisieme fils du roi Jean, desirant d'être chanoine d'honneur, fit ses preuves de noblesse. Il prouva devant des commissaires nommés, qu'il étoit petit-fils de Philippe de Valois, & qu'il descendoit, au cinquieme degré, de Saint Louis. Son frere Philippe, premier duc de Bourgogne de la seconde race, voulut avoir le même honneur, & fit les mêmes preuves.

Ces comtes de Lyon ont des habillemens de chœur très-nobles & très-magnifiques. Mais hors de leur église, ils n'ont été distingués en rien du reste des ecclésiastiques, jusqu'à nos jours qu'ils ont obtenu de porter un large cordon de couleur de feu, liseré de bleu, duquel pend une médaille entourée d'une croix à huit pointes: chaque branche de cette croix est surmontée d'une couronne de comte. Sur la médaille sont représentés les patrons de l'église de Lyon, avec ces mots latins: *prima sedes galliarum* (*premier siege épiscopal des Gaules*).

Le palais archiépiscopal, attenant la cathédrale, n'a aucune symétrie extérieure. Mais sa situation sur le bord de la Saône, lui donne assez d'apparence, & lui procure une belle vue sur la partie de la ville qui est entre les deux rivieres. Ce palais a été augmenté & embelli depuis que les troubles du seizieme siecle ont cessé.

Parmi les monumens absolument modernes, on doit distinguer la salle du concert & celle de la comédie. Cette dernière sur-tout est, dit-on, une des plus belles & des plus commodes qu'il y ait dans le royaume. Celles de Paris, de Versailles & de Bordeaux, ne lui sont point supérieures.

On ne connoissoit point en France, au seizieme siecle, les académies ou sociétés littéraires. Les jeux floraux étoient le seul établissement qui pût en donner quelque idée aux personnes qui n'étoient jamais sorties du royaume. Ce n'est qu'au dix-septieme siecle qu'elles ont commencé pour Paris ; & Lyon est une des villes de France qui aient formé dans leur sein une académie. Cependant l'esprit commerçant qui regne dans cette ville, n'a jamais été contraire au goût de la littérature. On y avoit déja vu beaucoup de savans avant l'année 1713, année de l'établissement d'une société des beaux arts, qui a été réunie à une société littéraire en 1758, sous le titre d'académie royale des sciences, belles-lettres & arts de Lyon. Il faut remarquer que dès 1695, il existoit à Ville-Franche en Beaujolois, une académie des sciences & belles-lettres. Mais la plupart des académiciens étoient lyonnois, & se réunissoient dans Lyon.

Cette ville se vante d'avoir été la patrie de *Germanicus*, petit neveu d'Auguste par sa mere. Vous savez que tout l'Empire Romain pleura ce jeune prince, mort à trente-quatre ans du poison que lui fit donner le cruel Tibere, son oncle, jaloux de ses victoires, de ses succès & de ses vertus. Elle a produit bien d'autres personnages illustres en tous les genres. Je ne puis m'empêcher de nommer ceux-ci : le grand *Saint Ambroise*, dont le pere étoit préfet du prétoire des gaules : *Sidonius Apollinaris*, évêque de Clermont, qui entr'autres ouvrages, a laissé un panégyrique en vers, de l'empereur Majorien, très-intéressant pour nous, parce que la maniere de combattre & de s'habiller des françois de son tems y est fort bien décrite : la reine *Sainte Clotilde*, femme de Clovis : *Pierre Valdo* ce patriarche des vaudois, dont j'ai déjà parlé, & le premier qui ait fait traduire l'écriture sainte en françois : *Guy-pape*, homme vertueux, & savant jurisconsulte, qui ménagea la paix entre le roi Charles VII & le dauphin, depuis Louis XI: plusieurs femmes célèbres par leurs graces, leur esprit & leur savoir, telles que *la Gigone* & *la Passefilon*; qui furent toutes les deux honorées d'une visite de Louis XI & du bon roi René ; *Pernette du Guillet* qui fut admirée de François I, à qui elle présenta ses poësies, lorsque ce monarque passa par Lyon ; enfin *Louise Labbé*, surnommée *la belle Cordière*, que j'ai déjà fait connoître.

On doit distinguer encore *Philibert de Lorme*, si connu, tant par ses ouvrages sur l'architecture, que par les bâtimens dont il dirigea la construction, parmi lesquels je citerai seulement le palais des Thuileries à Paris: le P. *Menestrier* que j'ai nommé plus haut, qui parloit avec une égale facilité le françois, le latin & le grec; auteur de plusieurs ouvrages & d'une *methode du blason*, très-estimée: Charles *Spon*, savant médecin, & Jacques *Spon* son fils, habile antiquaire: le P. *Sébastien Truchet*, carme, que la nature avoit fait naître pour la Méchanique. Charles II, roi d'Angleterre, ayant envoyé à Louis XIV deux montres à répétition, les premieres qu'on ait vues en France; ces montres se dérangerent, & il n'y eut que le P. *Truchet* qui put les raccomoder. Il a inventé les machines pour transporter de gros arbres tout entiers, sans les endommager. Ses *tableaux mouvans* ont été un des ornements de Marly. Le premier, que Louis XIV appelloit son *petit opéra*, changeoit trois fois de décorations à un coup de sifflet. Le second, plus grand & plus ingénieux encore, représentoit un paysage où tout étoit animé. Enfin Antoine *Jussieu*, professeur de Botanique, mort à Paris, en 1758; Entr'autres excellens mémoires dont il enrichit les volumes de l'académie des sciences, il en publia un sur une fille qui n'avoit point de langue

& qui cependant, parloit très-bien.

Je m'imagine bien, Madame, que vous êtes curieuse de connoître les familles qui ont donné des chanoines comtes à l'église de Lyon. En voici quelques-unes de celles qui en ont fourni avant le seizieme siecle, & qui existent encore. Cet avantage doit être regardé comme un très-bon titre de noblesse : car quoi qu'anciennement les preuves du grand chapitre de Lyon ne fussent que testimoniales & par enquêtes, elles étoient sûres, parce qu'elles ne regardoient jamais que des familles connues dans Lyon même ou dans les provinces voisines. Le chapitre exigeoit que les ancêtres maternels fussent gentilshommes d'origine : cependant il ne regardoit point comme motif d'exclusion ni de dérogeance le commerce en gros. Mais il vouloit que l'origine de la famille fût constatée noble au moins de quatre ou cinq degrés sans ennoblissemens connus.

Les d'*Albon* sont regardés à Lyon comme en étant originaires, quoique leur surnom soit le même que portoient les premiers comtes de Graisivaudan, d'où sont venus les dauphins de Viennois. Depuis six siecles le chapitre a eu constamment dans son corps un ou plusieurs seigneurs de cette maison. On a vu aussi fréquemment des religieuses & des abbesses de ce nom dans l'abbaye de Saint Pierre de Lyon. Le maréchal de Saint-André, qui joua un si grand rôle sous les regnes de Henri II & de ses enfans, étoit de cette illustre famille. Elle a hérité de la principauté, prétendu royaume d'Yvetot, au pays de Caux, qui auparavant a été long-tems dans la maison de Belley.

Le chapitre de Lyon a toujours compté au nombre de ses membres des gentilshommes de la maison d'*Alleman*, illustres encore par leur parenté avec le chevalier Bayard. Elle subsiste dans la branche de *Champier*, qui n'a de commun avec la famille de Simphorien - Champier qu'une ressemblance de noms.

L'Auvergne, où est le château d'*Apchon*, a été le berceau de la maison de ce nom. Mais au commencement du quinzieme siecle, elle s'est éteinte dans celle de *Saint-Germain*, originaire du Mont-d'Or, près de Lyon, laquelle a fourni, dès le treizieme siecle, des chanoines-comtes de ce chapitre, & des religieuses nobles de l'abbaye de Saint-Pierre. Ainsi c'est sous le nom d'Apchon, & en en portant les armes, que les *Saint-Germain* subsistent encore, & qu'ils ont continué de donner des comtes à Lyon.

Ce n'est peut-être pas, pour la maison de *Beaumont*, une illustration d'avoir produit un guerrier aussi barbare que le baron des Adrets. Mais elle en a beaucoup d'autres, & a fourni plusieurs chanoines au grand chapitre de Lyon. Il y en a eu aussi un grand nombre de la maison de *Damas*, originaire du Forez, qui est séparée en plusieurs branches & qui remonte au onzieme siecle : des maisons de *Talaru* ; de la *Baume*, dont *Montrevel* est la principale branche ; de *Capponay*, toutes les trois connues depuis le douzième siècle : de la maison de *Chevrieres* illustrée dès le treizieme par un Cardinal élu archevêque d'Embrun, après avoir été long-tems chanoine de Lyon : de la maison de *Lévis*, originaire de Languedoc, dont une branche s'établit dans le Lyonnois au quatorzième siecle: de la maison de d'*Amanzé*, dont les titres sont de la même époque: de la maison de *Saconnai*, originaire du pays de Gex, ou elle étoit très-puissante dès le douzieme siecle, & qui compte jusqu'à dix-huit chanoines: de la maison de *Foudras* qui font remonter son origine jusqu'à des tems très-reculés: de la maison de *Chevriers* (qu'il ne faut pas confondre avec *Chevrieres*) qui prétend descendre des comtes de Macon: enfin des anciennes maisons de *Digoine*, illustre dans le Charolois & le Maconnois: de *Grolés*, illustre dans la Bresse; de *Vienne*, de la grandeur de laquelle on peut juger par cet *adage* reçu en Bourgogne, *noble de Vienne, riche de Châlons*.

Je ne dois certainement pas oublier la maison de *Montdor*, qui a pris son nom de ce canton montueux, mais fertile, qui commence aux portes de Lyon, & s'étend dans le Beaujolois. Elle se vante d'une des plus belles chimeres que puisse avoir aucun gentilhomme; puisqu'elle croit voir remonter ses ayeux jusqu'au paladin Roland, neveu de Charlemagne & le héros de l'Arioste, dont le cor ou cornet d'ivoire étoit conservé dans l'abbaye de l'isle Barbe. Les seigneurs de Montdor avoient le droit de venir tous les ans, le jour de l'ascension, recevoir ce cornet des mains de l'abbé, & de le montrer au peuple, après en avoir *pris deux embouttées*; c'est à-dire, sonné deux fois. Cette espèce de relique fut perdue avec toutes les autres, lorsque l'abbaye de l'Isle-Barbe fut ruinée par les hérétiques, en 1562. (1) Quelle que soit l'opinion que l'on ait de ce monument, il paroît constant que les Montdor se distinguoient déjà, lors des premieres croisades; qu'ils étoient alliés à la maison de France par celle de Dreux, & à celle des comtes de Maurienne, tige de celle des comtes & ducs de *Savoie*. Plusieurs branches de cette maison existent encore.

---

(1) On assure que ce cornet merveilleux a été trouvé il y a quelques années, & qu'on l'a déposé dans le trésor de l'église de Saint-Jean de Lyon°

Telles sont à-peu-près les illustres familles actuellement subsistantes, & dont le chapite de Lyon se faisoit honneur d'être composé au seizieme siecle. Celles qui se sont éteintes, ou qui ont cessé de fournir des sujets à cette église, ont été remplacées par d'autres qui ne sont pas moins illustres, mais qui, pour la plupart, sont originaires des provinces plus éloignées de Lyon. Il seroit bien difficile de compter toutes les anciennes familles bourgeoises & citoyennes de cette ville, parmi lesquelles il y en a plusieurs qui se sont illustrées en servant la patrie & l'état; d'autres qui considérables par leur opulence, ont contracté les plus belles alliances, & quelques-unes enfin, qui, ennoblies par les charges municipales ou la magistrature, sont entrées au service militaire, & figurent parmi la noblesse.

Je suis &c.

A Lyon, ce 10 Fevrier 1760.

LETTRE CDI.
Suite du Lyonnois.

Le diocese de Lyon, Madame, est un des plus étendus du royaume, puisqu'indépendamment des trois provinces de Lyonnois, de Beaujolois & de Forez, qui ne forment qu'un seul gouvernement, il comprend la principauté de Dombes, & s'étend jusques dans le Dauphiné, dans la Bresse & dans le Bugey. Je viens de parcourir une partie de ce diocese ; & je vais vous en tracer une courte description. Il est bien naturel que je commence par les lieux les plus remarquables du Lyonnois.

Au fond de cette petite province, du côté du midi, on trouve *Condrieu*, bourg situé au pied d'une colline, sur la rive droite du Rhône, & fameux par ses excellens vins. On prétend que les premiers plants furent apportés de Dalmatie sous le regne de l'empereur Probus, vers la fin du troisieme siecle.

Saint Chamont, à l'ouest de *Condrieu*, est sur la petite riviere de Giès. Ce bourg à un château fortifié, qui étoit autrefois regardé comme une véritable place de défense. Il s'y fait un commerce de soie, de ruban & de mercerie assez considérable. Aux environs & à la porte même de ce bourg, dit un auteur moderne, M. de Jussieu trouva, le long de la riviere de Giès, des pierres figurées, sur la plupart desquelles il vit les impressions d'une infinité de fragmens de plantes. Mais ce qu'il y a de singulier, c'est que ces plantes étoient toutes différentes de celles qui naissent dans le Lyonnois, dans les provinces voisines, & même dans le reste de la France; de sorte qu'il lui sembloit qu'il herborisoit dans un nouveau monde. Toutes ces pierres sont écailleuses, & composées de divers feuillets, faciles à séparer, & dont chacun a son empreinte différente. Ainsi chacune de ces pierres peut être regardée comme un volume de Botanique. M. de Jussieu assûre que ces empreintes sont des plantes capillaires, & des espèces de fougeres qui approchent fort de celles qu'on trouve dans les iles de l'Amérique, & dans les Indes orientales & les occidentales. Il forme son système là-dessus, & prétend que la Mer changeant sans cesse de lit, a couvert autrefois la plus grande partie de ce qui est aujourd'hui terre ferme & continent, & en particulier le Lyonnois & le quartier de *Saint-Chamont* : ce qu'il confirme par divers indices, & principalement par les coquillages de mer qu'on y trouve. C'est donc à l'eau de la mer & à ses divers mouvemens qu'il attribue le transport des plantes d'un monde dans l'autre : c'est tout son système. Il faut, continue le même auteur, se défier également des yeux fins & des grossiers, des yeux savans & des yeux ignorans : les uns ne voient pas ce qui est, & les autres voient quelquefois ce qui n'est pas.

Non loin du Rhône, & à deux lieues, sud-ouest de Lyon, est le village de *Brignais*, fameux par cette malheureuse bataille, où furent tués, comme je l'ai dit ailleurs, deux princes de la maison de Bourbon. Quand on a passé la ville capitale, on trouve, à trois lieues nord-ouest, le village de *Chessieux*, près duquel il y a une mine de cuivre, & à cent pas de là, une voûte souterraine qu'on a découverte, sous laquelle il y a une petite source froide & vitriolique, dont l'eau est chargée de beaucoup de parcelles de cuivre. Si l'on en boit à la fontaine, elle a une petite pointe de vin : ailleurs elle est désagréable au goût.

La petite ville de *la Bresle*, au nord-ouest de Lyon, est située dans un fond, entre des montagnes, sur la riviere de Tardine, qui, quoique peu considérable, fait souvent de grands ravages. Dans la nuit du 14 au 15 septembre 1715, cette petite riviere & un autre torrent, qui n'en est pas pas loin, s'enflerent si prodigieusement, qu'en moins de trois heures la ville fut presqu'entiérement submergée, le pont entraîné, quatorze maisons renversées, vingt-deux personnes & une grande quantité de bétail ensevelis dans les eaux. Les habitans de cette ville font un assez bon

bon commerce en chanvre, qu'ils cultivent eux-mêmes.

Le bourg de *Tarare*, est aussi au nord-ouest, mais plus éloigné de Lyon, auprès d'une montagne très-élevée, qui effrayoit & désoloit les voyageurs. On ne la passoit qu'avec les plus grandes difficultés, & l'on étoit exposé à y être arrêté & volé par les brigands. Ces dangers n'existent plus : on a fort bien accommodé le chemin & adouci la pente de la montagne; & l'on a pris de si sages mesures, que la vie & la fortune des passans y sont en sureté.

Anse, au nord de Lyon, sur les confins du Beaujolois, & sur les bords de la Saône, a été autrefois considérable ; il s'y est tenu trois conciles, dont deux au onzieme siecle. Aujourd'hui ce lieu est peu de chose.

Le *Beaujolois* & le *Forez* font partie, comme je l'ai déjà dit, du gouvernement & de l'intendance du Lyonnois : ils sont du diocese de Lyon, ainsi que la principauté de Dombes, quoiqu'elle dépende du gouvernement de Bourgogne. Les deux premiers pays ont autrefois appartenu aux mêmes souverains, & ont eu, depuis qu'ils sont soumis à la France, presque toujours des seigneurs des mêmes maisons. Ainsi leur histoire étant à-peu-près la même, je peux, Madame, vous en présenter ici les principaux traits, sans la diviser, ni sans revenir successivement sur chaque partie. Je croirai même devoir y joindre l'histoire de la principauté de Dombes, parce qu'elle tient à celle des deux autres provinces.

Tout le pays qui forme aujourd'hui le gouvernement du Lyonnois, étoit habité, du tems des Césars, par les *Ségusiens*. Lors de la décadence de l'empire romain, il fut conquis par les bourguignons, & passa ensuite sous la domination des monarques françois, qui le possédèrent jusque vers la fin du neuvieme siecle; époque où tous les comtés du royaume devinrent héréditaires, & à laquelle on fait remonter les premiers comtes de *Lyonnois*, de *Beaujolois* & de *Forez*. Charles-le-Chauve, roi de France, avoit donné ce gouvernement à un certain Guillaume qui se l'appropria vers l'an 880, & le rendit héréditaire dans sa maison.

Ce premier comte de Lyonnois mourut en 900, laissant trois enfans, entre lesquels il partagea sa belle seigneurie. L'aîné, Guillaume II, eut le comté de Lyonnois; Artaud celui de Forez, & Berard, la Sirie de Beaujeu ou de Beaujolois. Guillaume étant mort sans enfans, Artaud réunit la ville de Lyon & le Lyonnois au Forez. Ses descendans jouirent paisiblement de ces deux comtés pendant plus d'un siecle. Mais vers le milieu du onzieme, les archevêques de Lyon formerent des prétentions sur la seigneurie de leur ville archiépiscopale. Des contestations s'éleverent à ce sujet: il y eut même des guerres; & Artaud III en vint à un accommodement par lequel il céda la plus grande partie de ses droits sur Lyon, se réservant néanmoins toutes ses possessions au dehors.

Au commencement du douzieme siecle, le dernier descendant d'Artaud ne laissa qu'une fille, nommée *Yde-Raimonde*, qui transmit son héritage à un fils cadet d'un comte d'Albon & du Graisivaudan, qu'elle époufa, & qui portoit, comme tous les comtes de fa maifon, le nom de *Guigues*. Leur fils commença donc la feconde race des comtes de Lyonnois & de Forez. Mais ces comtes ne reflerent pas long-tems en pofleffion du premier comté. Guigues II, le céda à Richard, archevêque de Lyon, en échange de quelques terres au dehors; & cet échange fut confirmé par Guigues III, en faveur de l'archevêque Renaud, fon frere, l'un des fucceffeurs de Guichard.

Cette difpofition, loin de mettre fin aux querelles qui s'étoient déjà élevées, fouffrit par la fuite de grandes difficultés, tant de la part des comtes de Forez, que des habitans même de Lyon. Les archevêques appellerent à leur fecours les rois de France, qui parurent d'abord vouloir concilier les droits des parties. Mais ils ne tarderent pas à établir leur autorité dans Lyon au préjudice des comtes, des prélats, des habitans, & des empereurs mêmes qui y avoient des prétentions. Les différends durerent encore quelque tems. Enfin, les comtes de Forez renoncerent entiérement à la ville de Lyon: nos rois en furent reconnus souverains; & la simple seigneurie resta, comme je l'ai dit plus haut, aux archevêques & au chapitre, qui se contenterent & se contentent encore du seul titre de comtes de Lyon.

La race des Guigues continua de posséder le comté de Forez, pendant environ cent cinquante ans. Voici comment elle fut éteinte. Guigues VII étant mort en 1360, laissa deux fils, Louis & Jean. Louis, qui n'étoit point marié, fut tué à la funeste bataille de Brignais; & Jean, qui devoit naturellement lui succéder, fut saisi dans cette même journée d'une peur si violente, qu'il tomba en démence, & devint incapable de gouverner. Il mourut peu de tems après, laissant ses possessions à sa niece Anne, fille unique de sa sœur, dauphine d'Auvergne. Cette princesse avoit épousé Louis II, duc de Bourbon, qui hérita aussi du comté de Forez.

Pendant ce tems, la seigneurie de *Beaujolois*, qui, comme je l'ai dit, avoit été le partage de Berard, le dernier des fils de Guillaume I, étoit restée, durant trois cent cinquante ans, à sa postérité. De douze comtes qu'il y avoit eu, cinq avoient porté le nom de Humbert, & quatre celui de Guichard. Humbert V, sire de Beaujeu, avoit eu l'épée de connétable sous le roi Saint Louis. Son fils, Guichard V, parvint à la même dignité. Il n'avoit eu qu'une fille, nommée Isabeau, qui hérita du Beaujolois, & qui épousa Renaud, comte de Forez de la maison d'Albon. Ces deux provinces avoient donc été réunies, mais durant peu de tems. Le Beaujolois étoit devenu le partage d'un cadet, nommé *Louis*, dont les descendans s'étoient signalés dans les armées de France, pendant environ cent ans & cinq générations. L'un deux avoit été fait maréchal de France, & un autre avoit été tué à la Bataille de Poitiers, à la fin du quatorzieme siecle.

Louis II, duc de Bourbon, se voyoit à peine possesseur du Forez, par son mariage avec l'héritiere de ce comté, lorsque cette race de seigneurs de Beaujolois ou sires de Beaujeu, finit peu honorablement en la personne d'Edouard II. Ce prince, qui menoit une vie molle & licencieuse, fit enlever une fille de Ville-Franche. Ajourné pour ce crime au Parlement, il eut la hardiesse de faire jetter par les fenêtres de son palais, l'huissier qui lui fit la citation. Mais il n'eut ni le courage ni l'adresse de soutenir cet acte de rébellion. Il fut arrêté & conduit dans les prisons de Paris, où il implora le crédit du duc de Bourbon, qui obtint sa grace & sa liberté sur la cession que lui fit Edouard de la seigneurie de Beaujolois. L'acte en fut passé en 1400.

Les ducs de Bourbon, descendans de Louis II, continuerent de posséder ces deux provinces pendant tout le cours du quinzieme siecle. En 1505, Susanne, fille unique de Pierre de Bourbon, que l'on avoit appellé d'abord *le sire de Beaujeu*, & d'Anne de France, épousa Charles de Bourbon, connétable de France, son cousin. Elle mourut sans enfans, & institua son époux héritier de ses grands biens, entr'autres, du Beaujolois & de la principauté de Dombes, que les sires de Beaujeu & les ducs de Bourbon avoient succeffivement réunie au Beaujolois. Mais Louife de Savoie, mere de François I, & fille d'une princeffe de Bourbon, difputa la meilleure partie de cet héritage au connétable. Elle lui intenta un procès, qu'elle vint à bout de gagner par fon crédit, & dont le jugement injufte fut, comme vous le favez, la caufe de la défection du connétable. Tous les biens de celui-ci furent confifqués; & le roi s'empara du Forez, du Beaujolois & de la principauté de Dombes. François I & Henri II fon fils les conferverent jufqu'en 1560, que François II jugea à propos de reftituer la fimple feigneurie de Beaujolois & la principauté de Dombes à Louis de Bourbon duc de Montpenfier, petit neveu du connétable. Le Forez demeura uni au domaine de la couronne; & les reines douairieres, telles qu'Elizabeth d'Autriche, veuve de Charles IX; Louife de Lorraine, veuve de Henri III; Marie de Médicis, veuve de Henri IV, & Anne d'Autriche, veuve de Louis XIII, en ont eu la jouissance.

Henri, petit-fils du duc de Montpensier, possédoit encore le Beaujolois & la principauté de Dombes à la fin du seizieme siecle. En 1606, sa fille unique & son héritiere, épousa Gaston d'Orléans, frere de Louis XIII, & n'eut qu'une fille, qui fut la fameuse demoiselle de Montpensier. Cette princesse laissa le Beaujolois à Monsieur, duc d'Orléans, frere de Louis XIV, dont la postérité en jouit encore sur le pied de simple seigneurie. Quant à la principauté de Dombes, Mademoiselle l'abandonna au duc du Maine, fils légitimé de Louis XIV. Voici comment s'est formée cette petite principauté.

Le nom qu'elle porte est très-ancien : on le trouve dans une légende du sixieme siecle. Mais on ne peut pas savoir d'où il vient, puisqu'il n'y a dans le pays aucun lieu particulier qui se nomme ainsi ; à moins que ce ne soit la petite ville de *Saint-Trivier*, qui a pris le nom du Saint, héros de la légende que je viens de citer. Quoi qu'il en soit, l'histoire du pays de Dombes est la même que celle du Lyonnois, jusqu'à la formation des royaumes de Provence & de Bourgogne.

Au douzieme siecle, les différentes portions de ces royaumes étoient autant de principautés ou seigneuries particulieres. Les sires de *Baugé* & ceux de *Villars*, qui s'étoient rendus souverains dans la Bresse, possédoient par moitié la principauté de Dombes. Les premiers descendoient d'un comte, qui vivoit du tems de notre Louis *le Débonnaire*. Leur race s'éteignit à la fin du treizieme siecle, & les comtes de Savoie en furent les héritiers. Mais à cette époque, les sires de Beaujeu avoient acquis, depuis quelque tems, la plus grande partie de ce que les sires de Baugé possédoient dans le pays de Dombes. Ils firent la guerre aux comtes de Savoie, ou des alliances avec eux, pour avoir le reste, & l'obtinrent.

Les sires de *Villars* & ceux du *Thoiré* qui leur succéderent, descendoient de deux seigneurs qui vivoient au onzieme siecle. Ils disputerent long-tems leurs possessions dans le pays de Dombes, tant aux comtes de Savoie, qu'aux sires de Beaujeu. Mais enfin ces derniers l'emporterent; & la Dombes fut réunie au Beaujolois. Ainsi ces deux seigneuries passerent en même tems, de la maniere que je l'ai dit un peu plus haut, dans la maison de Bourbon. Lorsque François II les restitua au duc de Montpensier, il conserva au seul pays de Dombes les prérogatives & les honneurs de la souveraineté; vraisemblablement parce qu'il est situé de l'autre côté de la Saône, joignant la Bresse, qui au seizieme siecle, étoit possédée par les ducs de Savoie, & sur lesquels l'empire n'avoit pas encore abandonné tous ses droits. Le duc du Maine, à qui mademoiselle de Montpensier le céda, en prit possession l'an 1693, comme d'une souveraineté tout à-fait libre & indépendante. Les lettres patentes accordées par Louis XIV, portent que *le souverain de Dombes n'est point par rapport au roi, comme un vassal à l'égard de son seigneur, mais comme un moindre souverain à l'égard d'un plus grand.* Cette principauté a passé, après la mort du duc du Maine, à Louis Auguste son fils, qui n'ayant point été marié, l'a laissée, en 1755, au comte d'Eu son frere (1).

Je me suis arrêté quelques heures à Anse, Madame, pour vous écrire cette lettre. Je n'ai que la Saône à traverser, pour voir la Dombes, qui fait partie du gouvernement de Bourgogne, mais qui, comme je l'ai déja dit, est du diocese de Lyon. C'est ce qui m'engage à aller parcourir ce pays, dont vous lirez la description dans la lettre suivante.

Je suis, &c.

A Anse, ce 16 Février 1760.

___

(1) Ce prince l'a cédée au roi, en 1762.

LETTRE CDII.

Suite du Lyonnois.

La principauté de Dombes est renfermée entre la Bresse, qui la borne au midi, à l'orient, & au septentrion, & la Saône qui lui sert de limites au couchant. Elle a environ huit lieues de longueur, & presqu'autant de largeur. Ce pays passe pour être un des plus beaux & des meilleurs du royaume. Le climat y est sain & tempéré, & le sol fertile en grains, en vins, en fruits & en pâturages. Indépendamment de la Saône, qui le cotoie, il est arrosé de plusieurs petites rivieres, telles que le Fontblin, le Forment, la Chalaronne, la Velle & le Moignant. Il y a aussi plusieurs étangs qui abondent en poissons, des bois & du gibier. Le commerce que font les habitans, consiste principalement en bled, en bestiaux & en volaille, qu'ils engraissent, & qu'ils envoient ensuite dans les provinces voisines, & même jusqu'à Paris.

Tout petit qu'est ce pays, il contient plus de vingt deux mille habitans. On le divise en haute & basse Dombes, & chacune de ces parties en six châtellenies. Mais il n'y a que trois villes qui méritent principalement d'être remarquées. *Trévoux* en est la capitale. Ce nom lui vient de ce qu'elle a été bâtie dans l'endroit où l'un des grands chemins qu'Agrippa, l'ami & le gendre d'Auguste, avoit fait faire dans les Gaules, se partageoit en trois, & que, pour cette raison, on appeloit *Treviæ*, *Trivium*. Cette ville est située au midi de la Dombes, sur une colline qui s'abaisse jusqu'au bord de la Saône. Elle présente un assez bel aspect à ceux qui naviguent sur cette riviere: ce fut Pierre de Bourbon, sire de Beaujeu, qui la fit bâtir ainsi en amphithéâtre. Les anciens seigneurs avoient fondé, un peu plus haut, sur la même riviere, la petite ville de Beauregard, qui fut ruinée & entierement détruite dans leurs dernieres guerres avec les ducs de Savoie.

Il faut convenir que la ville de Trévoux n'est de quelque considération que depuis la destruction de la ville de Beauregard. Elle n'est même devenue peuplée que sous les regnes de mademoiselle de Montpensier & du duc du Maine. Un grand nombre de banqueroutiers, de gens suspects & de criminels y trouvoient un asyle contre les poursuites de la justice de France. Mais, dans la suite, l'établissement de plusieurs manufactures y a attiré beaucoup d'étrangers. Il y a eu, entr'autres, une imprimerie, d'où sont sortis quelques bons ouvrages, mais encore plus de contrefactions. La premiere édition du dictionnaire des sciences & des arts, composé par les jésuites, y a été imprimée, ainsi que ce journal, à si juste titre, célebre, qu'ils firent paroître, pour la premiere fois, en 1700.

La principale église de Trevoux est la collégiale, dont le chapitre, composé de deux dignités & de dix chanoines, fut érigé, en 1523, par le pape Clément VII. On n'y trouve rien de curieux. Il y a d'ailleurs, dans cette ville, un couvent de cordeliers, deux de filles, & un hôpital fondé par mademoiselle de Montpensier.

Le palais de la justice est moderne & remarquable. C'est là que s'assemble le parlement (1), établi, en 1502, par Pierre de Bourbon. Ce tribunal supérieur fut transféré à Lyon par François I, lorsqu'il s'empara du pays de Dombes sur le connétable. Il resta même dans cette ville long tems après que la Dombes eut été rendue au duc de Montpensier, & continua d'y juger au nom du souverain de cette principauté. Cependant nos rois laisserent jouir les officiers de ce parlement des mêmes honneurs & des mêmes priviléges que ceux des cours souveraines de France, quoique ces magistrats ne tinssent point leurs provisions du roi. En 1696, le duc du Maine, de l'aveu sans doute de Louis XV, le rappella à Trévoux.

Ce parlement est composé d'un premier président, de deux autres

―――――――――――

(1) Ce parlement existoit à l'époque où notre voyageur a écrit ces lettres. Le ressort en a été réuni, depuis, au parlement de Bourgogne. Mais nous n'avons pas cru devoir supprimer cet article & les suivants, qui d'ailleurs sont très-courts.

présidens, de douze conseiliers, dont deux clercs, de trois maîtres des requêtes, d'un procureur général, de deux avocats généraux, d'un greffier en chef, de trois autres greffiers, d'huissiers, d'avocats & de procureurs. La justice s'y rend suivant les mêmes formes usitées en France, & conformément aux lois & ordonnances du royaume, mais qui n'ont de force dans la Dombes, que parce qu'elles y ont été promulguées au nom du prince & par son autorité. Celui-ci a d'ailleurs son conseil privé à Paris, à la tête duquel est son chancelier; & tout s'y passe de la même maniere qu'au conseil du roi.

Indépendamment de ce conseil & de ce parlement de Dombes, il y a dans ce pays, de petits états composés des trois ordres, du clergé, de la noblesse & du tiers-état. L'ordre du clergé est présidé par l'archiprêtre de Trévoux (car ce pays, du diocese de Lyon, forme un archiprêtré particulier); & le chapitre de cette ville y tient un des premiers rangs. L'ordre de la noblesse, présidé par le bailli, est composé des nobles qui ont des poſſeſſions dans le pays; Les princes de Dombes ſont dans l'uſage d'ennoblir ceux de leurs ſujets qu'ils trouvent dignes de la nobleſſe; & nos rois ne font aucune difficulté de la confirmer. Le tiers état eſt compoſé des petits juges & des conſuls des différentes paroiſſes qui ſont au nombre de ſoixante-trois. Le gouverneur & un préſident du parlement, ſont commiſſaires de ces états, qui ne s'aſſemblent que quand le prince le juge à propos, pour lui offrir des dons gratuits & des ſubſides extraordinaires.

L'hôtel des monnoies a été bâti preſqu'en même temps que le palais de la juſtice, & mérite d'être remarqué. Il y a long-tems que les princes de Dombes font battre monnoie à Trévoux. Ils ont ſur-tout joui complettement de ce droit, depuis la reſtitution de cette petite Souveraineté au duc de Montpenſier. Nous avons de très-belle monnoie de toute eſpece, d'or, d'argent & de cuivre, frappée dans cette ville. On remarque que Henri IV, au commencement de ſon regne, fut obligé d'emprunter l'hôtel de la monnoie de Dombes, pour en faire frapper à son coin, qu'il pût distribuer dans tout le royaume. Mais il donna au duc de Montpensier une reconnoissance portant, qu'il ne prétendoit point par-là, nuire au droit qu'avoit ce prince d'en faire fabriquer avec son nom & son effigie, ayant cours en France comme celle du roi même.

Les anciens historiens de la ville de Lyon, rapportent qu'en 1429, il y avoit à Trevoux, une synagogue de Juifs qui s'y étoient réfugiés, lors de leur expulsion de toutes les terres de France & de Savoie. Amédée de Talarü étoit alors archevêque de Lyon. L'excès de son zele le porta à vouloir ôter aux malheureux Hébreux cette derniere ressource. Il s'adressa à la Duchesse de Bourbon, Marie de Berri, qui gouvernoit les états de son mari, prisonnier en Angleterre, & persuada à cette princesse qu'elle feroit une très-bonne œuvre, si elle chassoit tous les Juifs de ses états. On procéda contr'eux : quelques uns furent arrêtés, & condamnés au dernier supplice, & tous furent chassés. Le duc de Savoie leur accorda sa protection, & les reçut dans ses états, pour profiter de leurs richesses, de leur industrie & de leurs talents pour le commerce.

Thoissey, a six lieues nord de Trevoux, est la seconde ville de la principauté de Dombes. Elle est dans une situation des plus agréables, près des rivieres de Saône & de Chalaronne; & les environs en sont fertiles. On y voit un beau collége fondé, en 1680, par mademoiselle de Montpensier. Il y avoit autrefois un château très-fort, bâti, en 1310, par Guichard, seigneur de Beaujolois. Les comtes & ducs de Savoie, l'assiégerent quatre fois inutilement. Durant les guerres de religion, les protestants s'en emparerent, & en firent un rempart, pour ôter à la ville de Lyon la liberté du commerce de la riviere de Saône. Les catholiques le reprirent; & lorsque les troubles furent appaisés, les lyonnois demanderent instamment qu'il fût démoli; ce qui leur fut accordé. Thoissey ne fait plus, aujourd'hui, le grand commerce de toiles, qu'il faisoit en Espagne & dans les pays étrangers.

A une égale distance de Toissey & de Trevoux, sur le bord de la Saône, est la petite ville de *Montmerle*, qui n'est remarquable que par un couvent de Minimes, d'où l'on a la vue la plus étendue. On voit six provinces, savoir, le Maconnois, le Forez, le Beaujolois, le Lyonnois proprement dit, la Bresse & la principauté de Dombes; six villes, qui sont, Villefranche, Beaujeu, Belleville, Macon, Trevoux & Thoissey, & plus de deux cents villages.

Après avoir joui de ce beau point de vue, je me suis hâté de repasser la Saône, & je suis entré dans le Beaujolois, borné au levant par cette riviere, au nord par le Maconnois, au couchant par le Forez, & au midi par le Lyonnois propre. La ville de *Beaujeu*, nommée par les Romains, *Bellus Jocus*, a donné son nom à cette petite province dont elle étoit autrefois la capitale. Quelques auteurs font dériver ce nom de la beauté de ce pays, & d'autres, d'une montagne de Dalmatie, dont l'empereur Probus fit venir des plants de vigne, qui produisirent du vin très-estimé dans son tems, mais aujourd'hui bien inférieur à ceux des provinces voisines. Ce canton cotoyé par la Saône, est arrosé par le Rhin, l'Azergue & l'Ardiere. Il a environ dix lieues de longueur sur huit de largeur. Le climat en est sain, mais un peu froid : les hommes y sont beaux, bien faits, intelligens & laborieux.

Les plaines & les montagnes, dont cette province est mêlée, abondent en productions. Le *mont d'or* est la source d'une infinité de richesses : mais la partie qui avoisine la Saône, surtout aux environs de Villefranche, est la plus fertile. On y recuille toutes sortes de grains, du lin & du chanvre. Depuis la fin du seizieme siecle, on y cultive des mûriers blancs, & l'on y éleve des vers à soie. On s'est hazardé, même plus récemment, à y cultiver des cotonniers qui ont parfaitement réussi. Les marrons si connus à Paris sous le nom de Lyon, croissent dans quelques parties du Beaujolois. La culture des pommes de terre y est depuis long-temps en activité. Le gouvernement du Lyonnois est la premiere province du royaume, où l'on ait fait usage de ce fruit, dont la recolte n'est sujette à aucun des accidens auxquels sont exposées celles des bleds.

La ville de *Beaujeu*, est bien loin d'être aujourd'hui ce qu'elle étoit autrefois. On n'y compte que trois à quatre mille habitans. Elle est située, au nord, diocese de Macon, sur la riviere d'Ardiere, au pied d'une montagne, où l'on voit encore les ruines du château des seigneurs, qui, avant l'invention du canon, passoit pour une place redoutable & même imprenable. La considération de cette ville ne porte plus que sur un marché qui s'y tient toutes les semaines, & sur cinq foires qu'il y a par an. Cependant la jurisdiction est encore la premiere du pays.

Ce qu'il y a de plus remarquable, est l'église collégiale, bâtie au dessus de la ville, au milieu des ruines de l'ancien château. L'intérieur contient plusieurs monumens historiques, ainsi que des morceaux de peinture & de sculpture, dignes de la curiosité & de l'attention des voyageurs. On voit sur le portail un *taurobole* de marbre blanc en relief; monument qui représente un sacrifice que les Romains appelloient *suovetaurilia*, parce qu'on y sacrifioit un porc, une brebis & un taureau. Le prêtre revêtu de ses ornemens pontificaux, est assis, & tient sur l'autel une coupe où sont les entrailles des victimes immolées. Les taureaux, les pourceaux & les brebis y sont représentés, les uns conduits au sacrifice, & les autres déjà tombés sous le fer du sacrificateur.

Le chapitre de cette églse fut fondé au commencement du douzieme siecle. Il est composé de douze chanoines, parmi lesquels il y a un doyen, un chantre, un sacristain & un théologal. On prétend qu'ils ont, tous, le droit d'officier la mître en tête. Ils s'élisent les uns les autres, ne sont point obligés de prendre de visa de l'évêque de Macon, & ne font point hommage de leurs terres au seigneur de Beaujolois. Dans le treizieme & quatorzieme siecle, ils étoient presque tous nobles. Il y avoit

avoit alors parmi eux plusieurs fils de S.res de Beaujeu; & plusieurs de ces chanoines étoient en même temps comtes de Lyon & chanoines de Saint-Pierre de Mâcon. Ce chapitre est curé primitif de la paroisse, qui n'est pas la même église que la collégiale.

A deux lieues, sud est, de Beaujeu, & non-loin de la Saône, on trouve dans une vallée fertile *Belleville*, dont les dehors sont fort agréables. Il y a une abbaye de chanoines réguliers, fondée vers le milieu du douzieme siecle. L'église renferme les tombeaux de plusieurs Sires de Beaujeu, dont deux furent connétables, & un troisieme, maréchal de France. On avoit établi en cette ville, une manufacture d'étoffes de coton broché. Mais on y en a substitué une autre de mousselines, avec des filatures, dont les entrepreneurs sont privilégiés du roi. Il y a aussi plusieurs manufactures de toile de différentes qualités.

En descendant vers le midi, on n'a que deux lieues à faire pour arriver à la capitale de cette province, *Villefranche*, située dans une belle plaine, sur les bords du Morgon. Elle fut fondée, au douzieme siecle, par Humbert IV, Sire de Beaujeu, qui donna le terrein, sous la redevance de trois deniers par toise. C'est le siege d'un bailliage assez considérable, d'une election, & d'une maîtrise des eaux & forêts. Elle est entourée de bonnes murailles & de fossés, & a une très-large & belle rue; de sorte que lorsqu'on ne fait que traverser cette ville, en allant de Lyon à Paris, on en conçoit une idée très-avantageuse. Elle ne contient cependant qu'environ six mille habitans.

Le chapitre de cette ville fut établi au seizieme siecle seulement avec cette circonstance singuliere, qu'on ne peut y nommer que des sujets nés dans Villefranche, ou qui en soient originaires. Le couvent des Cordeliers passe pour avoir été fondé le premier en France. L'église de ce monastere renferme le tombeau de Guichard IV, qui en fut le fondateur, & celui d'Eléonore de Savoie, femme de Louis son neveu, qui lui succéda. Ce prince & cette princesse laisserent douze enfans. Il y a aussi un collége, & même une académie des sciences & belles-lettres, fondée en 1695. Le commerce qu'on y fait, consiste en toile & bonneterie de laine.

On prétend que Humbert IV, à qui cette ville doit son établissement, accorda un privilége singulier, afin d'y attirer des habitans. Il permit aux maris, de battre leurs femmes jusqu'à effusion de sang, sans qu'ils pussent être repris, pourvu qu'elles n'en mourussent pas. Il y a encore, dit-on, dans la banlieue de Villefranche, un usage fort singulier. Lorsque le petit peuple croit que les grains sont mûrs, il va les couper sans la permission du propriétaire; les lie, & se paye de sa peine en emportant la dixième gerbe. Cette maniere de moissonner s'appelle *la cherpille*; & c'est inutilement que les propriétaires ont voulu la faire abolir.

Les autres lieux du Beaujolois, sont *Thizi*, le *Pereux* & *Amplepuis*, qui ont donné leurs noms à des branches de la maison des Sires de Beaujeu, éteintes de bonne heure. Je nommerai auſſi *Charlieu* ſur les confins de cette province, au nord-oueſt. C'eſt une petite ville murée, & chef-lieu d'un archiprêtré, où il y a pluſieurs maiſons religieuſes, entr'autres un monaſtere de Bénédictins, qui fut bâti hors des murs, au neuvieme ſiecle, qui devint enſuite une abbaye célebre, & qui n'eſt plus aujourd'hui qu'un prieuré de l'ordre de Clugny. On y a tenu deux conciles.

Je ſuis, &c.

A Villefranche, ce 22 février 1760.

LETTRE CDIII.

Suite du Lyonnois.

Dans le temps, Madame, que le Forez étoit habité par ces peuples Gaulois, appellés *Ségufiens*, il étoit rempli de bois & de forêts, qui, suivant l'opinion générale, servoient de demeure aux druides, que la nation révéroit comme ses prêtres, les magistrats, ses philosophes & ses oracles. Vous savez que l'auteur de l'*Astrée* a entiérement adopté cette idée, puisque, mettant la scène de son roman dans le Forez & sur les bords du Lignon, il y introduit des druides, & nous dépeint le Lignon, qui n'est qu'un torrent qui coupe le Forez dans toute sa largeur, comme un ruisseau délicieux, qui serpente au milieu des bois, des bocages & des prairies. On croit cependant que cette province ne tire pas son nom de ces bois & de ces forêts, mais qu'elle a été ainsi nommée de la ville de *Feurs*, autrefois *forumSégusianorum* (*marché des Ségusiens*).

Quoi qu'il en soit, le Forez est aujourd'hui une grande vallée agréable & fertile, arrosée de plusieurs rivieres, & environnée de hautes montagnes. Il est borné au nord par le Bourbonnois, au midi par le Velai de la province de Languedoc, à l'occident par l'Auvergne, à l'orient par le Beaujolois & par le Lyonnois. On dit qu'il a autant d'étendue que ces deux dernieres provinces ensemble. Il y a dans ce pays beaucoup plus de plaines que de montagnes. Les plaines produisent du bled & quantité de beau chanvre. Elles sont arrosées des rivieres de Renaison, d'Argent, de Furans, d'Aubie, de Lignon &c. La Loire traverse le Forez presque dans toute sa largeur.

Ce fleuve, le plus considérable de la France, prend sa source dans le haut Vivarais en Languedoc, au pied du mont Gerbier-de-Jouc. Il traverse le Velai & le Forez où il devient navigable à la petite ville de Saint Rambert, bien au dessous de Roanne. Il arrose ensuite le Bourbonnois qu'il sépare de la Bourgogne ; le Nivernois qu'il sépare du Berri; l'Orléanois, la Touraine, l'Anjou & la Bretagne, & va se jetter dans l'Océan à douze lieues au-dessous de Nantes. Son cours est de deux cents lieues ou environ ; & le commerce qui se fait par ce fleuve, est des plus considérables. Mais s'il enrichit de grandes provinces, il ne les désole que trop souvent par ses inondations. Le lit de la Loire est peu profond, & quand ses eaux ont été grossies par la fonte des neiges du Velai & du Forez, les fortes digues qu'on a élevées, sont rompues, & les campagnes des environs dévastées. On trouve au fond de ce fleuve, des cailloux blancs & transparens, qui, étant taillés, jouent imparfaitement le diamant, comme font les cailloux du Rhin.

Dans la plaine qui s'étend sur les deux côtés de la Loire, & qui a plus de dix lieues du midi au nord, & trois ou quatre de l'Orient à l'Occident, le climat est peu sain: plusieurs étangs qui le couvrent, en rendent l'air très-fievreux. Dans les autres cantons de la province, il est plus sain : mais les hautes montagnes dont le pays est environné, & les vents du nord qui soufflent fréquemment, le rendent plus froid qu'il ne devroit l'être par sa position méridionale.

Les montagnes du Forez, qui joignent l'Auvergne, sont bien cultivées jusqu'à une certaine hauteur ; &, du côté de Roanne, les coteaux sont couverts de vignobles qui rapportent de bons vins. Celles qui confinent avec le Vivarais, produisent abondamment des chataignes, que l'on connoît à Paris sous le nom de marons de Lyon. Celles de *Pierre-sur-haute* sont assez fertiles en paturages. On y fait paitre des bestiaux, dont le lait sert à faire des fromages très-estimés, sous le nom de *fromage de Roche*, & du beurre que l'on sale & que l'on envoie assez loin. Le *mont Pilat* est une chaîne de montagnes, qui commence dans le Velaï, & s'étend derriere les bourgs d'Argental & de Condrieu jusqu'aux bords du Rhône. Dans la partie la plus haute & la plus escarpée, on trouve, dit-on, des oiseaux sauvages & de proie des plus fortes especes, tels que *l'aigle royal*, le *milan*, *l'épervier* & *l'émérillon*; la *grande chauve-souris*, monstre qui a les deux sexes, qui dort la moitié de l'année, comme les marmottes, ne vole que la nuit sans faire aucun bruit, & porte en volant ses petits attachés à ses mamelles; enfin le *grand chat-huant*, qui va aussi pendant la nuit, à la chasse des souris & des rats, & les avale, dit-on, tout entiers: il les garde plusieurs jours dans son estomac, sans les digérer; & jusqu'à ce que cette opération soit faite, il ne prend ni ne cherche aucune autre nourriture. Les *ducs* & les *chouettes* sont encore de la même espece, qui est celle des hibous. Les ducs chassent les grands oiseaux, & les chouettes de plus petits, & même des lézards & des insectes. Plus bas, dans ces mêmes montagnes, il y a beaucoup de corbeaux & d'étourneaux.

Les mines du Forez, de toute espece, étoient autrefois en grande réputation. On assure qu'il y en avoit d'or; & l'on voit, dans le trésor de l'abbaye de Saint-Denis, une coupe de ce précieux métal, qu'un de nos rois avoit reçue d'un des premiers comtes de cette province. Il est encore bien plus sûr, ajoute-t-on, qu'il y en a d'argent, dont on n'a pas jugé à propos de suivre le travail. Celles de fer & de plomb ont été exploitées. Mais les mines dont on fait le plus grand usage, & qui emploient le plus d'ouvriers, sont celles de charbon de terre.

Les observateurs éclairés croient trouver dans le Forez des traces d'anciens volcans. Ils disent qu'on en remarque dans la ville de Montbrison, & qu'il y a tout lieu de croire que la montagne sur laquelle étoit situé le château des anciens comtes, en étoit un. On en reconnoît l'ouverture ou entonnoir, & l'on y trouve des cendres & des pierres métalliques noires & anciennement calcinées. Mais on ignore absolument dans quel tems ils étoient enflammés. Ces anciens volcans ne peuvent pas se confondre avec les autres montagnes. Celles ci sont en chaines, & ceux là isolés, arrondis & terminés en cônes.

On prétend encore trouver dans

cette province bien des monumens d'antiquité; & l'on fait dériver beaucoup de noms modernes de châteaux & de villages, d'anciens noms romains. Ainsi l'on dit que les terre & château de *Virieu* tirent leur nom d'une famille romaine, qui portoit le nom de *Virius*; que *Léſigneu* s'appelle ainsi de *Licinius*, & *Bœbieu* de *Bœbius*, tribun militaire, dont parle Céſar dans ſes commentaires, & qui en effet fut envoyé dans le pays des Ségusiens. La plus ancienne antiquité eccléſiaſtique, ou plutôt la plus vieille chimere du Forez eſt celle qui fait dériver le nom du *mont Pilat* de celui de *Pilate*, qui, après la mort de Jéſus-Chriſt, fut, dit-on, confiné dans cette triſte contrée. Le nom de *Saint-Portian*, abbé d'un monaſtere à préſent détruit, eſt auſſi tourné d'une façon bien ſinguliere. On l'appelle actuellement *Saint-Purgeant*; & comme l'on trouve auprès du château qui porte ſon nom, une fontaine d'eaux minérales, on attribue à la vertu du ſaint les effets que produiſent ces eaux.

Le commerce du Forez consiste

en ouvrages de fer & d'acier, en chanvres, en vins, en bétail en marons, en planches, &c. que les habitans envoient hors de leur province. On le divise en haut & en bas Forez. Le haut est à l'orient de la Loire, & le bas à l'occident.

La ville de *Saint Etienne*, située sur la petite riviere de Furans, est la capitale du haut Forez. Il y a une élection; & elle est regardée, après Lyon, comme la plus considérable de ce gouvernement. Au quinzieme siecle, elle n'étoit qu'un bourg. Le roi Charles VII permit aux habitans de se clorre de murailles, & leur accorda des privileges. Depuis ce tems là, il s'y est établi une grande quantité d'ouvriers en fer, particuliérement une manufacture d'armes à feu, dont le débit & le profit sont considérables. Les eaux de la riviere de Furans se sont trouvées très propres pour la trempe du fer & de l'acier. L'abondante mine de charbon de terre, qui est à *Racamarie*, près de cette ville, a diminué la dépense de ce genre de travail; & depuis plus d'un siecle, il sort tous les ans de cette manufacture une quantité prodigieuse de canons, de mousquets, de fusils & de pistolets. Cette ville contient plus de vingt mille habitans.

Saint-Galmier est au nord de Saint-Etienne. Il y a près de cette petite ville une fontaine qu'on nomme *la Font-forté*, & dont l'eau, a, dit-on, un goût si piquant & si vineux, que quand on la mêle avec du vin, elle ne l'affoiblit pas, ou du moins l'affoiblit très-peu. Les habitans s'en servent pour pétrir le pain, qui est assez bon, mais extrêmement levé. Ils en boivent habituellement, & disent qu'avec cette eau, ils se passent de médecins. Elle se jette à vingt pas de sa source dans la petite riviere de *Coise*.

Feurs, qu'on trouve sur la Loire en montant vers le nord, ville autrefois considérable, comme je l'ai dit, du tems des Séguliens, est aujourd'hui bien peu de chose, quoique les environs en soient beaux & fertiles. On n'y compte pas plus de douze cents habitans. A une lieue de cette ville, au pied d'un côteau qu'on appelle *Donzy*, est la fontaine de *Sals*, dans un puits carré, qui a près de trois pieds de circonférence, & vingt-cinq pieds de profondeur. L'eau en est claire, fort limpide, & s'éleve à gros bouillons du fond du puits; elle se décharge ensuite dans quatre petits bassins carrés, qui sont contigus, & qui paroissent être l'ouvrage des Romains.

Montbrison, capitale du bas Forez, dispute à la ville de Feurs l'honneur d'être la plus ancienne de cette province. On prétend qu'elle se nommoit autrefois *Mediolanum Segusianorum*, & qu'elle ne prit le nom de *Montbrison*, qu'à cause d'un temple ou d'un château, dont l'idole ou le seigneur s'appelloit *Brison*. Elle est agréablement située sur la petite riviere de Vezize, à l'occident de la Loire, vis-à-vis Saint-Galmier. C'étoit l'ancienne résidence des comtes; & c'est ce qui la fait peut-être regarder comme la capitale de tout le Forez, quoiqu'elle soit bien moins considérable, puisqu'elle ne renferme que cinq ou six mille habitans. Cependant elle est encore respectable par la résidence du corps de justice. Le château des anciens princes du pays est ruiné & abandonné. La principale église est une collégiale fondée, au treizieme siecle, par Guigues IV, comte de Forez. Le chapitre est composé de douze chanoines ou dignitaires, dont les bénéfices sont à la nomination du roi, comme représentant les anciens comtes de Forez. Il y a d'ailleurs dans cette ville quatre paroisses, un college, deux maisons religieuses d'hommes & trois de filles. C'est la patrie de Jacques-Joseph *Duguet*, qui a beaucoup travaillé sur l'écriture-sainte. Près de Montbrison sont des eaux minérales, apéritives & stomachiques; celles de *Moin*, qui ont pris leur nom d'un village, sont rafraichissantes & bonnes pour désopiler. A quatre lieues, sud-est, de la même ville, est le village de *Saint-Rambert*, où la Loire commence à être navigable.

En suivant le cours de ce fleuve, on trouve sur sa rive gauche, au nord du Forez, la ville de *Roanne*, riche & très intéressante par sa situation. C'est un des plus grands passages pour les voyageurs, & un des principaux entrepôts du royaume pour toute espece de marchandises. On y voiture continuellement de Lyon, des denrées & des effets que l'on embarque sur la Loire, & que l'on conduit à Paris & jusqu'à Nantes. Il n'est donc pas étonnant que Roanne, qui au commencement de ce siecle, n'étoit qu'un village, soit aujourd'hui une ville commerçante qui contient plus de quatre mille habitans.

Cette ville est le lieu principal d'un petit canton que l'on appelle le *Roannois*. Au quatorzieme siecle, elle avoit eu déjà différens seigneurs, & étoit venu à ceux de *Cousan*, de la même maison que les *Damas*. Eustache de Lévis en ayant épousé l'héritiere, fut en possession de cette terre, que son fils vendit au fameux Jacques *Cœur*, trésorier de Charles VII. Ce financier du quinzieme siecle fut, comme on sait, banni du royaume. Guillaume de *Gouffier*, Chambellan du roi Louis XI, acquit Roanne & le Roannois, ainsi que le beau château de *Boisi*, qui en étoit voisin.

Jean de Gouffier, qui fut Gouverneur du roi François I dans sa jeunesse, porta le nom de *Boisi*. Ses enfans furent les favoris de ce monarque, & jouerent sous son regne les plus beaux rôles. Le Roannois fut érigé en duché, au seizieme siecle, pour les descendans d'Artus de Gouffier. Mais ce ne fut qu'en 1612 que ce duché eut le rang de pairie. Il s'éteignit au milieu du dix-septieme siecle, & fut recréé en faveur de maréchal de la Feuillade, qui avoit épousé la sœur du dernier duc. Il est de nouveau tout-à-fait éteint.

On voit dans ce canton, à deux lieues de Roanne, le village de *Saint-Alban*, remarquable par ses eaux minérales bonnes contre les maladies de peau; & la terre d'*Urfé*, qui avoit été érigée en comté, l'an 1378. Cette maison, aujourd'hui éteinte, étoit bonne & ancienne, & descendoit, dit-on, d'un comte Allemand, nommé *Ulphé*, qui vint s'établir dans le Forez, au douzieme siecle. Elle est moins célèbre pour avoir donné plusieurs chanoines au grand chapitre de Lyon, que pour avoir produit l'auteur de l'*Astrée*.

Je suis &c.

A Montbrison, ce 28 février 1760.

LETTRE CDIV.
L'Auvergne.

En partant de Mombrison, j'ai pris, Madame, la route de l'Auvergne où je viens d'arriver. Cette province est bornée au nord par le Bourbonnois, au sud par le Velai, le Gévaudan & le Rouergue, à l'est par le Forez, & en partie par le Velai & à l'ouest par le Querci le Limousin & la Marche. Elle a dans sa plus grande longueur, environ quarante lieues, dans une direction du nord au sud, inclinant un peu du nord-est au sud-est, & dans sa largeur moyenne elle a vingt-quatre lieues. Elle se divise en haute & basse. La partie haute est du côté du sud, la basse du côté du nord.

La haute Auvergne est riche en pâturages; il s'y fait un commerce considérable de bestiaux & de fromages. Le pays est montagneux, cependant on y trouve des plaines fertiles en bleds & des vallons fort agréables & d'un bon rapport.

La basse Auvergne comprend les plus hautes montagnes de l'Auvergne, parmi lesquelles on doit remarquer l'énorme groupe des *Monts-d'or*, celebre par son élévation & par les eaux minérales qui coulent au pied de l'une de ces montagnes. C'est aussi dans cette partie de la province qu'est le *Puy de-Dôme*, si fameux par les expériences sur la pesanteur de l'air, qu'y fit faire l'illustre *Pascal*. Le pays de la Limagne, celebre par sa fécondité & par les sites pittoresques & riants qu'il présente à chaque pas, fait partie de la basse Auvergne & ne comprend tout au plus que le quart de sa surface; c'est proprement le bassin que s'est formé la riviere d'*Allier*. Cette riviere, qui est la plus considérable de l'Auvergne, prend sa source dans les montagnes du Gévaudan, au pied du mont de Lauzère; elle passe à Langeac, à Vieille-Brioude, à Bassac où elle commence à être navigable; elle coule ensuite à une lieue d'Issoire, delà au pont du château, commence à arroser le Bourbonnois près de Ris & va se jetter dans la Loire à une lieue au-dessous de Nevers.

Le cours brillant de cette riviere embellit & féconde le beau pays de la Limagne, dans l'espace de quinze à seize lieues ; elle contribue encore au commerce des habitans, par sa jonction avec la Loire qui communique elle-même par le canal de Briare à la Seine.

Les autres rivieres de cette province sont : *la Dore*, qui prend sa source près de Saint-Germain-l'Herm & va se jetter dans l'Allier, au-dessus de Riz : *l'Allagnon*, qui prend sa source dans les montagnes du Cantal, & se jette dans l'Allier à une lieue au-dessus de Nonette : *la Sioule* prend sa source aux pieds des monts d'or, passe à Saint-Pourcain, & mêle ses eaux avec celles de l'Allier, à une lieue de cette ville : *la Dordogne* prend également sa source aux pieds des monts d'or, sépare dans un long espace l'Auvergne du Limousin, traverse une partie de cette derniere province, & se mêle avec la Garonne au dessous de Bourg.

Voilà, Madame, une idée de la

surface de cette province; je vais vous parler des principales révolutions qu'elle a éprouvées.

Les Auvergnats, comme plusieurs autres peuples, ont eu la prétention de descendre des anciens Troyens. Lucain, dans sa pharsale, traite d'audacieuse cette opinion qui s'est maintenue pendant plusieurs siecles, & qui, si elle n'étoit pas tout-à-fait indifférente, deviendroit aussi difficile à fonder qu'à détruire. Ce qui est bien plus certain, c'est que ce peuple étoit connu 590 ans avant notre ère. Son nom se trouve parmi ceux des colonies de Gaulois qui, après avoir favorisé l'établissement des Phocéens en Provence, vinrent, sous la conduite de *Bellovese* & de *Sigovese*, conquérir la partie de l'Italie, qui fut depuis nommée *Gaule Cisalpine*.

L'Auvergne eut ses rois; favorisés par les Carthaginois, ils étendirent leur domination d'un côté, depuis la Loire jusqu'à l'Océan; de l'autre, depuis les Pyrénées jusqu'au Rhin.

Je n'oublierai pas, Madame, de vous rapporter ici un fait qui honore infiniment votre sexe, & que l'on citera toujours comme un témoignage éclatant de la faine judiciaire des femmes, & de la vénération qu'elles avoient fu infpirer aux anciens.

Lorfque les Gaulois traiterent avec les Carthaginois, il fut réciproquement arrêté que fi les premiers avoient quelques plaintes à former contre les feconds, le jugement en feroit foumis aux prêteurs & généraux Carthaginois, qui étoient en Efpagne; que fi au contraire les Carthaginois avoient à fe plaindre des Gaulois, le différend feroit jugé par les femmes Gauloifes; il exifloit en effet alors un tribunal compofé de femmes, qui avoit été établi depuis longtems à l'occafion d'une fédition élevée parmi les Gaulois, & qui fut calmée par l'entremife des femmes.

L'hiftoire n'a confervé que la mémoire de deux rois des Auvergnats: le premier eft *Lucius*, célebre par fa prodigalité. On dit que chaque année il faifoit parade de fa richeffe, & que, monté fur un char, il parcouroit un vafte champ, en répandant l'or à pleine main.

Bituitus est l'autre roi des Auvergnats. Pour défendre la cause du roi des Saliens, il déclara la guerre aux Romains, il s'avança à la tête d'une armée formidable dans le Dauphiné. Le consul *Domitius* l'arrêta dans sa marche, lui livra bataille, le défit entiérement. On dit que la frayeur qu'éprouverent les Gaulois à l'aspect des éléphans des Romains, qu'ils n'avoient jamais vus, contribua beaucoup à cette défaite.

Bituitus perdit vingt mille hommes dans ce combat; mais son courage n'en fut point abattu, on le vit bientôt à la tête de deux cents mille combattans, s'avancer vers le consul *Fabius*, qui, avec des troupes bien moins nombreuses, mais mieux disciplinées, mit en déroute l'armée des Auvergnats.

Bituitus demanda la paix, on abusa de sa confiance; il fut pris & conduit prisonnier à Rome. La république l'exila à Albe, & s'assura de son fils *Congentiac*, qui fut retenu en Italie.

Par ces deux victoires, les Romains devinrent maîtres d'une grande
partie

partie des états des Rois d'Auvergne; ils accorderent la liberté aux Auvergnats. Ces peuples se gouvernerent en république, & se maintinrent dans les limites de l'Auvergne propre, qui étoit alors plus étendue qu'aujourd'hui, & comprenoit les diocèses de Saint-Flour & de Clermont.

Les Auvergnats, jaloux de leur liberté, s'opposerent vigoureusement aux ambitieux qui essayerent de les dominer, & d'usurper le titre de Roi. Ils donnerent la mort à un de leurs principaux seigneurs nommé *Celtillius*, qui avoit entrepris de s'attribuer l'autorité souveraine. *Vercingentorix*, fils de *Celtillius*, fut plus heureux que son pere : non seulement il fut proclamé Roi des Auvergnats, mais il fut élu chef des peuples Gaulois, confédérés contre les Romains. Il soutint long-tems, avec éclat, l'effort des troupes Romaines, & eut l'avantage de battre César à *Hugovia*, en Auvergne. Enfin l'habileté du général Romain triompha du courage du chef des Gaulois. *Vercingentorix* fut défait & pris à *Alesia*. On raconte qu'il vint lui-même se rendre à César & déposer ses armes à ses pieds. Malgré cette soumission, le conquérant le fit conduire prisonnier à Rome. La république redoutant cet ennemi, jusque dans ses fers, lui fit donner la mort.

La domination paisible & éclairée d'Auguste, devint d'abord, pour les Auvergnats, une source de bienfaits qui leur firent bientôt oublier leur antique liberté. Les arts fleurirent parmi eux; des monumens magnifiques furent élevés dans leur pays; leur ville principale fut décorée d'un Capitole, d'un Sénat & d'une école fameuse. Dans ses murs fut placé le colosse de bronze, consacré à Mercure, qui, au rapport de Pline, étoit le plus grand de tous les colosses de l'antiquité.

Vers le milieu du troisième siecle, ce peuple fut éclairé des lumieres du christianisme. Alors les temples des faux Dieux furent renversés, & les premiers chétiens se hâterent d'élever des Eglises, où ils placerent les reliques des martyrs. Malgré les changemens qu'opère dans les monumens le nouveau culte, il existoit plusieurs édifices superbes qui furent au quatrieme siecle détruits de fond en comble par une foule de brigands. Les uns commandés par *Crocus*, vinrent du Nord de l'Europe, faire des incursions sur les provinces Romaines. Ces barbares qui ne s'avançoient dans les Gaules, que pour piller & dévaster les monumens de la magnificence Romaine, s'attachèrent particulierement à détruire à Clermont un temple, dont Grégoire de Tours donne la description, & qui par sa solidité, sa grandeur & sa richesse, passoit pour une des merveilles du monde.

Vers la fin du quatrieme siecle, les Visigoths s'étoient emparés de la plupart des provinces méridionales des Gaules : l'Auvergne étoit la seule province qui restoit aux Romains. Les Auvergnats excités par le célebre *Sidoine Apollinaire*, leur évêque, résisterent pendant trois années consécutives avec un courage vraiment héroïque aux armes des Visigots. Quoique peu secourus par l'empire, ils ne furent jamais vaincus par ces peuples ; & s'ils passerent sous leur domination, ce fut par le consentement de l'Empereur *Nepos*, qui, après plusieurs députations inutiles auprès d'*Euric*, Roi des Visigoths, se vit forcé, par sa propre foiblesse à céder, pour avoir la paix, l'Auvergne à ce prince.

Cette province resta trente-deux ans sous le joug des Visigoths. *Alaric* leur Roi ayant été vaincu & tué par Clovis, Roi des Francs à la bataille dite de Vouillé, envoya son fils Thierry en Auvergne, qui s'empara de cette province, avec d'autant moins d'obstacle, que tous les guerriers Auvergnats, qui seuls avoient opposé une opiniâtre résistance aux troupes des Francs, étoient morts les armes à la main, ainsi que *Sidoine Appollinaire*, fils de l'illustre évêque de Clermont de ce nom, qui les commandoit.

Les conquêtes de ces barbares Allemands, Visigoths & Francs étoient de vraies incursions de brigands : jaloux de la gloire des Romains, ils s'attachoient à détruire tous les monumens de leur grandeur ; ils n'abandonnoirent un pays qu'après l'avoir dépouillé de toutes ses richesses, qu'après avoir renversé les édifices les plus superbes, & laissé leurs ruines rougies du sang des habitans.

Thierry, à la nouvelle du projet formé par son frère, de s'emparer de l'Auvergne, vint, à la tête d'une nombreuse armée, mettre tout à feu & à sang ; il avoit excité ses troupes au pillage en leur disant : *je vous conduirai dans un pays où vous trouverez autant d'or & d'argent que votre avidité pourra vous en faire desirer, où vous trouverez en abondance des troupeaux, des vêtemens & des denrées.* Thierry détruisit, pilla, égorgea tout ce qu'il trouva à détruire, à piller & à égorger, & suivant l'expression de Grégoire de Tours, il ne laissa dans ce beau pays, que le sol qu'il ne put emporter.

Pepin, premier Roi de la seconde race, en poursuivant le cours de ses usurpations contre *Waifre*, duc légitime d'Aquitaine, ravagea l'Auvergne à plusieurs reprises, porta par-tout le fer & le feu ; & le sol de cette province parut de nouveau teint du sang de ses habitans, & couvert des débris de ses édifices.

Sous le regne de Charles-le-Chauve, les comtes ou gouverneurs accrurent leur autorité aux dépens de celle du Monarque, & transmirent même à leurs enfans leurs gouvernemens, qu'ils ne tenoient qu'à titre de commissions. *Guillaume le Pieux* fut le premier comte d'Auvergne qui succéda à son pere dans cette charge. Ce seigneur dut le titre de *pieux* ou de *dévot*, aux bienfaits dont il combla plusieurs monasteres, & principalement à la fondation qu'il fit en 910 de la fameuse abbaye de Cluny.

L'Auvergne faisant partie de la Guienne, eut long-tems pour suzerains les ducs de Guienne & les rois d'Angleterre.

Un des comtes d'Auvergne, nommé Guillaume VII, se conformant à la manie de son siecle, s'enrôla dans la premiere croisade, & fut en Palestine faire la guerre aux Sarrasins. Pendant qu'il étoit occupé à cette pieuse entreprise, son oncle s'empara de tous ses biens & du comté d'Auvergne. A son retour de la Palestine, le dévot Guillaume VII eut une guerre à soutenir contre son oncle. Il n'eut pas dans cette affaire tout le succès que la justice de sa cause sembloit lui promettre. Il traita avec son oncle, fut forcé de lui céder le titre de comte d'Auvergne, & eut pour son lot une partie assez circonscrite de ce comté. Le fils de Guillaume VII porta le nom de dauphin, à l'imitation des dauphins du Viennois, & sa postérité conserva le même nom. Les terres qui avoient été démembrées du comté d'Auvergne, & concédées à Guillaume VII, porterent en conséquence d'abord le nom de *terres dauphines* ou de *fief dauphin*, & puis elles reçurent le nom de *Dauphiné* qu'elles conservent encore.

Ce fief, qui comprenoit plusieurs villes & seigneuries, relevoit directement de la couronne. Il subsista dans la même maison jusqu'en 1436, époque de la mort de *Jeanne*, comtesse de Clermont, de Sancerre & de Montpensier, *dauphine* d'Auvergne, fille & héritiere du dauphin *Beraud III*. Elle avoit épousé en 1408 *Louis* de

Bourbon, premier du nom, comte de Montpenfier; & par ce mariage, le Dauphiné d'Auvergne paffa à la maifon de Bourbon qui le poffede encore. La célebre Mademoifelle de Montpenfier, morte en 1693, le légua, ainfi que plufieurs autres feigneuries, à *Monfieur*, frere de Louis XIV & il eft refté à fon Alteffe Monfeigneur le duc d'Orléans fon defcendant.

Le comté d'Auvergne éprouva un démembrement bien plus confidérable. Le comte Guy II eut contre fon frere, évêque de Clermont, de longues & vives difcuffions. Ces deux freres fe firent une guerre cruelle, & réciproquement ils verferent le fang de leurs vaffaux, & ravagerent les campagnes. Le comte battit l'évêque, & le chaffa de Clermont; & l'évêque, ayant ufé tous fes moyens de violence, excommunia le comte, jetta un interdit fur toutes fes terres, & releva fes fujets du ferment d'obéiffance. Après une guerre de vingt ans, les deux freres parurent reconciliés; mais ils confervoient encore le germe de leur animofité. La moindre circonstance le fit éclore. Le comte, mécontent de son frere l'évêque, le fit emprisonner. Le roi de France, Philippe-Auguste, qui s'étoit déjà fait reconnoître souverain de l'Auvergne, envoya une armée au secours de l'évêque. *Guy Dampierre*, de la maison de *Bourbon*, étoit à la tête; il ravagea le pays, dépouilla entiérement le comte Guy II; & la plus grande partie de cette province fut, par cet exploit, réunie à la couronne de France. Ce pays conquis, fut d'abord nommé *la terre d'Auvergne*; il fut ensuite érigé en duché. Clermont resta aux habitans sous la garde de l'évêque, & on laissa au fils du malheureux Guy II, un petit pays d'environ trois lieues de longueur sur deux lieues de largeur, qui retint le nom de *comté d'Auvergne*.

Ce comté resta dans la maison d'Auvergne jusqu'en 1505, qu'*Anne*, fille aînée & héritiere de Jean III, comte d'Auvergne, épousa *Jean Stuard* duc d'*Albanie* en Ecosse, duquel elle n'eut point d'enfant. Etant tombée malade en 1524, elle institua son héritiere *Catherine de Médicis* sa niece, par son mariage avec Henri II, roi de France : cette princesse réunit le comté d'Auvergne à la couronne. Henri III en fit don à Charles de Valois, fils naturel de Charles IX. En 1606, Marguerite de Valois, sœur de Henri III, & premiere femme de Henri IV, se pourvut au parlement contre cette donation; & le parlement lui adjugea ce comté qu'elle céda ensuite au dauphin, qui fut Louis XIII, & qui le réunit de nouveau à la couronne. Lors du traité de Sedan, Louis XIV le céda au duc de Bouillon dont la postérité le possede encore.

Voilà, Madame, le précis de l'histoire de cette province : il suffit, pour vous donner une idée des principales révolutions qu'elle a éprouvées. Je termine ici ma lettre, & je vous promets pour les suivantes plus de détails & plus de variété.

Je suis, &c.

En Auvergne, ce 30 mars 1760.

LETTRE CDV.

SUITE DE L'AUVERGNE.

LA premiere ville, Madame, qu'on rencontre sur la grande route, en sortant du Forez pour aller en Auvergne, est la ville de Thiers, située au bas des montagnes granitiques, dont la chaîne sépare une province de l'autre. Elle est bâtie sur la croupe d'une montagne au-dessus d'un ruisseau appellé *Diaole*. Cette ville est mal bâtie, mal percée; les rues en sont étroites, montueuses; à peine les voitures peuvent-elles y pénétrer: mais on est dédommagé de ces désagrémens, par l'air pur qu'on y respire, & par la vue magnifique qui se présente à l'occident. On découvre au-delà de la Limagne la fameuse montagne du pays de Dôme, qui domine majestueusement une grande partie de l'Auvergne.

Cette ville est peuplée d'ouvriers qui sont occupés principalement à la coutellerie & aux papeteries.

Thiers, étoit dans les premiers tems de notre monarchie, un château considérable que les historiens nomment *Castrum Thigernum*. Gregoire de Tours raconte qu'on y transporta les reliques de saint Symphorien, martyrisé à Autun, & qu'elles furent déposées sur un autel consacré à ce saint. *Thierry*, roi de Metz, s'étant emparé de l'Auvergne, mit le feu au château de Thiers, & au bourg qui en dépendoit. Les reliques, dont nous venons de parler, furent préservées de l'incendie, par un miracle qui raffermit la foi des habitans. Un autre miracle qui procura la découverte du tombeau de *saint Genest*, détermina les habitans de Thiers à élever une église à ce saint; & cette église fut fondée vers l'an 580 par *Avitus*, évêque de Clermont.

Le château de Thiers fut rétabli & devint le chef-lieu d'un des grands fiefs de la province; il donna son nom à une branche de la maison d'Auvergne. *Matfroy*, fils d'*Astorg*, vicomte d'Auvergne, fut la tige des vicomtes de la maison de Thiers il vivoit vers le commencement du dixieme siecle. Guy II, un des vicomtes de cette maison, fit plusieurs fondations pieuses; il fonda sur tout le chapitre de saint Genest de Thiers au commencement du onzieme siecle. Il eut pour fils Guillaume Ier., du nom qui fonda le chapitre de Saint-Martin d'Artonne. Son petit-fils, Etienne de Thiers, quitta la cour de son pere, se fit hermite, & fonda le monastere & l'ordre de Grammont, aujourd'hui détruit. Guillaume II, un de ses successeurs, épousa Adelaïs, fille de Thibaud, comte de Châlon, & fit entrer, par ce mariage, le comté de Châlon dans la maison de Thiers.

Guy VIII, vicomte de Thiers, n'ayant encore eu aucun enfant, d'Agnès de Maumont, sa femme, fit, en 1301, donation de la vicomté de Thiers à Jean de Forez, son cousin; mais depuis cet acte inconséquent, sa femme lui donna des enfans mâles. La donation eut néanmoins son effet: le comte ne voulut point se départir de cette précieuse seigneurie; il se contenta de lui donner plusieurs terres en échange. La vicomté de Thiers passa ensuite de la maison de Forez dans celle des dauphins d'Auvergne, enfin dans celle de Bourbon. Le cardinal du Prat, en dépouillant le connétable Charles de Bourbon, dont il étoit le juge, ne rougit point de se faire donner cette terre. Mais en 1569, le duc de Montpensier, ayant fait réhabiliter la mémoire du connétable, en obtint la restitution; elle fut alors qualifiée de baronnie. La célèbre Mademoiselle de Montpensier en fit don au duc de Lauzun. Antoine Nonpart de Caumont la vendit en 1714 à Louis de Crosat. Sa fille, Madame la comtesse de Bethune, la possède encore.

Le château de Thiers n'existe plus que dans quelques parties qui comprennent la prison. L'église de saint Genest fut bâtie, à la place d'une ancienne, par Guy II, vicomte de Thiers, qui, en 1016, y fonda un chapitre.

L'église du Moutier, située dans le fauxbourg de ce nom, étoit l'ancienne chapelle où furent déposées les reliques de saint Symphorien ; elle devint ensuite l'église d'un monastere, qui, sécularisé au seizieme siecle, ne consiste aujourd'hui qu'en l'église paroissiale du fauxbourg du Moutier.

Il y avoit dans cette ville une maison de l'ordre de Grammont, fondée en 1681 ; elle a été supprimée, ainsi que celles de tout l'ordre. Il existe dans cette ville plusieurs communautés religieuses, dont je ne vous parlerai pas, Madame ; je vous dirai seulement qu'on y trouve un hôtel-dieu qui n'est pas fort riche, & un college appellé dans le pays *séminaire*, qui est dirigé assez mal, à ce qu'on dit, par des prêtres du saint Sacrement.

Il ne faut point me demander, Madame, la description des monumens de beaux arts de cette ville, de ses édifices publics, de ses places, de ses promenades. Il n'y en a point, ou plutôt ce qui est appellé édifice public, ne mérite pas d'être remarqué. Il n'y a point de promenades : la grande route, dont la pente est très rapide, & qui n'est point bordée d'arbres, est la seule qu'on y trouve.

Mais ce qui mérite de fixer l'attention des voyageurs, ce sont les fabriques nombreuses, qui forment la principale richesse de cette ville; elles sont situées dans une gorge profonde au bas de la ville, & elles bordent la riviere de Darole qui les vivifie. Ces fabriques sont presque toutes des papeteries. On y voit aussi des martinets. C'est un méchanisme aussi simple qu'ingénieux, que l'eau fait mouvoir, & dont l'objet est de forger du fer, & de le disposer aux travaux de la coutellerie.

Après le papier, les couteaux, les ciseaux, les canifs, & autres objets de quincaillerie, &c. sont les principaux objets du commerce de la ville. Il s'en fait un grand débit: on en envoie hors de France, jusqu'en Amérique. Mais la qualité des lames n'y est pas fort estimée. On attribue ce défaut à un rouet, dont la vitesse des mouvemens échauffe & détrempe les lames.

Une route nouvelle qu'on a commencé à tracer le long de la gorge qui est à l'orient de la ville, & où coule la Durole, a mis à découvert des roches de granit, & même de porphyre. Cette derniere pierre dure, sans avoir une couleur bien flatteuse, pourroit être utilement mise en œuvre, & mériteroit de fixer l'attention des spéculateurs, comme elle a fixé celle des naturalistes.

Thiers est la patrie de *George Guillet de Saint-George*, qui fut le premier historiographe de l'académie de peinture & de sculpture de Paris. Il étoit amateur des beaux arts, savant antiquaire; mais non point artiste. Il a composé plusieurs ouvrages qu'il publia sous le nom de son frere *Guillet de la Guilletiere*, dont les principaux sont *l'histoire de Mahomet II, la vie de Castrani*, qui est curieuse & recherchée; *les arts de l'homme d'épée, Lacédémone ancienne & moderne, Athene ancienne & moderne*. Cette derniere production fit sensation dans le tems & occasionna à l'Auteur de grands démêlés avec le savant *Spon*. Guillet étoit né à Thiers, vers l'an 1625; il mourut à Paris en 1705.

A deux lieues, & au sud-est de Thiers, est le bourg de *Vollore*. Le château est connu dès les premiers tems de la monarchie, sous le nom de *Lovolautrum*, ou de *Volotrense Castrum*; il fut assiégé en 532 par Thierry, roi de Metz. Les troupes de ce roi désespérant de s'en emparer, se disposoient à lever le siege. Les habitans s'apperçurent de ces dispositions, & se livrant à la joie que leur causoit la prochaine délivrance de leurs ennemis, diminuerent un peu de leur vigilance ordinaire. Un prêtre, nommé *Procul*, profita de cet instant de relâche pour trahir les habitans. Il chargea son domestique de faire secrettement une brêche au mur du château, & d'y introduire les ennemis. Sa trahison réussit; mais le traître fut puni. Les ennemis entrerent dans la place, Procul fuyant les armes des soldats, se refugia dans l'église où il fut égorgé par les troupes mêmes de Thierry. Le château fut dévasté, & tous les habitans furent faits prisonniers.

La terre de Vollore est très-considérable; elle a appartenu long-tems à la maison de Thiers. Louis de Thiers, fils de Guillaume, eut en partage les terres de Vollore & de Montguerlhe; il épousa en 1301, *Isabeau Damas*, fille de Hugues de Cousan III; il fit son testament en 1314, & mourut après, l'an 1337. Louis II, son petit-fils, & son successeur, mourut sans être marié. Marguerite, sa sœur, porta les terres de Vollore & de Montguerlhe dans la maison de Bellesaye, en épousant Pierre de Besse, seigneur de Bellesaye en Limosin. Ces terres passerent ensuite dans la maison de Chazeron, & au seizieme siecle, dans celle de Montmorin de Saint-Herem, à qui elles appartiennent encore.

Dans les environs de Vollore, sur un ancien chemin, qui formoit autrefois une voie romaine, est une colonne milliaire, élevée, l'an 45 de notre ère, en l'honneur de l'empereur *Claude*, à son retour de Bretagne. On y lit des lettres initiales que l'on interprete ainsi : *Tiberius Claudius, Drusi filius, Cæsar Augustus Germanicus, Pontifex maximus tribunitiâ potestate V, Imperator XI, pater patriæ, Consul III, Designatus IV, Angustonemeto milliaria passuum XXI.*

Cette inscription indique le nombre de vingt-un mille pas depuis cet endroit, jusqu'à *Augustonemetum*, qui est aujourd'hui Clermont. C'est justement la distance qui se trouve de ce point à cette capitale.

Une chose remarquable, Madame, c'est qu'on a placé au-dessus de cette espece de monument, une croix, vers laquelle les habitans, le jour de leur fête, viennent en procession. On m'a même assuré dans le pays que ces bonnes gens croient que l'inscription romaine que je viens de vous citer, étoit une oraison chrétienne.

Je suis, &c.

A Thiers, ce 7 avril 1760.

LETTRE CDVI

SUITE DE L'AUVERGNE.

JE vous ai parlé, Madame, dans ma derniere lettre de trois grands fiefs de la province d'Auvergne, qui long-tems ont été le siege de l'orgueil & de la tyrannie féodale. Je vais, dans celle-ci, vous entretenir d'une maison moins illustre, aux yeux du vulgaire, mais plus conforme au vœu de la raison & de la nature, & dont les vertus vraiment patriarchales doivent infiniment intéresser votre cœur.

Il existe aux environs de Thiers plusieurs communautés de paysans, dont chacune réunit, sous une même administration, sous un même chef depuis plusieurs siecles, l'égalité des biens, la simplicité & l'honneteté de cet âge chimérique, qu'on appelle l'*âge d'or*. Parmi ces communautés, dont les plus remarquables sont au nombre de cinq ou six, on distingue celle des *Pinons*. Les détails que je vais vous en rapporter, Madame, suffiront pour vous donner une idée des autres.

Suivant une tradition incertaine, la communauté des Pinons, a près de douze cens ans d'ancienneté, & elle doit sa formation à un de leurs aïeux, homme riche & pere d'une nombreuse famille qui, à sa derniere heure, voyant ses enfans disposés à se désunir, les rassembla auprès de son lit, & leur fit sentir tous les inconvéniens qui alloient résulter du partage de leurs biens, ainsi que les avantages innombrables qu'emmeneroient nécessairement leur parfaite union. Il parvint à les convaincre, & leur dicta des réglemens qui, conservés seulement par tradition, ont servi de base à cette société.

Je vous parlerai, Madame, des conventions qui font la base de cette société; conventions que chacun des individus se fait un devoir sacré de remplir rigoureusement. Mais il est bon que vous sachiez que cette communauté est composée de quatre branches de famille. Les quatre chefs de ces branches sont chargés du gouvernement de la maison. Un de ces chefs est élu *maître* de toutes les communautés, & on le nomme toujours *maître Pinon*. Il a la principale autorité, il est respecté & obéi ; & c'est en son nom que se font toutes les affaires de la société. Les jeunes gens épousent ordinairement des personnes de la maison, qui sont leurs parens. Mais ces alliances sont toujours contractées entre cousins issus de germains, & au quatrieme degré. Ceux qui veulent se marier hors de la maison, n'ont que 500 livres de dot ; en justice réglée, ils pourroient obtenir le partage des biens & une légitime plus considérable. Mais le respect que tous les jeunes gens de cette maison portent à la communauté, rend ces cas fort rares.

Les Pinons mangent tous à la même table ; ils ont pour principe de ne jamais refuser l'aumône, & ont un bâtiment destiné aux pauvres, où ils exercent l'hospitalité ; on leur donne le souper, le coucher & le déjeuner.

Ceux qui composent cette communauté respectable à tant d'égards, ne sont distingués, en aucune sorte, des autres habitans de la campagne; leur costume est aussi simple que leurs bâtimens. Le luxe & toute espece de distinction y sont sévérement proscrits. Malgré cette simplicité, les Pinons sont très-respectés dans le pays, & l'on peut bien soutenir que l'estime générale qu'on leur porte, n'est point usurpée.

En suivant la grande route qui conduit de Thiers à Clermont, on traverse la riviere de Dore, qui parcourt une plaine fort aride qui se prolonge jusqu'aux environs de la petite ville de Lezoux.

Cette ville bâtie dans une plaine n'a rien de bien remarquable. Elle dépendoit de l'ancien comté d'Auvergne. Après que Philippe Auguste se fut emparé de cette province, il donna Lezoux en garde à l'évêque de Clermont. Cette donation causa de vives querelles entre le prélat & les comtes d'Auvergne; ces querelles furent renouvellées par Catherine de Médicis, qui eut assez de crédit pour les terminer définitivement

ment en se faisant adjuger cette seigneurie.

On trouve dans cette ville un ancien chapitre de chanoines, sous l'invocation de saint Pierre, dont l'église paroît fort ancienne. Il y a de plus un couvent d'Augustins & un hôpital.

A un demi-quart de lieue de Lezoux est le château de *Fontenille*; château ancien, mais bien bâti, entouré de fossés remplis d'eau vive. On voit dans l'intérieur quelques tableaux qui méritent d'être remarqués. La galerie, qui est entre le fossé & le parterre, est ornée de peintures & de bustes.

Sur une éminence qui domine le château de Fontenille, on découvre de fort loin le château de *Ligone*. C'est un beau pavillon à l'italienne, surmonté d'un dôme, accompagné de plusieurs autres bâtimens séparés, & symétriquement disposés. Trois grandes & superbes avenues, dont la principale a près de douze cents toises de longueur, aboutissent à la porte du parc. Une vaste piece d'eau en forme de trefle, se présente ensuite; au milieu jaillit une gerbe composée de plusieurs jets; au-delà est un parterre de fleurs, arrosé par un petit ruisseau qui va se précipiter au-dessous d'une statue de Neptune dans la piece d'eau : au-dessus du parterre est une terrasse bordée de bâtimens isolés. Le principal qui est en face, consiste en un pavillon carré, dont la façade présente un avant-corps décoré de *six* colonnes, couronné par une balustrade, & surmonté d'un dôme. Cette balustrade offre des vases & des statues ; & les quatre faces de ce pavillon sont ornées de colonnes, de pilastres & de bas reliefs.

Le parc & les jardins répondent à la magnificence du pavillon ; ils sont vastes, ils offrent des points de vue superbes ; & l'on y trouve des pieces d'eau très-étendues, qui sont nourries par des jets, dont le jeu est continuel.

En s'avançant vers la Limagne, on découvre des châteaux dans les situations les plus heureuses. Je vous parlerai du château de *Beauregard*, qui est un des plus remarquables, &

bien digne du nom significatif qu'il porte: c'est une maison de campagne qui depuis plusieurs siecles appartient aux évêques de Clermont.

C'est dans ce château que l'illustre Massillon a passé les dernieres années de sa vie, qu'il y a terminée. Sa mémoire est encore chere aux habitans qui, ignorant la réputation de son éloquence, ne connoissent que celle de ses bienfaits.

Le château de *Ravel*, très avantageusement situé, est cependant bien inférieur, pour la vue, à celui de Beauregard. Il appartient à M le comte d'Estaing. On y voit une galerie ornée de tableaux, de dessins & de plusieurs objets curieux. Mais les tableaux qui m'ont le plus frappé sont placés dans le vestibule du premier étage.

L'un, plus remarquable par l'action qu'il présente, que par le talent du peintre, est un grand tableau d'histoire, dont le sujet est l'action de Philippe-Auguste qui, après la bataille de Bouvine, récompense le baron d'Estaing qui lui avoit sauvé la vie, en lui accordant le droit de porter sur son écu le blason de France. Dans le fond du tableau, on voit la scene où le baron d'Estaing mérita cette récompense. Ce brave guerrier, voyant le roi à terre, son cheval tué sous lui, & les ennemis prêts à le prendre, arrive à pied; d'une main présente au roi un cheval; & de l'autre, armée d'une épée, il écarte les ennemis, & semble contr'eux protéger le roi qui remonte à cheval.

Le tableau qui est en face est au contraire plus remarquable par le talent du peintre que par le sujet. Il représente un arracheur de dents, entouré de curieux; les têtes sont pleines d'expression; les détails sont peints largement, & avec effet: il y a de l'esprit dans la composition.

La vue du château de Ravel est fort étendue: elle embrasse une des plus belles parties de la Limagne; & c'est en faire un éloge magnifique; mais à l'égard de cet avantage si précieux, le château de Ravel le céde de beaucoup à celui de Beauregard. La vue de ce dernier n'est bornée d'aucun côté, & tous les tableaux sont rians, vastes ou majestueux. En vain, Madame, je voudrois vous peindre ces beautés sublimes; le pinceau échappe de mes mains, & je me sens trop au-dessous de mon modele. J'ai entendu parler des hauteurs de Bellevue, de la terrasse de Saint-Germain près de Paris. Je crois que ces vues magnifiques, devant lesquelles les plus insensibles s'enthousiasment, ne sont que de foibles images de celles que j'ai admirées dans ce pays-ci.

J'ai voulu aller voir la ville de Billon; c'est une petite ville ancienne: mais on manque de preuves pour fixer son origine, & pour déterminer quel étoit son premier état. L'église de *Saint-Cerneuf*, qui est à la fois paroissiale & collégiale, paroît être le monument le plus ancien de la ville. On dit qu'elle existoit avant Charlemagne, & qu'elle eut part aux bienfaits de cet empereur; en conséquence elle est réputée de fondation royale.

C'est dans cette église, que l'on conserve une relique qui lui donnoit autrefois une grande réputation, &

qui ne laiſſoit pas que d'enrichir le chapitre. Cette relique eſt connue ſous le nom de *précieux ſang*. Elle fut, dit-on, apportée de la Paleſtine par un chanoine de cette égliſe, nommé *Durand d'Albanelli*, qui apporta auſſi un morceau de bois de la vraie croix. Le précieux ſang reſta long-tems perdu ; enfin il fut miraculeuſement déterré ſous le maître-autel, on ne ſait par qui, ni à quelle époque ; il étoit renfermé dans un vaſe ſur lequel on liſoit cette inſcription en lettres gothiques, & où l'on remarque un de ces jeux de mots ſi communs autrefois : *Hoc in vaſe manet ſanguis, quo vincitur anguis*. Ce qui ſignifie littéralement : « Dans ce vaſe eſt le » ſang, par lequel le ſerpent fut » vaincu ».

Ce qui ſuffit aux yeux du peuple pour prouver l'authenticité de cette relique, c'eſt que le ſang enfermé hermétiquement dans un vaſe de criſtal, eſt encore fluide. Lorſqu'une croyance quelconque eſt généralement établie dans un pays, il eſt ſage de la reſpecter, ſur-tout lorſque cette croyance eſt plus utile que nuiſible, comme l'est celle du précieux sang de Billon. Elle attire chaque année, le 3 Mai, jour de l'invention de la sainte Croix, une multitude prodigieuse de villageois qui viennent assister à la fête & admirer la procession qui est fort pompeuse. Enfin ce concours de dévots est une foire fort utile pour les marchands du pays.

On voit dans l'église de Saint-Cerneuf deux tombeaux en marbre, sur lesquels sont couchées les figures des défunts: l'un est celui de Gilles Aicelin de Montaigut, qui fut archevêque de Narbonne, chancelier du roi Philippe le Bel, & qui fonda en 1314, le college de Montaigut, à Paris: l'autre est celui de Guillaume Aicelin, évêque de Lavaur, qui fut aussi chancelier de France, sous le regne du roi Jean.

Un des premiers colleges de Jésuites, fondés en France, est celui de Billon. Il fut établi, en 1556, par Guillaume du Prat, évêque de Clermont, fils du fameux chancelier Antoine du Prat. Cette maison fut, du tems des troubles, le foyer de la ligue en Auvergne; il s'y tint, en 1589, des especes d'états, où présiderent le comte de la Rochefoucaud-Randan & l'évêque de Clermont son frère. Toutes les villes, auxquelles ces deux personnes avoient fait embrasser le parti de la ligue, y envoyerent des députés. Les habitans de Clermont, de Montferrand, de Saint-Pourçain, d'Yssoire & d'Usson, furent les seuls qui refuserent de députer à ces états, & qui défendirent fermement le parti du roi; leur absence les fit regarder comme des rébelles & des ennemis du repos public.

J'ai passé quelques jours dans cette ville, & avec bien de l'agrément. La société m'a plu infiniment; les habitans y sont aimables, & j'en ai trouvé plusieurs qui joignent à des connoissances précieuses, un cœur capable de s'ouvrir aux douces expressions de l'amitié. C'est ce que je n'oublirai point.

C'est à Bilion que passoit anciennement une voie romaine, qui conduisoit de Lyon à Clermont. Il existoit, il n'y a pas long-tems, à une lieue & demie de la ville, sur les bords de l'Allier, une colonne milliaire, qui portoit cette inscription en caracteres romains :

Imp. Cæs. Divi. Trajani. Past. Fil. Divi Nervæ Nep. Trajanus Hadrianus.

Cette colonne, de dix pieds de hauteur, avoit été érigée sous l'empire de Trajan. Il paroît que l'inscription n'étoit pas entiere, parce qu'on n'y trouve pas le nombre des lieues ou des milles qu'elle devoit porter.

Billon n'est pas une ville bien percée ; un ruisseau assez considérable la traverse : sa situation dans un fond lui fait donner l'épithete aussi peu flatteuse que peu méritée, de *pot-de chambre de l'Auvergne*. Le college & la relique sont depuis long-tems les sources principales de son commerce & de sa richesse : elle est sur-tout peuplée de praticiens & d'écoliers.

Les environs offrent des plaines très-fertiles & très-bien cultivées, des côteaux chargés de vignobles, dont les cimes sont presque toutes couronnées des ruines d'anciens châteaux.

Je vais partir de cette ville pour me rendre au Pont-du-château qui en est distant de deux lieues. Je vous en entretiendrai dans ma prochaine lettre.

Je suis, &c.

A Billon, ce 15 avril 1760.

LETTRE CDVII.

SUITE DE L'AUVERGNE.

J'AI à vous parler, Madame, d'un des plus beaux, des plus animés cantons de la Limagne; des bords de l'Allier, aux environs du Pont-du-château. Ils n'ont pas tout-à-fait la magnificence des bords de la Loire, ni la richesse recherchée des bords du Loiret: mais ils participent aux beautés des uns & des autres, & ont des sites plus variés & plus pittoresques, de vastes plaines cultivées en prairies, ou plantées de saules, des côteaux de vignes, de petites montagnes heureusement disposées par la nature, qui s'élèvent en amphithéâtre, & offrent çà & là des villages & des châteaux. Voilà quels sont à-peu-près les bords de l'Allier. Je ne puis, Madame, vous en offrir que le croquis; c'est à votre imagination à lui fournir les couleurs de la belle nature: je me borne à vous dire combien je fens la difficulté de peindre des payfages en écrivant.

C'eft fur une rive élevée & très-efcarpée de l'Allier, qu'eft fituée la ville du Pont-du Château. Le château paroît de loin fur la partie la plus éminente du fol. La ville eft bâtie fur un plateau : une partie en eft plane; & l'autre, qui reffemble à un faux-bourg, va s'abaiffant le long de la rive, jufqu'à l'endroit où eft le pont.

Le pont a été nouvellement conftruit. C'eft le plus confidérable qui foit en Auvergne. Il a fept arches; fa forme eft élégante & folide : mais la route eft fort étroite, & n'a pas plus de quatre toifes & demie de largeur. Au bas de ce pont eft une digue nommée dans le pays *Peliere*, qui regne dans toute la largeur de la riviere. Cette digue, toute bâtie en pierres de taille, étoit en droite ligne. Ayant été entraînée en partie par une grande inondation, on a reconftruit cette partie brifée fous un deffin différent, en forme de baftion. La chûte d'eau que produit cette digue, forme une nappe fuperbe; fon objet est de procurer aux moulins qui sont à un des bords, la chûte d'eau qui leur est nécessaire. Ces moulins sont accompagnés de canaux & d'une écluse, par laquelle descendent les bateaux. Tous ces ouvrages sont modernes & sont encore plus intéressans par leurs constructions que par leur utilité. Car, quoique cette digue, soit utile au pays, par l'eau qu'elle fournit aux moulins, quoiqu'elle arrête les poissons qui remontent de la mer au printems, & que par conséquent elle produise des pêches fort abondantes ; il n'en est pas moins vrai qu'elle est une entrave au commerce de la province, non pas tant par la légere rétribution, à laquelle sont assujettis tous les bateaux qui passent dans l'écluse, mais à cause des retards, souvent très-longs, qu'elle leur fait éprouver. C'est un droit féodal que perçoit le seigneur. Mais de pareils droits qui, dans leur origine, ont toujours été usurpés, lorsqu'ils nuisent à l'intérêt général, doivent être abolis.

Cette ville a deux églises paroissiales & une église collégiale, qui est la chapelle du château, & dont le chapitre a été fondé par les seigneurs.

Le château est bien bâti & se trouve dans une situation fort heureuse, qui lui procure, du côté de la riviere, une très-belle vue.

La ville & le château étoient autrefois très-bien fortifiés : on voit encore plusieurs restes de fortifications, & des fossés qui sont aujourd'hui convertis en promenades publiques.

Cette ville a soutenu plusieurs sièges. Les plus mémorables eurent lieu l'an 1126. Louis le Gros vint à cette époque en Auvergne pour protéger l'évêque de Clermont, contre la tyrannie du comte d'Auvergne : il ravagea tout le pays, & assiégea le Pont-du-Château, qui étoit alors une des plus fortes places de la province. Après quelque résistance, il parvint, avec le secours de plusieurs machines, à s'en rendre maître.

Après la conquête de l'Auvergne par Philippe-Auguste, cette ville fut réunie à la couronne. Les rois de France la céderent aux dauphins du Viennois. Le dernier des dauphins,

Humbert II, la vendit à Guillaume Roger, frere du pape Clement VI, qui enfuite prit les armes, & le nom de Beaufort.

Cette terre refta dans la même maifon jufqu'en 1511. A cette époque, Jacques de Beaufort, comte d'Alès, marquis de Canillac, en fit une donation, ainfi que de tous fes biens, à fon neveu Jacques de Montboiffier, fils de Jean de Montboiffier & de Catherine de Beaufort, fœur du donataire, à la charge de porter le nom & les armes de Beaufort. M. le comte de Montboiffier, qui eft un des defcendans de Jacques, poffede encore cette terre.

Le pont du château eft embelli par plufieurs promenades publiques. La grande route eft plantée d'arbres, ainfi que plufieurs places. Le feigneur poffede un parc bien deffiné, qui, à ce qu'il m'a paru, n'étoit pas ouvert aux habitans.

Dans une carriere de pierre fituée tout près de la grande route, au bas de l'églife de Sainte-Martine, on voit de la poix minérale, appellée *Pefuphalte*, qui fuinte dans les retraites du rocher. Dans ces retraites, on trouve aussi des cristaux de quartz fort brillans & des mamelons de Calcédoine. J'en ai vu de très-curieux.

En suivant les bords de l'Allier, on rencontre à l'extrémité d'une plaine fertile le village des Martres d'Artieres. C'est entre ce village & la riviere, que des laboureurs trouverent en 1756 un cercueil de pierre, dans lequel étoit une bierre de plomb; elle renfermoit le cadavre d'un enfant de dix à douze ans, embaumé à la maniere des Egyptiens. Il étoit si bien conservé, qu'il sembloit encore respirer; des personnes qui l'ont vu, m'ont assuré, Madame, que sa carnation avoit la fraîcheur & le coloris de l'enfance, & que l'orbite même de ses yeux sembloit être dans son état naturel. Toutes les articulations de ses membres étoient flexibles, & les parties sexuelles assez bien conservées pour distinguer que cet enfant n'avoit pas été circoncis.

Plusieurs savans se sont tourmentés sans beaucoup de succès, pour expliquer l'origine de cet enfant. Le plus grand nombre pensent, d'après plusieurs indices trouvés dans le cercueil & sur l'enfant, qu'il étoit Arabe.

Les villageois crurent, à cause de sa parfaite conservation, que c'étoit le corps d'un saint, & s'empressèrent en conséquence, pour avoir de ses reliques, à lui couper quelques parties des bandelettes qui l'entouroient. L'effet de l'air ternit bientôt tout l'éclat de sa carnation; il a aujourd'hui la teinte qu'ont toutes les momies d'Egypte. On voit encore ce corps à Paris, dans le cabinet d'histoire naturelle du jardin du roi.

Si cet enfant est Arabe, comme il semble l'indiquer, on ne peut fixer l'époque de sa mort, ou de son inhumation, que dans le dixieme siecle, tems où les Arabes & les Sarrasins firent plusieurs incursions en Auvergne. Ainsi ce corps seroit resté en terre près de huit cents ans sans éprouver la moindre altération.

Plus loin, en suivant toujours le cours de l'Allier, on voit sur le côteau le village de *Jose*, où étoit jadis un ancien & magnifique château, dont aujourd'hui on voit à peine la place; il appartenoit à la maison de la Tourd'Auvergne, & ce fut-là que prit naiſſance le pere du grand Turenne.

A une lieue & demie de Joſe, & à trois lieues du Pont-du-Château, eſt la ville de *Maringue*, célebre par ſes fabriques de chamoiſerie & de tannerie, par le commerce de bled, de fer & de chanvre. Les habitans y ſont preſque tous voituriers, chamoiſeurs, tanneurs ou mariniers. Cette ville avoit été, par l'édit de Nantes, accordée aux Proteſtans de la province pour y faire le libre exercice de leur religion.

A une lieue de Maringue, & au-delà de l'Allier, eſt un ancien monaſtere de l'ordre de ſaint Benoiſt, appellé *Laveine*. Les religieuſes qui le compoſoient, après avoir inſenſiblement reconquis leur liberté, ſont devenues Dames, Chanoineſſes, & de plus Comteſſes. Elles ont obtenu la permiſſion, depuis quelques années, de quitter le voile, la guimpe & la robe noire, pour prendre l'habit ſéculier & les chapeaux. Elles ſont décorées d'une croix, où l'on voit d'un côté le portrait de la reine, de l'autre le chiffre du cardinal de la

Rochefoucault, qui les a revêtues de leur nouvelle dignité.

Des bords de l'Allier, je vous transporterai, Madame, à la ville d'*Aigueperse*, qui est la premiere ville d'Auvergne qu'on rencontre sur la grande route, en venant de Paris. La plaine de trois grandes lieues qui est entre cette ville & Maringue, produit abondamment du bled; elle rappelleroit les champs fertiles de la Beauce, s'ils étoient aussi monotones & aussi dépouillés de verdure que l'est ce pays. Je suspends ici ma description; & je suis, &c.

Au Pont-du-Château,
ce 20 avril 1760.

LETTRE CDVIII.

SUITE DE L'AUVERGNE.

AIGUEPERSE est, Madame, comme je vous l'ai annoncé dans ma derniere lettre, bâti sur la grande route. On peut dire que cette ville toute longue, n'est formée que par deux lignes de maisons qui bordent cette route, & qu'elle ne consiste qu'en une seule rue; mais cette rue a bien un grand quart de lieue de longueur.

Cette ville est le chef-lieu du duché de Montpensier, dont le château existoit auprès de cette ville. Cette seigneurie appartint long-tems à la maison d'Auvergne; elle passa dans la branche de celle de Thiers, ensuite dans celle de Beaujeu, par le mariage d'*Agnès* de Thiers avec Humbert de Beaujeu. Jeanne de Beaujeu porta la terre de Montpensier dans la maison de Dreux, en épousant Jean II, grand chambrier de France

& comte de Dreux. La maison de Thouars & celle de Ventadour l'ont possédée successivement. En 1341, Bertrand & Robert de Ventadour la vendirent à Jean, duc de Berry & d'Auvergne, frere du roi Jean; sa fille *Marie* porta cette terre en la maison de Bourbon, par son mariage avec Jean de Bourbon. Elle resta dans cette maison illustre, jusqu'à la défection de Charles de Bourbon, connétable de France, mort au siege de Rome. Louis, prince de la Roche-sur-Yon, neveu du connétable, obtint cette terre de François I, qui, en sa faveur l'érigea en duché-pairie. La célebre Mademoiselle de Montpensier, morte en 1693, laissa cette terre & plusieurs autres à Monsieur, frere de Louis XIV : M. le duc d'Orléans, son descendant, la possede encore.

La ville d'Aigueperse est assez bien bâtie; on y trouve deux églises collégiales, plusieurs maisons religieuses & un hôpital général.

L'église collégiale & paroissiale de Notre-Dame est composée de douze chanoines, dans le nombre desquels est le curé, & de six chanoines semi-prébendés. Ce chapitre est subordonné à plusieurs égards à celui de St. Genest de Thiers.

La Sainte-Chapelle appellée *Saint-Louis*, étoit l'ancienne chapelle du château des ducs; c'est une église collégiale, composée d'un trésorier, de huit chanoines, & d'autant de semi-prébendés: elle fut fondée en 1475 par Louis, dauphin d'Auvergne, duc de Montpensier.

On montre dans cette église un tableau qui est d'une bonne main, & qui paroît être de l'école italienne; il représente un saint Sébastien, dont la tête est pleine d'expression. Tous les détails de cette peinture sont d'un fini précieux.

La ville d'Aigueperse est la patrie d'un des plus grands hommes d'état que la France ait produit; le chancelier de l'*Hospital* y a pris naissance. Ce grand homme naquit dans cette ville en 1505, d'un médecin qui prit un soin extrême de son éducation. Ses talens l'éleverent par degré, au grade le plus éminent de la magistrature. Dans un tems de trouble &

de fureur, il se montra pour ainsi dire le plus modéré & le plus sage de tous ses contemporains. Voyant que ses opérations pacifiques étoient rejettées, & que les crimes seuls régnoient à la cour, il s'en retira, & renonça sans peine au charme de l'autorité, pour vivre tranquille & ignoré. *Les affaires du monde*, disoit-il, *sont trop corrompues pour que je puisse encore m'en mêler.* Les amusemens champêtres, le goût de la poésie latine, qu'il cultivoit avec succès, suffirent pour le rendre heureux. « J'ignorois, » disoit-il, dans une de ses lettres, » que la vie & les plaisirs champêtres » eussent autant de charmes. J'ai vu » blanchir mes cheveux, avant que de » connoître l'état dans lequel je pou- » vois rencontrer le bonheur.... Si » quelqu'un s'imagine, ajoutoit-il, » que je me croyois heureux dans » le tems où la fortune sembloit s'être » fixée auprès de moi, & qu'à pré- » sent je me crois malheureux d'avoir » perdu tous ces brillans avantages, » cet homme connoit bien mal le » fond de mon cœur ».

Il mourut dans sa retraite en 1573:

parce qu'il n'avoit pas montré un zele fanatique contre les Protestans, qu'il n'avoit pas allumé des bûchers, ordonné des massacres; qu'il vouloit au contraire assurer un sort paisible à ces malheureux persécutés; on le regarda comme Huguenot, & il fut même compris dans la proscription de la saint Barthelemy; mais l'ordre fut révoqué. Lorsqu'on lui annonça la nouvelle de cet ordre & de cette révocation, il dit, sans se troubler: *J'ignorois que j'eusse jamais mérité la mort ni le pardon.*

J'ai voulu, Madame, aller visiter l'emplacement de l'ancien château de Montpensier; quoiqu'on m'eût assuré qu'il n'y eût rien à voir, & qu'il ne restoit aucune trace de cet édifice, la célébrité de ce nom a suffi pour déterminer ma curiosité. Cet emplacement consiste dans une bute assez élevée, que l'on trouve au nord d'Aigueperse, à gauche de la grande route en venant du coté de Paris. Cette bute offre des traces des fosses de l'ancien château & celles de ses fondations. Sur la cime on jouit d'une vue magnifique & fort étendue. Voilà ce qui

qui reste d'un ancien édifice, boulevard de la puissance féodale, & dont le nom a été si célebre dans l'histoire.

Au bas de la butte de Montpensier, est un village qui porte le même nom. J'ai été voir près de ce village une petite fontaine qui, s'il faut en croire les habitans, a la propriété merveilleuse de donner la mort aux animaux qui boivent de son eau. Cette eau, que les chymistes ont analysée, exhale en effet un air gazeux qu'elle doit aux roches calcaires ou marneuses, à travers lesquelles elle filtre. Mais les effets n'en sont pas aussi dangereux que l'ont annoncé quelques écrivains.

Je ne quitterai pas, Madame, le lieu de Montpensier, sans vous parler d'un événement remarquable, dont ce château a été le théâtre.

Le roi de France, *Louis VIII*, dit cœur de Lion, à son retour de la Guienne, où il venoit de combattre contre les Albigeois, passa en Auvergne, & séjourna au château de Montpensier. Guichard de Beaujeu eut l'honneur de l'y recevoir. Fatigué de son voyage il y tomba malade. Quelques hiſtoriens diſent que cette maladie fut cauſée par le poiſon que lui fit prendre Thibaut, comte de Champagne, amant de la reine ſon épouſe *Blanche de Caſtille*.

Le roi ſentant ſon mal empirer fit appeller auprès de ſon lit les principaux ſeigneurs qui l'accompagnoient, & leur fit promettre par ſerment, de reconnoître, s'il venoit à mourir, ſon fils Louis pour leur ſouverain, & de le faire, le plutôt qu'ils pourroient, ſacrer roi de France.

Les uns attribuent, comme je vous l'ai marqué, Madame, la maladie du roi aux fatigues de la guerre qu'il avoit ſupportées en Languedoc; les autres au poiſon donné par le comte Thibaut, & quelques autres à la continence de ce prince. Ces derniers aſſurent que pour ſauver la vie du roi, on introduiſit, d'après l'avis des médecins, une jeune fille dans ſon lit. Le roi qui dormoit alors, s'étant réveillé, rejetta le remede qu'on lui préſentoit, en diſant qu'il aimoit mieux mourir que de commettre un tel péché. Il ordonna qu'on mariât honorablement cette aimable fille qui s'étoit prêtée de si bonne grâce à l'ordonnance des médecins; & quelques jours après, le 8 Novembre 1226, il mourut. Ses entrailles furent transportées à Clermont dans l'église de l'abbaye de Saint-André, & déposées dans le tombeau des dauphins d'Auvergne.

La maison de Montpensier a joué un grand rôle dans notre histoire. Je ne puis passer sous silence un de ces traits remarquables, qui honore infiniment l'humanité, & qui console un peu des vices qui la dégradent.

Louis de Bourbon, comte de Montpensier, second du nom, fut envoyé par le roi Louis XII, à la tête d'une armée destinée à la conquête du Milanois. Son pere, *Gilbert* de Montpensier, étoit mort six ans auparavant, en 1496, à Pouzzoles. Le jeune comte, après avoir dignement servi son roi, voulut remplir les devoirs que lui imposoit la piété filiale. Il vint à Pouzzoles dans le dessein de faire célébrer un service pour honorer la cendre de son pere. L'aspect de son tombeau lui fit éprouver la plus vive émotion; pénétré de douleur & de tendresse, il voulut, pour la derniere fois, contempler des restes qui lui avoient été si chers. Il fit ouvrir le cercueil; sa sensibilité fut excessive: iver sa sur la tombe de son pere un torrent de larmes, & quelques jours après il expira de douleur.

En suivant la grande route qui mene d'Aigueperse à Riom & à Clermont, on voit sur la gauche une chaine de côteaux chargés de vignobles qui font un tableau aussi agréable aux yeux, que satisfaisant pour l'esprit: on est doublement réjoui, en voyant réunis l'utile & l'agréable.

A droite, à quelque distance de la grande route, & à trois quarts de lieue d'Aigueperse, est *Effiat*. Le célebre maréchal d'Effiat ayant fait ériger cette terre en marquisat, en fit bâtir le château avec beaucoup de magnificence, & y établit un college pour les gentilshommes de la province(1).

Artonne est un bourg fort ancien situé à gauche de la grande route &

(1) Ce college est devenu, en 1776, une école royale militaire, aujourd'hui dirigée par les PP. de l'Oratoire.

à une lieue d'Aigueperse. Suivant saint Grégoire de Tours, saint Martin vint à Artonne visiter le tombeau d'une certaine vierge nommée *Vitaline*: il salua la défunte qui aussitôt lui répondit & lui demanda sa bénédiction. Le saint, après avoir fait son oraison, curieux de savoir si la vierge étoit en paradis, lui adressa ce discours: *Dites-moi très-sainte vierge, si vous jouissez maintenant de la présence de Dieu.* La vierge morte lui répondit qu'elle en étoit privée. Un seul petit péché, lui dit-elle, m'en a exclue jusqu'à présent. *Le vendredi, jour où nous célébrons la passion du Rédempteur du monde, j'ai osé me laver la tête avec de l'eau.*

La propreté, Madame, étoit sans doute alors un péché damnable; aujourd'hui c'est une vertu, même le vendredi. Notre premier historien de la monarchie, le bon évêque de Tours, a farci son histoire & ses autres œuvres de petits contes de cette nature; il ne faut pas que celui-ci vous surprenne.

Je suis, &c.

A Aigueperse, ce 27 avril 1760.

LETTRE CDIX.

SUITE DE L'AUVERGNE.

La plus jolie ville de l'Auvergne, Madame, est *Riom*, chef-lieu d'une généralité & d'une élection de son nom, d'une sénéchaussée & d'un présidial, dont le ressort est fort étendu. Elle est située dans une plaine fertile, au bas des montagnes de la Basse-Auvergne, sur la grande route de Paris à Clermont, à trois lieues de cette derniere ville, & à trois lieues & demie d'Aigueperse.

Riom a été long-tems un lieu ignoré & peu considérable, & il ne doit son existence comme ville qu'à l'époque où Philippe-Auguste, s'étant emparé de la province d'Auvergne, en fit le siege d'un bailliage, auquel ressortirent les pays qu'il venoit de réunir à la couronne. Auparavant, Riom n'étoit qu'un château ou un bourg, dont Grégoire de Tours fait mention en divers endroits de ses ouvrages, &

sur-tout à l'occasion de l'aventure suivante qu'il rapporte en grand détail. Un prêtre, nommé *Eparchius*, comme étant le plus noble des habitans, fut choisi pour célébrer la messe un jour de fête dans l'église de Riom. Ce prêtre, qui avoit fait la débauche pendant toute la nuit, se trouvoit dans un tel état d'ivresse, qu'au milieu de la célébration, il fut surpris par une incommodité fort scandaleuse, & ses domestiques furent obligés de le sortir de l'église & de l'emporter chez lui.

Le roi Jean ayant érigé les terres d'Auvergne, conquises par Philippe-Auguste, en duché pairie, en faveur de son fils Jean, duc de Berry, Riom devint le chef-lieu de ce duché, & commença à cette époque, c'est-à-dire, en 1360, à devenir une ville un peu florissante.

Cette ville, qui est peuplée d'environ douze mille ames, est bien percée & bien bâtie; sa forme est presque ronde, & tout autour regne un boulevard planté de quatre rangs d'arbres. Ce boulevard, qui est fort agréable, forme avec le *Pré-Madame* les seules promenades de cette ville.

L'église de Saint-Amable est la premiere église de Riom : elle est collégiale & la seule paroissiale de cette ville. Elle a appartenu pendant une longue suite de siecles, à un monastere de l'ordre de Saint-Augustin qui fut sécularisé en 1548. Sa construction paroît avoir été formée à différentes époques ; au-dessus du chœur, s'éleve une fleche toute construite en pierres de taille, d'une hauteur considérable. Le portail principal, ainsi que la fontaine qui est en face, est d'une construction moderne, mais très mesquine. Ce qu'il y a de plus curieux à voir dans cette église, est un maître-autel à la romaine, orné de marbre, & surmonté d'un baldaquin. La châsse de saint Amable est en argent, & pese, dit-on, cent trente-sept marcs ; elle fut fabriquée en 1473. Le voyageur peut remarquer aussi dans une chapelle à droite un tableau qui représente l'inauguration de saint Gervais & de saint Protais; il a été peint par *Restout* le pere.

Dans la petite église de Saint Jean,

où l'on est dans l'usage de célébrer les sacremens de baptême & de mariage, on voit un tableau peint par *Ferrand*, qui a pour sujet le Baptême de Jesus.

L'église des Carmélites offre quelques tableaux précieux. Celui du maître autel, qui représente une adoration des Mages, est d'une belle composition, & paroît être de l'école italienne.

Les Cordeliers ont aussi dans leur église quelques tableaux qui méritent d'être vus des connoisseurs.

L'église collégiale du *Marthuret* doit son origine aux reliques ou au tombeau de quelques martyrs : c'est au moins ce que désignent les noms de *Marthuret* ou de *Martrois*, fort communs en France. Cette église est surmontée par une construction aussi élégante que hardie; c'est un petit dôme en pierres de taille, soutenu en l'air par quelques colonnes absolument isolées.

On voit dans cette ville plusieurs morceaux de sculpture, qui ne sont pas sans mérite. La fontaine des lions, celle des Carmélites, en sont des témoignages. Les amateurs doivent aussi observer deux cariatides adossées à la façade d'une maison placée dans la grande rue, au-dessus & du côté de l'église du Marthuret. Ce morceau, d'une bonne main, est d'autant plus remarquable, que, dans ce pays, les chef-d'œuvres des beaux arts n'y sont pas communs.

Le palais, où l'on rend la justice, n'est pas le monument le moins important de la ville ; c'est là le point de réunion des plaideurs d'une grande partie de la province. Comme le ressort du présidial est un des plus étendus du royaume, l'affluence est très-considérable, & ce temple de la chicane est une source de prospérité & de richesses pour les habitans.

Le palais est une construction du quatorzieme siecle, à laquelle on a ajouté plusieurs bâtimens modernes. Il fut fondé par *Jean*, duc d'Auvergne & de Berry. On y remarque une énorme tour ronde, toute bâtie en pierres de taille, & qui sert aujourd'hui de prison.

La Sainte Chapelle, attenante à ce palais, est l'église d'un chapitre fondé par *Pierre de Bourbon*, duc d'Auvergne, & par *Anne* de France, sa femme. La bulle d'érection est de l'an 1489. Cette chapelle ne contient rien de curieux : on y conserve, comme dans presque toutes les églises de France, un morceau de bois de la vraie croix.

Voilà, Madame, à peu près tout ce que Riom renferme d'intéressant à voir. Il y a plusieurs autres établissemens religieux ou civils, dont je ne vous entretiendrai pas : je me contenterai de vous annoncer seulement quatre hôpitaux, un collège occupé par des prêtres de l'oratoire, & une académie, où l'on enseigne l'équitation, l'escrime & la danse.

Riom ne fait point de commerce, & n'est vivifié que par les procès ; en conséquence cette ville est presqu'entièrement peuplée de conseillers, d'avocats, de procureurs & d'huissiers. Il faut y joindre des légions de plaideurs & de clercs, qui y affluent de toutes parts. Cette population néanmoins ne passe pas douze à treize mille âmes.

Quant aux événemens dont cette

ville a été le théâtre, je ne vous en parlerai pas, Madame, parce qu'ils sont peu considérables. Je vous observerai seulement que, par une fatalité assez singuliere, les habitans, dans toutes les guerres civiles qui ont troublé le royaume, ont toujours embrassé le parti de la révolte. Dans la guerre de la *Praguerie*, du *bien public* & de la *Ligue* ils ont constamment pris les armes contre le roi. L'esprit de chicane qui domine dans cette ville, est peut-être la cause de cette conduite inquiete & séditieuse. J'ai vu des personnes qui pensent que les habitans de Riom ne se sont ainsi conduits, que pour contrarier les habitans de Clermont, leurs voisins, qui sont constamment restés fideles au roi. On dit même que ceux de Riom, toujours inspirés par leur animosité, lorsqu'ils établirent un college voulurent qu'il fût dirigé par des *Oratoriens* parce que celui de Clermont l'étoit par des *Jesuites*.

Riom a été la patrie de quelques personnes distinguées par leurs talens. Tels sont *Génébrard*, professeur en langue hébraïque, au college royal.

Il étoit érudit; mais il fut un des boutefeux de la ligue & un des agens soudoyés par les princes de Lorraine, pour soulever les peuples contre le roi.

Jacques Sirmond, très-savant Jésuite, a été un des plus grands hommes de son siecle. Il avoit deux neveux; l'un jésuite, & l'autre membre de l'académie françoise, & historiographe de France. Celui-ci étoit regardé par le cardinal de Richelieu comme un des meilleurs écrivains de son tems, parce qu'il étoit un de ses flatteurs les plus assidus.

Pierre Faidit, avec beaucoup d'esprit, de vivacité & d'érudition, étoit dépourvu de goût & de jugement. Pour vous le prouver, Madame, il suffit de vous dire qu'il composa une satyre contre le *Télémaque* de l'immortel Fénelon, & loua des sarcasmes contre l'éloquent Bossuet.

Danchet, des académies Françoise & des inscriptions, travailla beaucoup pour l'opéra. Ses poésies sont harmonieuses; mais le style en est lâche. Un de ses ennemis ayant composé contre lui une satyre sanglante, Danchet répliqua par une épigramme très-piquante. Mais il eut assez de grandeur d'ame pour ne la point publier: il se contenta de l'envoyer à son agresseur, en lui déclarant que personne ne la verroit, & qu'il vouloit seulement lui prouver combien il étoit facile & honteux d'employer les armes de la satyre.

A l'extrémité d'un des fauxbourgs de Riom, est une très-ancienne abbaye de l'ordre de Saint-Benoît, appellée *Mozat*, qui fut fondée par *Saint-Culmin* & par sa femme *Namadié*. Pepin, roi d'Aquitaine, confirma, vers la fin du septieme siecle, cette fondation. Suivant un ancien manuscrit, ce prince eut un songe qui le détermina à transporter les reliques de Saint Austremoine, apôtre de l'Auvergne, de Volvie, où elles étoient déposées depuis quelques années, dans le nouveau monastere de Mozat. Le roi lui même chargea sur ses épaules la châsse du saint, & voulut avoir seul l'honneur de transporter ce précieux fardeau.

Si l'on s'avance vers les montagnes qui sont au sud-ouest de Riom, on verra le bourg de *Volvie*, bourg célebre en Auvergne par l'immense carriere de pierres volcaniques qui s'y trouve, de laquelle on peut dire que sont sorties les villes les plus considérables de la basse Auvergne. Cette carriere, fouillée depuis plus de mille ans, paroît inépuisable, elle a été produite par une énorme coulée de lave, descendue des montagnes qui sont au-dessus & qui portent presque toutes, des caracteres bien prononcés de leurs anciennes explosions volcaniques. Cette pierre, qui est une espece de basalte, est de couleur d'ardoise : elle est dure, & quoiqu'on l'ait employée quelquefois avec succès dans les ouvrages de sculpture, le grain en général n'est pas beau : elle est inattaquable à l'air, & le tems qui détruit les marbres les plus durs, semble la respecter. J'ai vu, Madame, des monumens formés de cette pierre, qui subsistent sans aucune altération, depuis le commencement de la Monarchie.

Sur la grande route qui mene de Riom à Clermont, on trouve *Montferrand*, petite ville bâtie sur une éminence qui domine une plaine considérable & très-fertile.

Cette ville traversée par la grande route, est bâtie sur un plan assez régulier: elle étoit autrefois très-bien fortifiée ; mais aujourd'hui les larges & profonds fossés qui l'entouroient sont comblés, & ses murailles épaisses ainsi que ses tours sont presqu'entièrement abattues.

En 1131, Louis le Gros, pour punir le comte d'Auverge, qui avoit pris les armes contre l'évêque de Clermont, vint pour la seconde fois en Auvergne, à la tête d'une puissante armée, & campa près de Montferrand. Les habitans à la vue d'un si grand nombre de troupes, craignant de se trouver en proie aux horreurs que faisoient alors éprouver les gens de guerre, prirent le parti violent de transporter ce qu'ils avoient de plus précieux dans la forteresse, & de mettre le feu à la ville. Du haut de cette forteresse ils incommodoient beaucoup les troupes du roi. *Amauri de Monfort*, qui étoit dans le camp, attira, par des paroles insidieuses, ceux de la citadelle dans une embuscade, où ils furent presque tous faits prisonniers. Le roi leur fit, à chacun, couper une main, & les renvoya dans leur forteresse, portant chacun de l'autre main celle qu'on venoit de leur couper.

Cette ville, qui faisoit alors partie du comté d'Auvergne, passa aux dauphins, & resta dans leur maison jusqu'en 1224, époque où Catherine, dauphine l'apporta en dot, à Guichard de Beaujeu. En 1292, Louis II de Beaujeu vendit la seigneurie de Montferrand au roi Philippe-le-Bel, pour le prix de six cents livres de rente. Dès lors cette ville fit partie du domaine de la couronne.

Montferrand avoit un college, occupé par des Jésuites, une jurisdiction consulaire, une cour des aides. Ces différens établissemens furent transférés à Clermont, lorsque, en 1731, ces deux villes furent réunies. Depuis cette réunion, Montferrand fait partie de Clermont, & ces deux villes ensemble portent le seul nom de *Clermont-Ferrand*.

Une belle route, longue de huit cent quatre-vingts toises en droite ligne & bordée d'arbres, forme la communication d'une ville à l'autre.

Au centre de la ville, est une église assez considérable, qui a le titre d'*église royale & collégiale de Notre-Dame de Prospérité*. Elle fut fondée, vers le dixieme siecle, par un des comtes de Montferrand & elle formoit la chapelle de leur château.

L'église paroissiale de *Saint-Robert* étoit autrefois celle d'un monastere de Bénédictins qui, depuis plusieurs siecles, ont été sécularisés. La construction en est ancienne. On remarque dans le cimetiere, qui est à l'entrée de cette église, quelques tombeaux d'une forme assez singuliere, & une tour en pierre de taille, élevée sur plusieurs gradins, qui servoit autrefois de fanal pour guider les pélerins.

Cette ville contient plusieurs communautés religieuses des deux sexes. Je ne vous parlerai, Madame, que de celle des *Récolets* qui se trouve sur la route de Montferrand à Clermont. L'église de ces religieux renferme deux beaux tableaux. Celui du maître-autel, représente une adoration des Bergers; ce tableau fut endommagé, & un peintre ignorant croyant le rétablir, en détruisit toute l'harmonie.

L'autre tableau est dans une chapelle à droite. Je peux vous assurer, Madame, qu'en province j'ai très-peu vu de peinture plus belle que celle-ci. C'est un ouvrage du celebre *Guide*, & l'on peut dire qu'il est digne de la réputation de ce grand maître. Il représente *Saint-Pierre d'Alcantara* recevant l'inspiration du Saint-Esprit, qui lui apparoît sous la forme d'une colombe; la tête est pleine d'expression, les détails sont très-bien soignés, & le ton général est rempli de vigueur & d'harmonie.

Le fourrage que l'on receuille en abondance aux environs de cette ville, a déterminé le gouvernement a y tenir continuellement en garnison, un régiment de cavalerie.

A un quart de lieue de Montferrand, on trouve une petite monticule appellée le *puy de la poix*, duquel découle, à travers le rocher, de la poix minérale ou pisaphalte. On y voit aussi une petite source d'eau ordinaire. Les naturalistes ont formé plusieurs conjectures sur ce phénomene; mais ils n'en ont pas encore donné une bien satisfaisante.

Je suis, &c.

A Riom ce 6 mai 1760.

LETTRE CDX.

SUITE DE L'AUVERGNE.

JE vais vous entretenir, Madame, de la capitale de cette province. Mon assez long séjour dans Clermont, les courses & les recherches que j'y ai faites, les relations que j'ai eues avec quelques habitans qui ont bien voulu m'aider de leurs lumieres, m'ont fourni assez d'instructions, pour que je puisse vous donner sur cette ville des détails aussi certains que curieux.

Clermont est une ville fort ancienne. On ne peut pas assurer qu'elle existoit, comme ville du tems de la conquête de César, puisque cet historien conquérant n'en parle point, quoiqu'il ait beaucoup parlé de l'Auvergne, des auvergnats qu'il ne put vaincre, & de leur forteresse, appelée *Gergovia*, dont il ne put s'emparer.

Cette ville portoit alors, ou peu de tems après, le nom de *Nemosus* ou de *Nemetum*. Elle fut considérablement agrandie sous le regne d'Auguste ; & les habitans en reconnoissance des bienfaits de cet empereur, réunirent son nom à celui de cette ville, qui dès-lors fut nommée *Augusto-Nemetum*. Elle fut décorée d'un sénat qui subsista jusqu'au septieme siecle, d'un temple célébre, dédié à *Mercure*, & qui fut appelé *Vasso-Galate*. Les murs de ce temple, qui avoient trente pieds d'épaisseur, étoient ornés de sculptures & de marbres compartis. Le pavé étoit entiérement en marbre, & le comble tout recouvert en lames de plomb. Grégoire de Tours, qui n'a pu juger de ce temple que d'après ses ruines, en parle comme d'une construction merveilleuse.

Ce temple n'étoit pas le seul monument célébre de cette ville. Pline parle d'une statue colossale, représentant *Mercure*, qui passoit, de son temps, pour une des merveilles du monde. Il la nomme *la statue des Auvergnats*. Elle étoit en bronze, & avoit quatre cents pieds romains de hauteur; elle coûta quatre cents mille sesterces; ce qui peut être évalué à environ cinq millions de notre monnoie. *Zenodore*, fameux sculpteur grec, employa dix années à cet ouvrage, par lequel il se rendit si célébre, que l'empereur *Neron*, qui régnoit alors, attira cet artiste à Rome, & lui fit faire sa statue colossale en bronze.

La plupart des monumens romains qui décoroient cette ville, furent démolis, lors de l'incursion des allemands dans les Gaules. Clermont fut ensuite ravagé ou presqu'entierement détruit par plusieurs princes françois. Cette ville peut se glorifier d'avoir résisté longtems aux efforts des Visigoths, & d'être restée la derniere capitale des Gaules sous la domination romaine. Elle porta long-temps, à l'instar de plusieurs capitales des Gaules, le nom de la province. Ainsi, jusqu'au neuvieme siécle elle fut appellée *ville d'Auvergne*. Elle étoit alors divisée en deux parties; *la ville & le château*. La ville s'étendoit dans la plaine & tout autour de la monticule : sur la cîme, étoit bâtie la citadelle ou *le château*, qui à cause de son élévation, portoit le nom de *Clarusmons*, (*Clermont*). Les fréquentes incursions des normands obligerent les habitans à se fortifier

& à se resserrer dans la citadelle, dont la ville entiere reçut le nom.

Cette ville qui a été cinq ou six fois, depuis la domination des romains, détruite de fond en comble, n'a pu conserver aucun édifice antique. Il ne reste des monumens romains que des fragmens épars. On a découvert, dans plusieurs fouilles, des vases ornés de bas-reliefs, des tronçons de colonnes de marbre, des médailles impériales, des bains, des pavés en mosaïque, &c.

Clermont est mal percé; les rues en sont étroites & tortueuses: on y trouve plusieurs promenades publiques qui doivent leur principal agrément aux vues intéressantes qu'elles présentent: Depuis quelques années, les dehors ont été fort embellis, les fossés ont été comblés, & on a pratiqué, tout autour de la ville, un boulevart, planté d'arbres. La place *du taureau* & le quartier qui l'avoisine, sont d'une construction moderne. La promenade qui porte ce même nom, est très-élevée, & soutenue de trois côtés par un fort mur de terrasse; elle est plantée

en

en quinconce, & offre à l'est une vue très-étendue.

La place *de Jaude* est remarquable par sa grandeur, & il est peu de villes en France qui en contiennent dans son enceinte une aussi vaste. Elle sert de marché aux chevaux & de place d'armes, & plusieurs régimens peuvent y manœuvrer à l'aise.

Les fontaines publiques sont abondantes à Clermont; plusieurs sont isolées au milieu des places ou des carefours. La source qui les nourrit, a cela de remarquable, que la limpidité de son eau n'est jamais altérée, & que son volume, même dans la plus grande sécheresse, ne diminue jamais.

La plus considérable de ces fontaines mérite une mention particuliere. Elle est bâtie au milieu d'une place entre le palais épiscopal & la cathédrale. Elle présente un bassin octogone, exhaussé sur plusieurs gradins, au milieu duquel s'éléve une pile, entourée de bassins, de piliers butans & de figures en grand nombre, qui jettent de l'eau de plusieurs manieres. Toute cette construction, ornée de bas reliefs de très-bon goût, offre la forme pyramidale, & a pour amortissement, la statue du dieu Sylvain, qui tient en main l'écusson de la maison d'Amboise. Cette fontaine fut en effet construite par *Jacques d'Amboise*, évêque de Clermont, frere de l'illustre cardinal, *Georges d'Amboise*.

L'hôtel-de-ville ne présente rien de remarquable. La salle de spectacle qui se trouve dans le même emplacement est petite, mais d'une assez jolie forme. Le rideau & quelques décorations peintes par un artiste italien, nommé *Béringago*, méritent l'attention des connoisseurs.

Le palais de la justice, fondé sur l'emplacement du palais des anciens comtes, fut bâti par Catherine de Médicis, comtesse de Clermont & d'Auvergne. Au dessus de la porte d'entrée, on voit dans une niche une statue de Minerve, qui n'est pas sans mérite.

Le présidial, la cour des aides, & l'élection, occupent les différentes parties de ce palais. La salle du conseil de la cour des aides renferme un des plus beaux tableaux qu'il y ait en Auvergne. Il a environ neuf à dix pieds de haut, & représente la conversion de saint Paul. C'est un des beaux ouvrages du célèbre *le Brun*. La figure de Dieu, qui est la principale, est pleine de majesté ; la composition est aussi animée que le sujet l'exige, & le temps n'a rien fait perdre à ce tableau, de son coloris.

On raconte que le Brun fut si content de son ouvrage qu'il offrit, avant de le livrer, d'en rembourser le prix, & d'en faire une copie de sa main. M. le duc d'Orléans, régent, jaloux de rassembler dans sa superbe collection du palais-royal, tout ce que les provinces possédoient de plus précieux en peintures, fit demander ce tableau à la cour des aides de Clermont. On n'osa point le lui refuser ; mais à peine le tableau fut il en route, que le prince mourut, & ce superbe morceau de peinture fut rapporté à Clermont.

On compte dans cette ville, environ trente-six églises ou chapelles. Je vais, Madame, vous parler de celles qui sont intéressantes par leur histoire ou par leurs curiosités.

La cathédrale qu'on voit aujourd'hui

est la quatrieme qui fut construite à Clermont. La premiere, que Sidoine Apollinaire & le premier concile d'Auvergne appellent *l'église d'Auvergne*, fut, dit-on, fondée par saint Martial; elle fut détruite par les allemands, commandés par *Crocus*, qui renverserent les plus beaux édifices de cette ville. Saint Nasnace, évêque de Clermont, dans le cinquiéme siécle, en fit bâtir une seconde; & douze ans s'écoulerent pendant sa construction. Cette basilique dont on a conservé la description, étoit soutenue par soixante dix colonnes, éclairée par quarante-deux fenêtres, & les murs qui formoient le sanctuaire, étoient recouverts en mosaïques. Lorsque *Pepin* prit Clermont sur le duc d'Aquitaine, *Waifre*, il détruisit entierement la cité, & il brûla & renversa cette église.

Un siécle après, les normands pillerent & ravagerent encore Clermont. La troisieme église cathédrale qui devoit être reconstruite alors, éprouva le sort des premieres. Elle fut entierement rebâtie vers le milieu du dixiéme siécle, par Étienne II, évêque de Clermont, qui fit en même temps reconstruire la cité. Le portail qui est en face de la rue des Gras, ainsi que les tours qui l'accompagnent, appartiennent à cette construction du dixieme siécle.

En 1248, *Hugues de la Tour*, évêque de Clermont fit commencer une nouvelle église plus magnifique. Son successeur & son parent *Gui de la Tour* la fit continuer. Mais elle ne fut pas achevée, soit par le malheur des temps, soit par les guerres des anglois qui commencerent à se manifester en Auvergne dès le treizieme siécle. Depuis cette époque elle est restée imparfaite. Quelques tours n'ont point été terminées. La nef devoit se prolonger plus avant dans la rue des Gras, & à la place du vieux portail qui se trouve de ce côté, il devoit y en avoir un plus magnifique, & conforme au genre d'architecture qui régne dans le reste de l'édifice.

Malgré ces imperfections, cette basilique est un des plus élégans édifices, en genre gothique, qu'il y ait en France. Des piliers soutiennent, à une hauteur prodigieuse, une voûte en ogive, très spacieuse & très solide. Les piliers du rond-point sont si déliés, par rapport à la masse qu'ils supportent, qu'on ne peut les considérer long-temps sans effroi. Ce sentiment pénible qu'on éprouve à la vue des chef-d'œuvres de construction gothique, est la preuve la plus sûre du mauvais goût de ce genre d'architecture.

On compte vingt-deux chapelles dans cette église. Le jubé, décoré de plusieurs statues & d'une infinité d'ornemens, a été construit vers le commencement du quinzieme siécle, par la munificence de *Martin Gouge*, dit *Charpaigne*, évêque de Clermont & un des courtisans de Charles VII; la tombe de ce prélat se voit à l'entrée du chœur, près de ce jubé.

Les deux chapelles de la croisée sont ornées de sculptures; celle qui est du côté septentrional, est la chapelle du Saint-Esprit. Au dessus de l'autel est une horloge remarquable, qui offre trois figures collossales, dont deux, appellées *Jacquemarts*, sont debout, & représentent, l'une le dieu *Silvain*, l'autre le dieu *Faune*, armées chacune d'un long marteau. Au milieu est la troisieme figure assise, représentant un vieillard appellé *le temps*, ayant entre ses jambes un cadran, & sur la tête une cloche, sur laquelle ses deux voisins frappent altenativement les coups des heures. Afin qu'on ne doute point que ces trois figures ne représentent des divinités du paganisme, on a écrit au-dessous de chacune, leurs noms en lettres d'or.

Il est à remarquer, Madame, que ce n'est pas le seul objet du paganisme, qu'offre cette chapelle du Saint-Esprit. L'autel est un sarcophage antique & en marbre.

Ce morceau d'antiquité, conservé comme il est, présente un des monumens les plus précieux que nous ayons en ce genre. Les bas-reliefs, dont ses quatre faces sont chargées, ont pour sujet des cérémonies payennes, sur lesquelles on n'a pas encore donné d'explication. Cette antiquité, Madame, ne doit pas être comme bien d'autres l'objet d'une stérile curiosité; elle peut fournir des lumieres à l'histoire des usages, en même temps qu'elle est un monument pour l'histoire des beaux arts, & un modéle pour les artistes.

Dans la nef, on voit sur les piliers quelques épitaphes. Je me suis amusé à en copier quelques-unes qui sont en vers françois, & qui conservent la mémoire de plusieurs capitaines, morts au siége de la ville d'Yssoire, en 1577. Je vais, Madame, vous faire part de celle-ci seulement qui n'est remarquable, ni par la versification, ni par les pensées; mais parce qu'elle atteste une action vertueuse, digne d'être plus connue. Le défunt est *Pierre de la Machie*, natif de Florence, lieutenant de deux enseignes de pied françoises, sous la charge du capitaine *la Routté*, qui fut tué à l'assaut de la ville d'Yssone, le 9 juin 1577.

Le florentin accord, s'il est loyal & preux,
Touche aisément au point de la louange humaine,
De faconde & beauté ayant la face pleine,
Il ne manque en-savoir, ni esprit généreux:
Tel as vescu, *Machie*, en chaque siége heureux,
Noble, sage & vaillant, cher à ton capitaine,

Préféré as la mort, à la vie incertaine,
Et m'as laissé de cœur & de corps langoureux,
Bien que l'honneur de Dieu, la défense d'église,
Le service du roi & le tien t'ai transmise
Cette hardiesse au sein ; si crois-je toutesfois
Que c'est mon amitié qui fier t'a fait ranger
A la grêle du plomb, quand pour me revanger,
Au péril affrontant, m'as servi de pavois.

Il paroît par ces derniers vers que le capitaine *de la Machie* perdit la vie en voulant sauver celle de l'ami que l'on fait parler dans cette épitaphe.

Le chœur de cette église est orné de boiseries & de sculptures gothiques, dont le travail est d'une délicatesse admirable. Il faut sur-tout remarquer en ce genre, la chaire épiscopale. Ces sculptures sont dûes aux bienfaits de l'évêque, *Jacques d'Amboise*, & au ciseau d'un artiste, nommé *Gilbert Chapard*.

Le maître-autel est surmonté par un retable fort-élevé, qui contient une infinité de reliquaires précieux. Au-dessus de ce retable qui se ferme comme une armoire, & dont l'intérieur rappelle assez bien l'étalage d'une boutique d'orfévre, on remarque une vierge en vermeil, assise sur une chaise ; deux anges colossales, en bois doré, soutiennent au-dessus un large voile en émail. Ces deux figures sont modernes, & leurs attitudes pleines de graces & de majesté; elles ont été sculptées par M. *Simon Challe*, de l'académie de peinture & de sculpture de Paris.

A chaque côté du sanctuaire, est un mausolée en marbre ; l'un est celui d'*Aubert Aycelin*, de l'ancienne maison de *Montaigu*, évêque de Clermont, & mort en 1328, & l'autre appartient à *Bernard de la Tour*, cardinal-diacre du titre de Saint-Eustache, qui mourut de la peste à Avignon, le 3 août 1361. Trois ans après, son corps, suivant ses dernieres volontés, fut transporté en Auvergne, & enterré dans ce tombeau.

Je vous avouerai, Madame que je n'ai pu passer dans cette église, sans me rappeller l'anecdote singulière qu'on attribue à *Guillaume Duprat*, évêque de Clermont, & fils du fameux chancelier *Duprat*: il faut que je vous en fasse part.

Ce prélat, pendant son séjour au concile de Trente, avoit adopté la mode de porter une longue barbe, mode qui régnoit alors à la cour de Rome, & même à celle de France. Les chanoines de la cathédrale de Clermont, qui tous étoient rasés, furent fort scandalisés à la vue de la longue barbe que portoit leur évêque; ils tinrent chapitre à cette occasion, & tous, persuadés que cet ornement naturel de la face de l'homme, étoit une preuve d'orgueil & de mondanité, ils résolurent d'abattre la barbe épiscopale; ils trouvèrent même dans leurs statuts, un règlement qui autorisoit leur décision. Le jour marqué pour l'installation du prélat, les chanoines se disposèrent à lui faire adopter la délibération du chapitre.

Guillaume Duprat, en habit de cérémonie, & en longue barbe, alloit entrer dans le chœur, lorsqu'il fut arrêté à la porte par trois chanoines dignitaires qui lui présentèrent, en même temps, l'un, le règlement contre les longues barbes, l'autre, une paire de ciseaux, & le troisieme un rasoir. Cette cérémonie inattendue, cet appareil de destruction surprirent singulierement le vénérable prélat, qui voyant les perils, dont étoit menacée sa barbe chérie; plutôt que de se voir honteusement rasé par des chanoines, aima mieux abandonner la fête, & prendre la fuite.

Les écrivains ont varié sur le résultat de cet événement, & ce point important de l'histoire des barbes n'a point encore été éclairci. Les uns disent que le prélat voyant que sa fortune dépendoit de sa barbe, prit les ciseaux des mains du chanoine, & se tondit courageusement le menton à la grande satisfaction du chapitre; d'autres écrivains soutiennent au contraire que Guillaume Duprat, jaloux de garder sa belle barbe, abandonna la cérémonie en disant: *je sauve ma barbe, & laisse mon évêché.* Vous me permettrez, Madame, de ne pas chercher à concilier des opinions si différentes, & de laisser à de plus savans que moi, la gloire d'éclaircir parfaitement ce passage obscur de notre histoire.

La bibliothéque de la cathédrale mérite d'être vue; elle est située près de cette église. Son emplacement est vaste & bien décoré; quant aux livres qui la composent, je ne puis vous en parler beaucoup, Madame, n'y étant entré qu'une seule fois. Quoique cette bibliothéque soit publique, & qu'il y ait des appointemens attachés aux places de bibliothécaires, on est si peu en usage de l'ouvrir au public, qu'en demandant à y retourner, j'ai eu l'air de demander une grace, & on a eu l'air de m'en accorder une. Cette espéce de difficulté ne m'a pas permis de connoître qu'elle est sa principale richesse. J'ai appris seulement qu'un chanoine, docteur en droit canon, nommé *Mathieu de la Porte*, en a fait le premier fonds, en léguant ses livres au chapitre; mais alors elle n'étoit pas publique. Le célébre *Massillon*, évêque de Clermont, accrut considérablement cette premiere collection. Il voulut, par un double bienfait, être utile aux habitans de cette capitale. En conséquence il légua sa bibliothéque à la cathédrale; mais ce fut à condition qu'elle seroit ouverte au public deux jours de la semaine; il affecta des fonds destinés à son entretien, & aux honoraires d'un bibliothécaire. Le chapitre de la cathédrale jouissoit autrefois du droit de battre monnoie; il en conserve encore les coins, & l'on voyoit il y a peu de temps, assez près de l'église, une ancienne tour qui portoit le nom de *tour de la monnoie*. Le 15 septembre 1727, cette vieille tour s'écroula, écrasa plusieurs maisons, & tua quelques personnes.

Après la cathédrale, l'église la plus ancienne, est celle de *Notre Dame du port* qui est à la fois paroissiale & collégiale. Cette église, dès les premiers temps de la monarchie, portoit le nom de *Sainte-Marie principale*. Le nom *du port* lui vient d'un marché, près duquel elle est bâtie, que l'on nommoit l'apport ou *le port*.

Saint-Avit, évêque de Clermont, fonda cette église vers l'an 580; elle fut ensuite brûlée par les normands, & rétablie vers le milieu du neuvieme siécle, par saint Sigon, aussi évêque de cette ville. La construction de cette église est très-ancienne; les bas-reliefs, qu'on voit au-dessus de la porte méridionale, sont dans le goût de la sculpture du septieme siécle. Le clocher & une partie de l'église, offrent à l'extérieur, des pierres de différentes couleurs, disposées en compartimens. Sous le chœur de cette église, est une crypte ou chapelle souterraine, dans laquelle on conserve une image noire de la vierge, qui est, dit-on, fort miraculeuse. Le grand nombre d'*ex voto* qui tapissent les murs de cette chapelle, sont au moins des témoignages de la dévotion du peuple. Au milieu de cette chapelle, est un puits dont l'eau guérit miraculeusement la fievre à ceux qui en boivent avec la foi.

Le chœur de l'église est décoré nouvellement avec plus de luxe que de goût. Le maître autel est en marbre & à la romaine. Les sculptures de la chapelle de paroisse sont ce que les amateurs trouveront de plus intéressant dans cette église.

L'abbaye de Saint-Allyre, située à l'extrémité du fauxbourg de ce nom, est un des plus illustres monasteres de Clermont; elle appartient à l'ordre de

Saint-Benoît de la congrégation de Saint-Maur; elle fut fondée au quatrieme siécle, par Saint-Allyre, évêque de Clermont. Les normands la ruinerent en 937; l'évêque & le comte de Clermont se réunirent pour la faire reconstruire. Cette abbaye, de nouveau pillée & détruite par les normands, fut reconstruite par *Winebrand* qui, pour la mettre à l'avenir à l'abri des incursions des brigands, la fit bâtir comme une forteresse; & elle conserve encore, malgré plusieurs changemens exécutés dans les bâtimens, le caractere effrayant d'une ancienne place forte. Le portail de l'église est moderne; le chœur est décoré avec beaucoup de prétentions; on voit dans le sanctuaire, des tableaux en tapisseries, assez bien exécutés; celui qui est au milieu, représente un des faits merveilleux de l'histoire de Saint-Allyre; voici ce fait.

Le saint prélat en grande vénération dans les Gaules, fut un jour consulté par *Maxime*, empereur de Treves, qui commandoit en Auvergne, sur l'etat de sa fille qui étoit possédée du démon. Le saint exorcisa si bien la princesse, qu'il lui fit sortir le diable par la bouche; ensuite il interpella le diable, & lui ordonna de lui fournir au plutôt des colonnes de marbre, dont il avoit besoin pour faire construire son monastere. Le diable, obéissant, revint sur-le-champ par les airs, porter les colonnes demandées par Saint-Allyre. Le tableau présente la double scène du saint, qui exorcise la princesse évanouie, & du diable qui paroît dans les airs chargé de colonnes de marbre. Ce même sujet se trouve représenté parmi les peintures du cloître. Je ne chercherai pas, Madame, à vous prouver l'autenticité de ce miracle; vous savez comme moi que les moines se sont long-temps amusés à écrire des fables pieuses qui peut-être étoient utiles à la foi de nos aveugles ayeux; mais ce qui est constant, c'est que le marbre, qui est très rare en Auvergne, se trouve en abondance dans cette maison, & que le cloître sur-tout offre plusieurs petites colonnes de marbre de diverses formes & de diverses couleurs.

L'église de Saint-Allyre contient

les cendres de plusieurs saints. Je ne vous parlerai, Madame, que de saint *Injuriosus* & de *sainte Scolastique* sa femme, qui sont connus sous le nom des *deux amans de Clermont*.

Injuriosus, fils d'un sénateur de Clermont, épousa la jeune & vertueuse *Scolastique*, qui ayant consacré sa virginité au Seigneur, détermina par ses larmes & ses prieres, son jeune époux à vivre avec elle sans la forcer de violer son serment. *Injuriosus*, après beaucoup de résistances, promit de respecter sa chasteté. Mais Scolastique exigea de lui un autre serment qui caractérise bien son sexe. *D'autres femmes*, lui dit-elle *sont plus belles que moi; elles vous paroîtront plus aimables; ouvrirez vous sur elles un œil toujours indifférent & chaste; me le promettez-vous? Injuriosus* promit tout, dit Grégoire de Tours, qui rapporte en grand détail la conversation que ces deux époux tinrent la premiere nuit de leur mariage; » ils se serrerent la » main, ajoute t-il, & plusieurs an- » nées s'écoulerent de la sorte, n'ayant » qu'une même volonté, qu'une ame, » & qu'un lit «.

La viérge Scolastique mourut la premiere, & son chaste époux en l'ensevelissant, s'écria : *je vous remercie, ô mon dieu, béni soit votre nom à jamais, ce cher trésor dont j'étois dépositaire, je vous le rends tel que vous me l'avez confié* : la vierge aussi-tôt ressuscita, & répondit : *taisez vous, homme de Dieu, taisez-vous ; pourquoi dévoilez vous notre secret, lorsque personne ne vous le demande.*

Injuriosus ne tarda pas à suivre son épouse, il fut enterré dans l'église de Saint-Allyre, & dans un tombeau placé contre le mur opposé à celui où étoit le tombeau de Scolastique. Grégoire de Tours raconte encore que le lendemain de son enterrement, la cloche ayant appellé les fidelles à la prière, on vit que ces deux tombeaux s'étoient miraculeusement rapprochés & n'en formoient plus qu'un : ces deux époux furent depuis fort célèbres dans le pays, sous le nom *des deux amans.*

Le fauxbourg de Saint-Allyre renferme quelques communautés religieuses dont la plus considérable est une abbaye de filles, appellée l'abbaye de *Sainte-Claire*. On y trouve aussi une ancienne église paroissiale, attenant le mur de l'enclos de Saint-Allyre, nommé de *Saint-Cœssi*, qui existe dans sa construction primitive, & telle qu'elle étoit du temps de Grégoire de Tours. Cette historien en parle souvent, sur-tout en racontant l'aventure effrayante d'un prêtre que l'évêque de Clermont fit ensevelir tout vivant dans un caveau de cette église, & dans un tombeau où étoit un corps à demi pourri, & qui eut le bonheur d'en sortir. Le motif de cette affreuse punition, étoit le refus que ce prêtre avoit fait au prélat, de lui donner des terres qu'il tenoit très-légitimement de la reine Clotilde. Vous voyez, Madame, que de tout temps, l'avarice a déterminé les gens en place aux actions les plus tyranniques. Grégoire de Tours raconte dans le plus grand détail les circonstances de cet événement atroce, & l'on ne peut le lire sans frémir d'horreur.

Je ne sortirai pas, Madame, de ce fauxbourg, sans vous entretenir d'un objet qui a fait long temps l'admiration des naturalistes, & que l'on regardoit autrefois comme une merveille. C'est un pont & un long mur attenant, formés par la nature, & que l'on nomme vulgairement *le pont de pierre*. Ce pont & ce mur doivent leur formation aux dépôts successifs d'une fontaine minérale, située dans le voisinage. L'eau de cette fontaine, quoique très-limpide en apparence, contient, en dissolution, beaucoup de terre calcaire & des substances ferrugineuses qu'elle dépose le long du terrein sur lequel elle coule. Ce dépôt se durcit insensiblement, & produit une roche de couleur jaunâtre. C'est par ce procédé que le mur & le pont dont il est question ont été formés. Le dépôt s'étant successivement accumulé, a bouché la source même de la fontaine qui a été prendre son issue ailleurs, à l'endroit où on la voit aujourd'hui. Les eaux en déposant tout le long de leur cours, ont formé un mur, en ligne droite, très-long & très-élevé, au bout duquel est un pont sur un ruisseau où se jettoient les eaux minérales qui en tombant, ont tellement accru sur une rive le volume de leur égout, qu'il atteint l'autre rive, & s'est même prolongé à travers une petite isle pour se terminer à l'autre bras du ruisseau.

Ce mur & ce pont, formés d'une seule masse, & dans la même direction, ont deux cents-quarante pieds de longueur. La plus grande hauteur de la muraille naturelle est de seize pieds. Si l'on monte au-dessus de cette construction de la nature, on remarque encore le canal creusé dans toute sa longueur qui servoit à l'écoulement des eaux.

La fontaine, à l'endroit où elle existe aujourd'hui, a formé près du moulin voisin, & sur le même ruisseau, un autre pont sur lequel passent les voitures. Elle en auroit formé un troisieme à l'endroit où elle se jette dans le ruisseau, si chaque année on ne détruisoit les progrès de ses pétrifications.

Une chose remarquable, Madame, c'est que si l'on place, au courant de cette eau minérale, un corps quelconque, & même un fruit, au bout de quelque temps, il est recouvert de ces dépots pierreux, & présente une incrustation fort curieuse.

Le roi Charles IX, pendant le séjour qu'il fit à Clermont, en 1566, voulut voir cette fontaine & ses singuliers effets. Les anciens géographes, & sur tout *Kirker*, en parlent comme d'un prodige.

L'eau de cette fontaine pétrifiante est bue par des malades qui ne redoutent pas ses effets singuliers. On m'a même assuré qu'elle étoit, il y a une quinzaine d'années, très-fréquentée par les buveurs d'eau.

Dans un autre faubourg de Clermont, il existe une célebre abbaye d'hommes, de l'ordre des prémontrés, appellée de *Saint-André*. Cette maison fut fondée vers l'an 1149, par Guillaume VI, comte d'Auvergne, sur l'emplacement d'une église plus ancienne, dédiée à *Saint-André*, dont parle Grégoire de Tours, & dans laquelle fut enterré saint Trigide, frere de saint Allyre. La construction de l'église est gothique, le portail d'un genre moderne, & le clocher n'est qu'à la moitié de sa hauteur. On prétend que le tonnere l'a détruit à ce point. Dans la nef, on voit le tombeau du fondateur, avec sa figure couchée dessus, c'est dans ce même tombeau, qu'ont été déposées les entrailles de Louis VIII, qui, comme je vous l'ai précédemment raconté, Madame, mourut au château de Montpensier, près d'Aigueperse.

Les *jacobins* furent fondés en 1219, par Robert d'Auvergne, évêque de Clermont. Il étoit lui-même de l'ordre de Saint-Dominique, & en mourant, il légua de grands biens à cette maison. Une incendie ayant détruit l'église, Jacques de Comborn, aussi évêque de Clermont, la fit, en 1483, entierement rétablir. Cette église est très vaste ; on prétend qu'on y a tenu le dernier concile de Clermont. Au-dessus du chœur, s'éleve un clocher en pierre de taille & en forme de fléche qui menace ruine. Dans l'intérieur, on voit les tombeaux de la maison de la Fayette & de celle des *Aycelins*.

Dans le chœur, à droite du maître autel, sont deux Mausolées de cardinaux. Celui sur lequel est couchée une figure en marbre, renferme le corps de *Nicolas de Saint-Saturnin*, religieux & provincial de l'ordre de Saint-Dominique, docteur en théologie,

logie, lecteur du sacré palais & cardinal du titre de *Saint-Martin des montagnes*. Ce cardinal étoit de Clermont, & il mourut à Avignon en 1381. Par son testament, il légua de grands biens à cette communauté, & voulut que son corps fût transporté & enterré dans cette église.

Ce cardinal à l'heure de la mort protesta fortement contre l'élection d'*Urbain VI* qu'il assura être un faux pape». J'étois à Rome, dit-il dans » son testament, à la mort du pape » *Grégoire* XI; je sais quels moyens » les romains ont employés publique-» ment pour séduire les cardinaux, » avant & après le conclave. Je con-» nois les menaces & les violences » qu'ils employerent contre eux, » pour les forcer à nommer *Urbain* » VI ».

Vous savez, Madame, qu'*Urbain* VI fut élevé sur la chaire de Saint-Pierre, contre les formes ordinaires; il n'étoit pas même cardinal.

L'autre tombeau plus magnifique est celui d'*Hugues Aicelyn*, dit de *Billon*, profès des jacobins de cette ville, docteur en théologie, archevêque d'Arles, enfin cardinal-prêtre du titre *de Sainte-Sabine*, & mort en 1297. La figure & le tombeau de ce cardinal sont formés de lames de métal, doré & émaillé; ce travail est très-précieux, & parmi les ornemens qui y sont peints, on en trouve d'assez bon goût.

Les cordéliers furent fondés en 1241 par Hugues de la Tour, évêque de Clermont. Le tableau du maître autel de leur église est très estimé; le sujet est l'adoration des mages; c'est une grande machine, bien composée & dont les figures ont du caractere. Parmi les rois mages & leur suite, on voit un cordelier & un page vêtu à la françoise, qui tient la queue de la robe d'un des rois adorateurs.

Dans le sanctuaire est le mausolée en marbre d'Eléonore de Baffie, comtesse d'Auvergne & de Boulogne. On y voit la figure couchée de cette comtesse, & celle de *Robert V*, son mari, comte d'Auvergne. Elle mourut en 1286. Cette église étoit le lieu ordinaire de la sépulture des comtes d'Auvergne de la branche de *la Tour*.

A l'entrée du chœur, dans la chapelle de Sainte-Marie de Murol, est le tombeau, avec la figure en marbre de *Jean de Murol*, prêtre-cardinal du titre de Saint-Vital.

Je ne vous offrirai pas ici, Madame, le détail aride des noms de tous les monasteres qui sont dans cette ville. Vous vous doutez bien qu'il s'y trouve des *capucins*, des *minimes*, des *carmes* chaussés & non chaussés, des *récollets*, &c. Des *ursulines*, des *bénédictines*, des *Dames de la Visitation*, &c. Je me contenterai de vous indiquer les curiosités du petit nombre de communautés religieuses qui en renferment.

Dans la maison des *religieuses Hospitalières* & sur l'autel de la salle des malades, est un tableau bien peint, représentant une adoration des bergers. Dans l'église de la maison de *la chasse*, occupée par de vieux Missionnaires, on voit sur le maître-autel un tableau, peint par *Dumont*, dont le sujet est Saint Austremoine prêchant l'évangile aux Auvergnats.

Il y a plusieurs hôpitaux à Clermont. L'Hopital-général ou des Enfans-trouvés, où l'on fabrique des draps grossiers, & l'Hôtel-Dieu, sont les plus considérables.

La halle au blé, est un bâtiment moderne, isolé, carré, & formant quatre parties, avec une cour au milieu : cette halle est bien bâtie & avantageusement située.

Je ne puis, Madame, quitter Clermont, sans vous rappeler un événement considérable dont cette ville a été le théâtre. C'est à Clermont qu'a été résolue la première des croisades, expéditions dont les suites eurent une si grande influence sur les mœurs & sur les états de l'Europe.

Le pape Urbain II, après avoir parcouru une partie des provinces de France, vint à Clermont, le 14 Novembre 1095. Bientôt il assembla le concile qu'il avoit convoqué dans cette ville, &, après avoir excommunié le roi de France Philippe Ier. qui avoit répudié sa femme pour épouser Bertrade de Montfort, mariée au duc d'Anjou; après avoir terminé quelques autres affaires, il s'occupa de l'objet principal du concile. Monté sur un échafaud, dressé dans une grande place de la ville, il prononça un discours vif & pathétique sur les insultes auxquelles les pélerins qui voyagoient dans la Palestine, étoient continuellement exposés ; il peignit les profanations exercées chaque jour dans les lieux saints, par les infidèles, demanda à ses nombreux auditeurs, des défenseurs de la cause des chrétiens & de Dieu. Ce discours fit un grand effet sur le peuple, qui d'une voix unanime cria *Dieu le veut, Dieu le veut*. Alors plusieurs chevaliers se présenterent, furent enrôlés & reçurent la croix. C'étoit une croix de drap rouge cousue sur l'habit. Ce qui fut cause que ces guerriers furent appelés *Croisés*, & leurs expéditions *Croisades*. Parmi plusieurs prélats, qui, ce jour là, s'engagerent pour cette guerre sainte, on remarqua *Aymar de Monteil*, évêque du Puy, qui fut élu général de l'armée chrétienne, & auquel le pape, en cette qualité, donna sa bénédiction.

Clermont a été la patrie de plusieurs hommes illustres. Elle a donné naissance à *Avitus*, qui fut d'abord préfet du prétoire des Gaules sous l'empereur Valentinien, puis maître de la milice sous Maxime. Il fut l'ami & le conseiller le plus intime de *Théodoric*, roi des Visigoths, à qui il enseigna le droit, & donna des leçons de littérature. Il fut chargé de plusieurs négociations importantes, qu'il termina avec autant de franchise que de prudence. Ce fut par ses conseils & par son éloquence douce & persuasive, que *Theodoric* fut déterminé à joindre ses troupes à celles des Romains, pour combattre *Attila*. Enfin ses grandes qualités l'élevèrent à la pourpre romaine ; en 455, il fut proclamé empereur. Théodoric qui contribua beaucoup à l'élever à cette suprême dignité, lui dit : *montez sur le trône ; tant que vous gouvernerez l'Empire, il n'y aura point de soldat plus ardent que moi à vous défendre.*

Le général *Ricimer*, à qui *Avitus* avoit donné sa confiance, fit révolter ses soldats contre cet empereur, le dépouilla à Plaisance de la pourpre impériale, & le poursuivit avec acharnement. *Avitus*, après un règne de quatorze mois, abandonna des grandeurs, qui à cette époque étoient incompatibles avec ses vertus douces & pacifiques. Il se retira dans sa patrie & mourut en route : son corps fut transporté & enterré à Brioude au pied du tombeau de Saint Julien.

Grégoire de Tours étoit fils de *Florentius*, sénateur de Clermont ; c'est le premier historien de la monarchie. Il naquit vers l'an 544, & son oncle *Gallus*, évêque de Clermont, veilla avec beaucoup de soin à son éducation. En 573 il fut élu évêque de Tours. Il montra beaucoup de fermeté dans plusieurs occasions. Son histoire & ses autres écrits offrent un esprit bilieux, une imagination exaltée & nourrie des préjugés de son tems. On voit, tour-à-tour, dans son style, de la force, de la grace & beaucoup d'incorrection. Il dénigre avec fiel, il peint avec énergie, il fait des descriptions touchantes, suivant les différentes impressions qui le possèdent. A côté du récit de quelques prétendus miracles, se trouvent des peintures poëtiques, pleines de goût & de fraîcheur. Enfin son histoire, écrite sans ordre, sans date, est un ramas de faits historiques, romanesques, miraculeux, de tableaux fortement exprimés, d'anecdotes singulières, touchantes & quelquefois comiques. Ses ouvrages sont curieux, parce qu'ils sont remplis de faits particuliers, & très-nécessaires, malgré leurs défauts, parce qu'ils offrent la seule histoire de ce tems là.

Lors de la renaissance des lettres en France, vers le milieu du seizieme siecle, Clermont produisit *Jean Bonnefons*, poëte latin, dont les vers, par leur grace, leur facilité, leur mollesse, ont été comparés à ceux de *Catulle*. C'est de tous les modernes celui qui a le plus approché de cet ancien. Sa *Pancharis* a été traduite plusieurs fois & n'a jamais été rendue avec toutes ses beautés. Il mourut en 1614, lieutenant-général, à Bar-sur-Seine, & composa, lui même, son épitaphe, en vers latins, que l'on voit encore dans l'église de saint Etienne de cette ville.

Jean Savaron est un des illustres de la ville de Clermont. Son goût pour les lettres & pour l'histoire le mit en relation avec tous les savans de son siecle. Il occupa les premieres places de la magistrature dans la province, & fut nommé député du tiers-état aux états de 1614. Il parla, avec une noble hardiesse à Louis XIII, & lui fit le tableau le plus énergique & le plus frappant des maux affreux auxquels le peuple de la province d'Auvergne étoit livré; il prononça plusieurs discours à l'assemblée des états généraux, dans un desquels il apostropha un peu vivement la noblesse sur sa corruption & sur la vénalité des offices. Quelques nobles s'élevèrent contre la hardiesse de son discours & menacerent vivement Savaron. La chambre du tiers-état embrassa sa défense & s'en plaignit au roi qui lui donna des gardes. Ce qui contribua beaucoup à étendre sa réputation, c'est la méthode lumineuse, la facilité surprenante avec lesquelles il prêcha long-tems & sans préparation. L'oraison funèbre qu'il fit du baron duPont-du-Château, à laquelle il s'échauffa beaucoup, causa, ou avança sa mort; il mourut huit jours après l'avoir prononcée.

Il a composé plusieurs ouvrages estimés; tels sont: *la Chronologie des états-généraux* & *les Origines de Clermont*; il a donné aussi les *Œuvres de Sidoine Apollinaire*, avec des notes fort savantes; on a encore de lui deux traités curieux & recherchés; l'un sur *les Duels* & l'autre sur *la Souveraineté du roi & de son Royaume*.

Blaise Pascal est de tous les hommes illustres de Clermont celui qui, je crois, fait le plus d'honneur à cette ville. Il ne fut pas seulement l'homme le plus célèbre de l'Auvergne, mais un des plus grands hommes de l'Europe. Vous savez, Madame, combien est grande sa célébrité, & combien elle est méritée; vous savez qu'il est au rang de ceux dont le nom suffit pour faire l'éloge; ainsi je ne vous retracerai point les preuves de son étonnant génie ; il mourut en 1662, à l'âge de trente neuf ans. Les dernieres années de sa vie, son cerveau se ressentit de l'affoiblissement de sa santé ; & ce grand homme croyoit toujours voir une abyme ouvert à son côté gauche. Voici à quelle occasion il eut pour la premiere fois cette vision singuliere. Les médecins lui avoient ordonné de l'exercice dans l'état d'épuisement où il se trouvoit. Un jour étant allé se promener au pont de Neuilly, dans un carrosse à quatre chevaux, les deux premiers prirent le mords aux dents vis-à-vis d'un endroit où il n'y avoit pas de parapet, & se précipiterent dans la Seine. Heureusement la premiere secousse rompit les traits qui les attachoient au train de derriere, & le carrosse demeura sur le bord du précipice. Mais le cerveau de Pascal fut si ébranlé de cette commotion, que le souvenir de cet accident le troubla sans cesse jusqu'à ses derniers momens.

Domat fut le comtemporain, le compatriote & l'ami de Pascal. Son ouvrage, des *Loix civiles dans leur ordre naturel*, est un chef-d'œuvre de méthode. On a dit de cet ouvrage qu'aucun livre peut-être n'a jamais été mieux fait dans aucune science. Cet habile homme mourut pauvre, à Paris, en 1696, à 70 ans.

Vous voyez, Madame, que la ville de Clermont n'est point stérile en grands hommes. J'aurois pu considérablement grossir cette liste par les noms de plusieurs personnages distingués, quoique d'un mérite inférieur à ceux-ci : mais ce n'est ni mon objet, ni votre intention.

Les environs de Clermont m'ont trop intéressé, Madame, pour que je ne vous en offre pas ici quelques détails.

Le bourg de *Chamaillere* qui se trouve à un quart de lieue de Clermont, est placé au bas des coteaux très-fertiles & très-variés qui bornent la plaine de la Limagne, & qui sont surmontés par des montagnes beaucoup plus élevées & moins fécondes. La chaîne de ces montagnes sert de base ou plutôt de soubassement à l'énorme & célèbre montagne du *Puy de Dome*. Chamaillere est sur la route qui y conduit. On y remarque une église dont l'ancienneté remonte aux premiers tems de la monarchie, & qui, dans son origine, étoit celle d'un monastère. On y voit aussi une haute tour carrée, appellée *tour des Sarrasins*, qui pourroit bien avoir existé du tems des dernieres incursions que ces peuples firent en France. On trouve dans ce royaume une infinité d'autres monumens qui portent le même nom & qui ont le même caractère d'architecture.

Si l'on s'avance vers les coteaux voisins de Chamaillere, mille objets curieux vous charment & vous intéressent. Monumens antiques, curiosités naturelles, paysages riants ou sublimes; l'esprit, les yeux sont tour à-tour surpris & enchantés.

C'est un charmant voyage que celui que j'ai fait dans ce canton avec quelques personnes aussi éclairées qu'aimables. Je regrette sincèrement de ne pouvoir vous exprimer, Madame, tout ce que j'ai vû, tout ce que j'ai senti : je serois trop long, & mon expression seroit trop au-dessous de son objet. Je vais donc me borner à vous indiquer ce que j'aurois tant envie de vous peindre.

C'est au-dessus de Chamaillere, & dans l'agréable parc de *Mont-joli*, qu'on trouve des caves qui ont une qualité fort singulière. Lorsque le ciel est couvert de nuages, il est très-dangéreux d'y pénétrer ; la vapeur méphitique, qu'exhale le terrain dans lequel ces caves sont pratiquées, peut faire périr promptement ceux qui y resteroient seulement une minute. Plusieurs personnes en ont fait de fatales expériences. La lumiere s'y éteint, le sirop de violettes s'y décolore ; & ce qu'il y a de remarquable, c'est que le vin s'y conserve parfaitement bien.

Au-dessus de cette maison, après avoir suivi des chemins bordés d'un ruisseau dont les eaux vives & limpides sont ombragées de saules ; après-avoir admiré des prairies, des vergers, des monticules recouverts d'une lave brune ou noire dont la couleur triste contraste singulierement avec la verdure des arbres & des vignes, on arrive à *Saint-Mart*. C'est un prieuré avec une chapelle rurale qui se dessine avantageusement dans le paysage pittoresque où elle est bâtie. Un moulin dont le méchanisme est curieux, quelques maisons particulieres, quelques fabriques, forment à-peu-près les seuls édifices de ce lieu champêtre digne d'être comparé aux plus riantes vallées de la Grèce. On y trouve une fontaine minérale, fréquentée autrefois avec affluence, par des malades, & aujourd'hui presqu'abandonnée. Les remèdes même les plus naturels, ont comme les modes leurs vogues & leur discrédit.

En remontant le ruisseau vif & bruyant, qui coule dans ce lieu, on trouve le bourg de *Royat*. Ce bourg est célebre par l'église paroissiale, très-bien bâtie, qui étoit celle d'un monastere de filles, qui existoit dès les commencemens de la monarchie, dans laquelle est dit-on conservé le corps de *Saint Faire*.

Le site de Royat, moins riant que celui de Saint Mart, a quelque-chose de plus sévère, mais qui ne parle pas moins à l'imagination. L'objet le plus remarquable de ce lieu est la fontaine abondante qui jaillit du fond d'une grotte, de matiere volcanique. Sept jets, dont quelques-uns sont aussi gros que le bras, s'élancent vivement de leurs canaux naturels, & répandent une eau aussi fraîche que limpide. On croiroit, Madame, voir la rustique demeure des nayades ou des fleuves célébrés par les poëtes de l'antiquité. Une partie des eaux de cette fontaine coule dans des conduits de pierres ou de fonte, qui se prolongent jusqu'à Clermont; ces eaux se distribuent ensuite dans les diverses fontaines de cette ville.

Au-dessus du village de Royat, sur une montagne appelée *Chaté*, on trouve des sillons de spath pesant, jaunâtre & transparent, & vers la cime quelques restes des fondations d'un château fort ancien. Près de ces restes, on voit, dans un lieu nommé *Grenier de César*, une quantité considérable de grains brulés, dont les formes sont bien conservées. On y remarque même des légumes en charbons; mais surtout beaucoup plus de seigle & de froment. Suivant une tradition populaire & fort incertaine, ce fut-là que *Jules César*, lorsqu'il assiégea *Gergovia*, établit ses greniers pour la subsistance de son armée. Mais ce fait, Madame, n'a d'autre preuve que la tradition orale & la dénomination de *Greniers de César*, que ce lieu à conservée jusqu'à nos jours.

Près de cet endroit, sont les restes d'un aqueduc, bâti par les Romains, & qui conduisoit les eaux de la source de *Fontanat*, située au-dessus de Royat, à la ville de Clermont. En voyant tous les fragments de cet aqueduc, on peut juger qu'il se divisoit, au-dessus de *Chaté*, pour conduire les eaux au château qui dominoit cette montagne.

Au nord de *Chaté* on voit encore une voie romaine, bien conservée, qui, depuis Chamaillere, mene jusqu'à la hauteur des montagnes qui servent de base au *Puy de Dome*.

Je ne puis, Madame, me dispenser de vous entretenir de cette montagne fameuse que j'ai eu le courage & le plaisir de gravir jusqu'à sa sommité.

Il faut monter pendant près d'une heure avant d'atteindre à la hauteur des montagnes inférieures, qui, comme je vous l'ai dit, Madame, font la bafe de l'énorme pyramide naturelle & prefque régulière du Puy de Dôme. Montés fur cette bafe qui forme une plaine affez unie & affez vafte, vous êtes tout-à-coup offufqués à l'afpect du coloffe qui fe préfente à une diftance d'un quart de lieue, & dont la maffe voile un grand tiers de l'horifon.

Je vous épargnerai le récit des fatigues de cette expédition prefque aërienne, pour ne vous parler que du plaifir que fon fuccès m'a procuré. Il femble qu'en chemin vous ayez acquis un nouveau corps; vous devenez plus léger, plus vif, plus gai. L'air qu'on refpire n'eft plus l'air ordinaire; les fons frappent les oreilles d'une manière nouvelle; on croit être rajeuni, & tranfporté dans un monde nouveau. Mais le changement univerfel qu'on éprouve fur la cime de cette montagne, vous étonne bien-moins encore, que le magnifique & vafte théâtre qui fe préfente à vos yeux. La moitié de l'Auvergne, une partie de la Marche, du Bourbonnois, font à vos pieds. Votre œil, en héfitant, embrasse un lointain de près de trente lieues de profondeur. Des campagnes immenses, les vastes & belles plaines de la Limagne d'Auvergne, divisées par des routes bordées d'arbres, par des ruisseaux, des rivieres, semées çà & là de villages, de bourgs & de villes, qui, du haut de ce sommet, paroissent en miniature & à vue d'oiseau, composent un tableau aussi singulier qu'admirable, & dont je ne pourrois jamais, Madame, vous donner qu'une très-foible idée.

Lorsque le tems est nébuleux, la cime du Puy de Dome jouit souvent d'un ciel serein. Le tonnerre qui menace la tête des habitans de la plaine, paroît errer aux pieds de cette montagne, dont la cime s'élève quelquefois au-dessus de la masse des nuages.

Vous savez, Madame, que sur cette montagne, fut faite, pour la premiere fois, l'expérience mémorable sur la pesanteur de l'air. Cette expérience exécutée avec beaucoup d'exactitude, par M. *Perrier*, conseiller de la cour des aides, d'après la marche indiquée par le célèbre *Pascal*, fut la source de plusieurs découvertes utiles. D'après ses différens résultats, on parvint à mesurer les hauteurs, par le moyen du mercure, & l'on reconnut particulierement que le Puy de Dome étoit élevé au-dessus du niveau de la mer de huit cent dix-huit toises, & au-dessus de la partie inférieure de Clermont de cinq cent soixante toises.

Cette montagne, dans la belle saison, se couvre de verdure & produit abondamment du foin. On y trouve des simples très-rares. On a découvert, dans les retraites de la roche, du *forspéculaire*. Vers le tiers de la hauteur de cette montagne, est une autre montagne adjacente, qui offre l'ouverture bien caractérisée d'une ancienne bouche à feu. Ce cratère est connu sous le nom de *Nid de la Poule*. Il en existe plusieurs autres dans les environs du *Puy de Dome* qui sont aussi curieux, & qui prouvent, ainsi que les énormes coulées de laves qu'on trouve fréquemment dans ces cantons, que tout ce pays a été, dans des tems très-reculés, dévoré & bouleversé par les feux souterrains.

Je pourrois, Madame, étendre encore davantage cette lettre, déja trop longue, en vous peignant les vues magnifiques & pittoresques dont mes yeux se sont enivrés dans ce pays. Mais, convaincu que mes tableaux seroient toujours bien inférieurs à leurs modeles, & que je servirois mon enthousiasme en lassant votre complaisance, je prends le parti de me taire, & de renvoyer à l'ordinaire prochain, la suite de mes observations.

Je suis, &c.

A Clermont, ce 21 Mai 1760.

LETTRE CDXI.

SUITE DE L'AUVERGNE.

Sur la grande route de Clermont à Limoges, & sur les bords de la rivière de Sioule, à quatre lieues & à l'Occident de Clermont, on trouve, Madame, le bourg de *Pont-Gibaud*. C'est une ancienne baronnie, long-temps possédée par les dauphins d'Auvergne; ce lieu est nommé, dans les anciens titres, *Pons Gibaldus*, *Pons-Givoldi*, ou *Castrum Pontis-Gibaudi*.

Lorsque l'armée de Philippe Auguste, commandée par *Archambaud de Bourbon*, s'empara, sur le comte Gui II, du comté d'Auvergne, elle prit aussi le château de Pont-Gibaud, qui dépendoit du dauphiné d'Auvergne. Le dauphin se plaignit au roi de cet attentat, & dans la suite, sous le regne de Saint Louis, Archambaud de Bourbon le rendit au dauphin.

Cette seigneurie a long-temps appartenu à l'illustre maison de *La Fayette*.

Dans les environs de Pont-Gibaud, on a découvert, depuis quelques années, des mines d'argent, & où le minéral est, dit-on, fort abondant. L'exploitation en a été commencée; mais elle a été abandonnée dans la suite, on ne sait par quel motif.

Tous les environs de Pont-Gibaud offrent, tour-à-tour, des rochers de basalte & de granit. Au lieu de *Javel*, est une source minérale qui jouit de quelque reputation dans le pays. On trouve encore près de *Saint-Pierre-le-Châtel*, une autre source dont la température change à l'inverse de celle des saisons; elle est très-froide en été & très-chaude en hiver.

Sur les bords de la Sioule & à deux lieues de Pont-Gibaud, est la chartreuse du *port-Sainte-Marie*, fondée au commencement du douzieme siecle par un seigneur, nommé *Beaufort de Saint-Quentin*. Ce seigneur, en chassant dans la forêt voisine, eut une vision. *Saint Bruno* lui apparut, & lui ordonna de fonder un monastere de son ordre dans le lieu même où il se trouvoit. A quelque tems de là, le même seigneur fut encore à la chasse, où il eut une nouvelle vision ; il vit très-distinctement plusieurs religieux, couverts de l'habit de l'ordre des Chartreux, qui se promenoient lentement & avec beaucoup de dévotion dans la forêt. Après cette seconde apparition, *Beaufort de Saint-Quentin* ne crut pas devoir retarder plus long-tems la fondation d'un monastère de Chartreux. En conséquence, il donna à l'ordre de Saint Bruno, le terrain où les moines & le saint lui étoient apparus. A cette donation il ajouta une condition singuliere ; il spécifia expressément que si l'un des aînés de sa famille venoit à tomber dans l'indigence, le monastere seroit tenu de le loger, de le nourrir, de l'habiller & de lui fournir un cheval avec deux chiens levriers pour aller à la chasse.

Plusieurs seigneurs, & même des évêques de Clermont, donnerent à l'envi des biens à ces nouveaux religieux,

ligieux, dont les possessions surpassèrent bientôt l'état de pauvreté qu'ils professoient.

Cette solitude, Madame, a quelque chose de sombre, de silencieux & de touchant qui invite à une douce méditation. Je conçois que dans un moment de foiblesse on peut se laisser aller à l'espoir de mener dans ces lieux une vie exempte d'inquiétudes; mais la raison, dans une tête bien organisée, doit bientôt reprendre ses droits. On est courageux en surmontant les peines attachées à la société; on est vertueux en remplissant exactement ses devoirs de citoyens: mais quand on fuit ces peines, quand on renonce à ces devoirs pour vivre seul dans une cellule, on est plus foible que raisonnable, plus égoïste que vertueux.

Rochefort est le chef-lieu d'un ancien comté très-considérable. Le bourg est situé sur la route de Clermont à Bort, & faisoit autrefois partie du comté d'Auvergne; il fut compris dans le délaissement que fit Guillaume le Vieux à son neveu

Guillaume le Jeune, le chef de la branche des dauphins d'Auvergne. Il est resté depuis dans la maison des dauphins. En 1282 Robert III, dauphin, assigna sur Rochefort le douaire d'Elisabeth de Chatillon, & en 1296 en disposa par son testament; depuis, cette terre fait l'apanage des Puinés des dauphins.

Rochefort passa ensuite dans la maison de Chabanne, qui le possede encore. Cette seigneurie fut érigée en comté en 1556, en faveur de Joachim de Chabannes.

Orcival, situé dans le voisinage de Rochefort, est un lieu de pélerinage, très-célèbre en Auvergne. On y vient en foule de dix à douze lieues à la ronde, honorer une petite image de la Vierge très-miraculeuse, & que l'on prétend avoir été sculptée par l'apôtre Saint-Luc.

Il existe dans ce bourg un chapitre très-ancien, sous le titre de *Notre-Dame*, dans l'église duquel est conservée précieusement l'image miraculeuse, dont je viens de vous parler, Madame. Les dauphins d'Auvergne ont donné de grands biens au prieur de ce chapitre, à condition que lui & son clergé iroient, chaque année, le jour de l'anniversaire de Robert, dauphin, pere de Guillaume, processionnellement à l'abbaye de la Chaise Dieu. Comme il y a seize lieues de distance & par des chemins difficiles, on assure que la fondation n'est jamais exactement acquittée.

Gilbert de Chabannes, seigneur de Rochefort, obtint du pape Sixte IV, une bulle du mois de Janvier 1485, par laquelle le chapitre d'Orcival est réduit à douze chanoines, outre le doyen; & qui assure à ce seigneur, ainsi qu'à ses héritiers la nomination d'une prébende qu'il avoit fondée, conjointement avec Suzanne d'Auvergne & de Boulogne, sa femme.

L'église de ce chapitre est enrichie d'une infinité d'*exvoto*. Le corps municipal de la ville de Clermont, vient chaque année remplir un vœu fait autre-fois par les habitans à la Vierge d'Orcival, dans des tems de calamité.

Herment est une petite ville située

dans les montagnes de la basse Auvergne, chef-lieu d'une seigneurie considérable, & qui a titre de baronnie. Aprés avoir fait partie du comté d'Auvergne, elle échut en partage au dauphin; en 1226, Guillaume, dauphin, en fit donation à Isabelle sa fille, lorsqu'elle épousa *Guischard* de *Beaujeu*, seigneur de Montpensier. Humbert de Beaujeu, né de ce mariage, fut seigneur d'Herment & connétable de France. Cette terre entra dans la maison de Dreux, en 1292, par le mariage de *Jeanne de Beaujeu*, avec *Jean*, comte de *Dreux*, second du nom, *grand Chambrier* de France. En 1337, *Pierre*, comte de Dreux, seigneur d'Herment, vendit cette terre à Louis de Bourbon. Peu de tems après elle passa à la maison de *Bosredon*, qui l'a possédée long-tems.

Cette terre a passé ensuite dans la maison de *Levis-Ventadour*, puis dans celle de *Soubise*, par le mariage d'Anne-Génevieve de Levis-Ventadour, veuve de Louis de la Tour, vicomte de Turenne, du 19 Février 1694, avec Hercule Mériadec de

Rohan, duc de Rohan, prince de Soubife. Cette terre vient de rentrer dans la maifon de Bofredon, par la vente que M. le maréchal de Soubife en a faite à M. le comte de Bofredon-Combrailles, lieutenant des gardes du corps.

Cette maifon de Bofredon eft fort ancienne, Madame. Le château de la branche ainée fe voit fur une montagne voifine d'Herment, appelée, le *Puy Saint-Gulmer*. Ces Bofredons ont fourni un grand nombre de chevaliers à l'ordre de Malthe. Louis de Bofredon, que les hiftoriens appelent de *Bourdon*, étoit le favori de la fameufe & méchante reine *Ifabeau de Baviere*. Comme il alloit un jour voir cette princeffe à Vincennes, il rencontra le roi qui en venoit, & à peine daigna-t-il le faluer. Le roi piqué fit faifir le galant *Bofredon*, le fit mettre dans un fac de cuir & le fit jetter dans la riviere; fur ce fac étoit écrit : *laiffez-paffer la juftice du roi*. Le Laboureur affure que ce haut & puiffant feigneur, quoique d'une très-ancienne race, étoit encore plus fameux par ses brigandages que par sa naissance.

La ville d'Herment située sur une petite éminence est très-mal bâtie. On y trouve un chapitre très-ancien composé d'un doyen, d'un chantre & de quatre chanoines.

Je vais abandonner ce pays triste & montagneux, & retourner dans le beau pays de la Limagne, où je ne tarderai pas à vous faire parvenir la suite de mes observations.

Je suis, &c.

A Herment, ce 30 mai 1760.

LETTRE CDXII.

SUITE DE L'AUVERGNE.

J'AI vu, Madame, l'emplacement de cette antique forteresse, au-bas de laquelle vinrent échouer les armes victorieuses du conquérant des Gaules. J'ai foulé aux pieds ce terrain honoré par le séjour de nombre de héros Gaulois ou Romains. C'est-là, c'est à *Gergovia* que les Auvergnats, libres, balancerent long-tems la fortune de *Jules César*; c'est-là que *Vercingentorix*, chef des Gaulois conjurés, moins politique, moins expérimenté, mais sans doute plus courageux & aussi ambitieux que son illustre adversaire, défit les légions romaines, & les força à lever honteusement le siege. C'est-là que la cause de la liberté triompha de celle de l'ambition.

Ce sont, Madame, les souvenirs que m'a rappelé le théâtre d'un événement considérable, illustré par de grands noms; souvenirs qui ont élevé mon âme & que je ne puis vous retracer, sans que mon expression se ressente un peu des sensations qu'ils m'ont fait éprouver.

Gergovia est une montagne sur la sommité de laquelle étoit bâtie une ancienne & célebre forteresse des Gaules; elle est située à une lieue & demie Sud de Clermont. Plusieurs titres, plusieurs dissertations savantes, prouvent, de la maniere la plus incontestable, que ce lieu est véritablement l'antique *Gergovia*, dont César parle dans ses commentaires. D'ailleurs la forme du terrain cadre parfaitement avec la description qu'en fait le général romain. Sur la hauteur de la montagne est une plaine vaste, sur laquelle étoit bâtie la ville, dont on voit encore des traces de rues & plusieurs restes de vieilles constructions. On a fait en différens temps des fouilles qui ont découvert plusieurs fondations d'édifice. On y a trouvé un escalier à vis, un grand nombre de chevilles de fer de quinze pouces de longueur, des fragmens de poteries antiques que les Romains nommoient *terra campana*, des fers de lances, plusieurs médailles impériales & plusieurs autres antiquités précieuses. On m'a assuré, Madame, que les médailles antiques s'y rencontrent très-fréquemment, ainsi que dans les environs.

Vercingentorix, chef des Gaulois se retrancha dans cette forteresse & sur les hauteurs voisines. César, avec plusieurs légions, vint l'y assiéger ; après un long siege, il tenta l'assaut. Les troupes Romaines franchirent les premiers retranchemens, arriverent jusqu'aux murs de la ville, quelques-uns même les escaladèrent ; mais les Gaulois, qui se portèrent en foule de ce côté-là, les précipitèrent en bas de leurs murailles. *Petreius*, capitaine d'une légion, s'efforçant de rompre une porte de la ville, fut aussi-tôt assailli par la multitude. Tout percé de coups, il crie à ses soldats : *mes amis, puisque je ne puis me sauver avec vous, je vais du moins employer les forces qui me restent à vous tirer du danger où mon avidité pour la gloire vous a conduits.* Aussi-tôt il se jette au milieu des Gaulois, en tue deux de sa main, facilite à ses camarades les moyens de se sauver ; & comme

R 5

ceux-ci cherchoient à le fecourir, il leur dit : *c'eſt en-vain que vous cherchez à ſauver mes jours, ſauvez-vous vous-mêmes puiſque vous le pouvez & regagnez votre légion.* En achevant ces mots, & combattant toujours pour le ſalut de ſes ſoldats, il tomba ſous les coups redoublés des Gaulois.

Les Romains accablés de toutes parts, lâchèrent pied; & toute leur armée auroit été défaite, ſans la prudente précaution de Céſar, qui plaça au-bas de la montagne deux légions qui favoriſèrent la retraite des aſſaillans, & arretèrent les Gaulois qui alloient porter le ravage dans le camp des Romains.

Dans cette affaire Céſar perdit quarante-ſix centurions & ſept cents ſoldats. Le lendemain, il leva le ſiège, & abandonna promptement l'Auvergne.

Les environs de Gergovia ſont auſſi agréables que fertiles ; ils préſentent des plaines très-bien cultivées, des vallons formant des vergers très-précieux, & des côteaux chargés de vignobles, dont les vins ſont eſtimés, & ſe tranſportent par la riviere d'Allier, jusqu'à Paris; plusieurs gros bourgs & villages, des maisons de campagnes, & sur les hauteurs des ruines de plusieurs anciens châteaux.

Issoire, ville ancienne & célèbre, est située à sept lieues & au sud de Clermont & à une demi-lieue de la rive gauche de l'Allier. Cette ville existoit du tems des Romains sous le nom d'*Isiodorum*; il y avoit même une école qui fut long-tems fameuse. Saint Austremoine, premier évêque de Clermont, & qui, le premier prêcha le christianisme dans la basse Auvergne, se retira à Issoire & y mourut vers la fin du troisieme siecle. Au cinquieme siecle cette ville fut prise & ravagée par les Vandales. Pendant les guerres de religion, elle fut successivement prise & reprise par l'un & l'autre parti. En 1574, le capitaine *Merle* vint, pendant la nuit, avec un petit nombre d'hommes, & prit cette ville par escalade. En 1576, la paix étant faite, elle fut cédée aux protestans, comme place de sureté, & *Merle* l'abandonna; mais l'année suivante, la guerre s'étant rallumée dans le royaume; Merle s'assura de cette ville & y mit une forte garnison. Quelques mois après, Monsieur, frere du roi, qui fut depuis roi, sous le nom d'*Henri III*, vint, au mois de Mai 1577, à la tête d'une forte armée, pour assiéger cette ville. Le siège fut long & très-meurtrier; les habitans & la garnison, après des prodiges de valeur, après avoir repoussé plusieurs assauts, ne pouvant résister à de si grandes forces, & ne voyant point arriver le secours qu'ils attendoient, offrirent de capituler. Quelques historiens assurent que les troupes royales profiterent du moment de la capitulation pour entrer dans la ville, où elles commirent des excès affreux. M. de Thou raconte d'une maniere touchante, les malheurs auxquels cette ville fut alors en proie. « Rien » ne put retenir, dit-il, les troupes » royales; il n'y a point de violen- » ces & d'excès qu'elles n'exerças- » sent envers les malheureux ha- » bitans... La place fut livrée à » l'avidité du soldat; mais au-milieu » du pillage, le feu s'étant pris à

» quelques maisons, soit qu'on l'y
» eut mis à dessein, soit que ce ne
» fût que l'effet d'une querelle, que
» l'ardeur de piller eût fait naître,
» entre les troupes; le vent qui souf-
» loit alors avec violence, rendit
» l'embrâsement si universel, que
» nul secours humain ne put l'arrê-
» ter. L'incendie termina le différend
» auquel l'avidité du soldat avoit
» donné lieu, en reduisant en cen-
» dres la plus grande partie de la
» ville avec ses richesses.

» Pour surcroît de malheur, une
» pluie terrible, qui tomba pendant
» plusieurs heures, au-lieu d'appaiser
» la fureur des flammes, ne servit
» qu'à augmenter l'horreur d'un
» si triste spectacle, en achevant de
» ruiner ce qu'elles avoient épar-
» gné. Ainsi, attaquée par deux
» forces contraires, la ville d'Issoire
» devint, presqu'en-même tems, la
» proie du feu & des eaux. Fortune
» toujours bizarre, voilà quels sont
» tes jeux, au-milieu même des plus
» grands malheurs »!

Ce ne fut pas, Madame, le seul
désastre que cette ville éprouva

pendant les guerres civiles de religion. Douze ans après, les affaires ayant changé de face, le parti de la Ligue s'étant ouvertement déclaré en Auvergne, les royalistes s'assurèrent d'Issoire, & les Ligueurs vinrent ensuite l'assiéger. Après plusieurs tentatives, ils la prirent d'assaut, au mois de Mai 1589. Elle fut alors de nouveau livrée au pillage des soldats. L'année suivante elle fut reprise par les royalistes de Clermont, qui cependant ne purent s'emparer de la forteresse, dont l'artillerie battoit vivement la ville. Bientôt les Ligueurs s'assemblèrent de toutes parts & formerent le siege d'Issoire, qui se trouva alors pressé de deux côtés, par la garnison de la forteresse, & par les assaillans. Les habitans restèrent pendant deux mois dans de continuelles allarmes, que leur donnoit leur malheureuse position. Battus de tous côtés, manquant de munitions de guerre & de vivres, les habitans & la garnison étoient sur le point de se rendre, lorsqu'un événement heureux vint mettre fin à leurs maux.

Les Royalistes de l'Auvergne & des provinces voisines se réunirent à Clermont, & formerent une armée asses considérable, qui s'avança vers Issoire, pour faire lever le siege aux Ligueurs & pour donner du secours aux habitans. Le 14 Mars 1590, il y eut une bataille considérable entre les deux partis, près des murs de la ville. Les royalistes furent victorieux, & les Ligueurs eurent beaucoup de soldats & de gentilshommes de tués, & de ce nombre fut leur général M. de *la Rochefoucaud*, qui le lendemain mourut de ses blessures.

Ce qu'il y a de remarquable dans cet événement, c'est que cette victoire décisive pour le parti du roi dans la Province, fut remportée le même jour qu'Henri IV gagna la fameuse bataille d'Yvri.

Cette ville conserve encore quelques restes de ses anciennes fortifications qui la rendoient, du tems de la Ligue, une des plus fortes & des plus malheureuses villes de la province. Au centre est une place très vaste. L'église la plus remarquable est celle de l'abbaye de *Saint-*

Auſtremoine, de l'ordre de Saint Benoît, & de la congrégation de Saint Maur. L'abbaye eſt en commende.

Ce monaſtere doit ſon origine à une ancienne chapelle, élevée ſur le tombeau de Saint Auſtremoine, apôtre de l'Auvergne & premier évêque de Clermont. Les habitans, ſuivant Grégoire de Tours, n'avoient pas, pour le tombeau de ce Saint, tout le reſpect & la dévotion qu'il méritoit. Mais une viſion qu'eut un diacre de cette égliſe ranima pour quelque-tems le zèle éteint des Auvergnats de ce canton. Ce diacre vit, en rêvant, un grand nombre d'hommes, vêtus de robes blanches, qui pſalmodioient & ſe promenoient autour du tombeau de Saint Auſtremoine: le diacre s'empreſſa de publier ſon rêve, & chacun y entrevit la néceſſité de rendre plus d'honneur au tombeau du Saint. En conſéquence, on le couvrit d'une riche draperie, on l'entoura d'une grille, & le peuple lui adreſſa plus fréquemment ſes prieres & ſes offrandes.

Ce diacre viſionnaire étoit nommé *Cantin*; il fut enſuite élevé à l'épiscopat de Clermont. S. Grégoire de Tours le peint comme un des hommes les plus scélérats de son siecle.

Charles de Bourbon, cardinal & archevêque de Clermont, étoit administrateur de cette abbaye. En 1462, il reduisit le nombre des religieux à vingt, & le pape confirma, en 1469, cette réduction. Ce Monastere étoit un de ceux qui devoient le droit de gite au roi. En conséquence, Saint Louis, à son retour de la Terre-sainte, vint y loger.

Ce droit étoit dû par les monasteres & par les évêques, & souvent par les bourgeois d'une ville. Un particulier fort instruit de ce pays m'a fait voir les différentes dépenses que Saint Louis fit dans la ville où il passa, en 1254, & ces dépenses vous donneront, Madame, une idée de la magnificence de nos anciens monarques.

A Brioude où le saint-roi séjourna, un jour il dépensa cent livres tournois. A Issoire, pour le même-tems il dépensa cent livres & cent sous tournois ; mais il faut bien observer, Madame, que la livre valoit alors dix-huit francs, & que cent livres représentoit mille huit cents livres d'aujourd'hui.

Un intendant de la province, vient d'embellir cette ville, par plusieurs réparations utiles; il a fait combler une partie des fossés, planter des arbres, & sur-tout, il a fait construire, à côté de ces nouveaux boulevards, une promenade publique qui porte son nom.

Issoire est la patrie de quelques hommes dont la célébrité n'est pas en grande vénération chez les François. L'un est le cardinal *Boyer*; l'autre est le cardinal & chancelier *du Prat*, mauvais françois, mauvais ministre, & mauvais prélat; il fit tout le mal qu'il put faire; & il pouvoit beaucoup, car ses intrigues, ses bassesses, ses complaisances scélérates, au-lieu de le conduire sur l'échafaud, l'éleverent à côté du trône, & lui valurent, pendant long-tems, une puissance presqu'absolue dans le royaume.

Les environs d'Issoire sont aussi fertiles qu'agréables. J'ai fait, Madame, dans les lieux circonvoisins, & sur-tout sur les montagnes qui sont au couchant de cette ville, de petits voyages bien intéressans; j'ai vû des tableaux admirables, les uns par les superbes horreurs qu'ils présentent, les autres par les paysages les plus pittoresques, les plus touchans, & vraiment dignes du pinceau du *Poussin*. J'y ai vu, de plus, les vastes monumens des antiques révolutions du globe; des caracteres profondément tracés, d'après lesquels on peut en déchifrer l'histoire. Ce sont les énormes coulées de laves, leurs couches successives, la forme ou la destruction totale des cratères, qui attestent les différentes époques des explosions volcaniques. Ce sont des ravins, creusés par des milliers de siecles, qui ouvrent, pour ainsi dire, aux naturalistes, les entrailles de la terre, afin qu'ils puissent en lire l'histoire. L'observateur, placé sur la hauteur de ces laves gigantesques, ou descendu dans le fond des précipices, toujours frappé par de grands objets, qui rappellent des événemens plus grands encore, ne peut maîtriser son imagination; elle se plonge dans la profondeur des siecles, cherche, dans l'intérieur du globe, le germe de ces feux souterrains dont les prodigieuses déjections ont couvert en un seul point plusieurs lieues de terrains, & formé d'énormes montagnes aujourd'hui décharnées par le tems. Tout étonne, tout exalte; mais l'esprit, convaincu des faits, sans être instruit des causes, s'égare dans le vaste champ des conjectures.

D'un autre côté sont des plaines bien cultivées, des coteaux chargés de vignobles, des villages, des maisons de campagnes dans la plus riante exposition; & ce qui caractérise particulierement ce canton, ce sont plusieurs ruines d'anciens châteaux perchés sur des hauteurs qui jettent de la variété dans le paysage, & contrastent assez fortement avec l'agrément & la fertilité des campagnes voisines, en rappelant à l'esprit la demeure effrayante des fiers tyrans des laboureurs & l'asyle de l'oppression, & du crime.

Je vous retrace bien foiblement;

Madame, ce que j'ai fortement senti; mais c'est plus la faute de ma plume que celle du sujet. Je ne vous parlerai pas de tous les objets dignes de remarques qui se sont offerts à mes yeux; mais pour vous paroître moins diffus & plus piquant, je ne vous parlerai que de ceux qui m'ont le plus vivement interressé.

Le village de *Perriers*, situé à une demi-lieue d'Issoire, est remarquable par de nombreuses excavations, dont la plupart sont naturelles, ou produites par quelques violentes secousses du terrain, ou bien creusées par la main des hommes. La plupart de ces antres souterrains sont habités par des familles de paysans peu fortunés, triste image de l'ancienne vie sauvage des Troglodites. Parmi les résultats singuliers de divers éboulemens que le terrain des environs a éprouvés, on remarque un obélisque naturel, absolument séparé du coteau dont il faisoit autre-fois partie. Quelques endroits de cet obélisque ont été aussi excavés & habités par des familles entieres. Sa partie supérieure, qui s'éleve en pyramide, est terminée par les ruines d'une ancienne tour appelée la tour de *Maurifolet*.

A une petite lieue au-dessus de *Perriers*, on trouve le village de *Pradines*. Ce lieu eſt célèbre par un éboulement terrible dont l'époque n'eſt pas fort éloignée.

Ce village eſt bâti ſur une éminence, au bas de laquelle eſt un vallon profond, où coule un ruiſſeau aſſez conſidérable. On s'étoit apperçu que le ſol du village avoit éprouvé un ébranlement, & qu'une fontaine avoit ceſſé de couler, lorſque, le 22 Juin 1737, un orage, mêlé d'une pluie très-abondante, détrempa beaucoup le terrain. Le lendemain, 23, à neuf heures du ſoir, pendant que les habitans s'étoient portés à une extrémité du village, pour jouir du ſpectacle du feu de la Saint Jean, un ſpectacle bien affreux les attendoit. Le terrain, ſur lequel le village étoit bâti, commença à ſe détacher & à gliſſer juſqu'au fond du vallon. Cet éboulement ſe fit par partie & continua les jours ſuivans, juſqu'au 25 Juin. Des rochers, des arbres, des maiſons, ébranlées dans leurs fondemens, glisserent lentement ou se précipitèrent avec fracas, jusqu'au bas du vallon. On vit même de grandes parties de terrein, qui descendirent, du haut en-bas, sans que leur surface fût altérée ; ils glisserent jusqu'au fond du vallon, avec les arbres & les vignes qui s'y trouvoient plantés. Un bâtiment fut transporté doucement du-haut en-bas, avec le sol sur lequel il étoit fondé, sans éprouver d'autre accident qu'une crevasse dans ses murs.

Le dernier jour de cet accident un énorme rocher volcanique, de près de cent pieds de haut, fut tout-à-coup renversé, & causa une si violente secousse que les habitans crurent que la montagne entière s'écrouloit. La peur fut, pour cette fois, le seul mal qu'éprouverent les habitans; mais elle fut très-fatale à quelques-uns, qui en périrent. Le curé qui disoit alors la messe, au bruit de cette chute, abandonna l'autel, & mourut quelques jours après.

Champeix, située à une lieue de Pradines, & à deux fortes lieues d'Issoire, sur la riviere de Couse, est une petite ville, chef-lieu du marquisat de Tourzel. Cette terre très-considérable, qui comprend plusieurs seigneuries, fut érigée en marquisat, en faveur de la célèbre marquise de Rupelmonde, amie de *Voltaire*, & à laquelle ce poëte adressa sa fameuse *épitre à Uranie*.

Cette dame a séjourné, pendant plusieurs étés, au château de Saint-Cirgue, qui dépend du marquisat de Tourzel & qui est situé à une lieue de Champeix.

La petite ville de Champeix est divisée en deux parties par la riviere de Couse, sur laquelle est un pont qui forme la communication. Sur une montagne, très-escarpée, on voit encore les ruines considérables, de l'ancien château de Champeix. Il fut assiégé du tems de la guerre de la fronde, & démoli par ordre du cardinal de Richelieu.

A une demi-lieue, & au-dessous de Champeix, est le bourg de *Néchers*. On y trouve un amas énorme de lave qui paroît avoir été un des plus vastes récipients des déjections des volcans du Mont-d'or.

Le

Le bourg de *Saint-Sandoux* offre un des plus étranges accidens des produits volcaniques. C'est une chauffée de colonnes basaltiques, disposées de telle maniere qu'elles divergent entre elles, comme les rayons d'une gloire. Lorsque le soleil vient à frapper obliquement cette chauffée, les effets en sont bien plus piquans.

Nous avons cotoyé & remonté la petite riviere qui passe à Champeix : nous avons vu, au lieu de *Saillens*, une cascade, dont je ne chercherai pas, Madame, à vous peindre les beautés rustiques. De pareils tableaux doivent être vus, ou représentés avec le pinceau. Les paroles rendent mal les ressemblances, & pour cela il vaut mieux parler aux yeux qu'à l'esprit.

De-là nous sommes arrivés au village de *Mu ol*, situé au bas des Monts d'or, & sur la même riviere de *Couse*. On prétend que ce lieu est l'ancien *Meroliacense Castrum*, dont parle Grégoire de Tours. La description, vraiment romanesque, qu'en fait ce premier historien de la monarchie, ne semble guere convenir au local de Murol, où il faut qu'il ait éprouvé des changemens considérables. Je n'entrerai pas, Madame, dans de longues discussions à cet égard, & je me bornerai à vous dire que ce lieu est curieux par une des productions volcaniques qui abondent dans les environs & qui paroissent avoir découlé du grouppe énorme des montagnes dont je vous parlerai bientôt. On y remarque des colonnes basaltiques de plusieurs formes; & le sol est tout couvert de scories, de pouzzolanes & d'autres déjections de volcan.

Ce lieu a donné son nom à une ancienne famille d'Auvergne, autrefois fort illustre, & qui s'est éteinte dans la maison d'*Estaing*.

Au-dessus du village de Murol, est un lac, assez considérable, nommé *lac de Chambon*, du nom d'un village qui est à son extrémité occidentale. Ce lac est un des plus grands & des plus poissonneux de l'Auvergne. Il est nourri par la petite riviere de Couse; & la chaussée, qui en retient les eaux, paroît avoir été formée par une énorme coulée de laves, sortie d'un volcan voisin.

Ce lac a environ cinq cents toises dans sa plus grande longueur, & trois cent vingt-cinq dans sa plus grande largeur. Son étendue diminue insensiblement, à mesure que le sable, que les eaux y charrient, s'accumule dans le fond ou sur les bords, & à mesure que la chaussée de lave, usée continuellement par le courant du ruisseau, s'abbaisse.

Je suis, &c.

A Murol, ce 9 juin 1760.

F I N.

TABLE DES MATIERES
CONTENUES DANS CE VOLUME.

LETTRE CCCXCV.
LE DAUPHINÉ.

Idée générale, position & division du Dauphiné. *Page* 1

Premiers habitans du Dauphiné, leurs guerres. 3

Les Romains & les peuples du nord l'occupent successivement. 4

Conquête du Dauphiné par Clovis; différentes petites souverainetés qui s'y élévent. 5

Comtes d'Albon; ils prennent le nom de Dauphins. 6

Cession du Dauphiné en faveur du roi de France; remarque sur une des conditions de ce traité. 8

Titre donné au dauphin sous plusieurs de nos rois. 9

Climat & qualités du sol du Dauphiné. 10

Montagnes & forêts de cette province. 11

Sauvages trouvés sur ces montagnes. 12

Animaux qui les habitent; *Boucteins, Chamois, Marmotes*, &c. 16

Arbustes & plantes médicinales. Cristaux de sel longuets. 18

Petit volcan. Mines d'or, de fer, de cuivre, &c. 19

Rivieres, l'*Iser*, le *Guyer*. 20
Débordement du *Drac*; singularités dans le cours de l'*Oron* & la *Veuse*. 21
Propriété du ruisseau de *Barberon*. Lacs. 22
Eaux minérales. 23
Prétendues merveilles du Dauphiné. 24
Commerce, population, caractere des habitans. Ibid.
Etats du Dauphiné. Cadastre. 25
Statut remarquable de la ville de Grenoble; son Parlement. 27
Administration ecclésiastique. 28

LETTRE CCCXCVI.

Suite du Dauphiné.

Haut Dauphiné; pays des *Baronnies*. 30
Baronnie de *Montauban*. Petite ville de *Nyons*, son origine; pont remarquable; belle situation de cette ville. 31
Description de la fameuse *caverne de Pontias*. 33
Vent *Pontias* qui sort de cette caverne. 35
Héroïne née à Nyons. 36
Baronnie de *Mévouillon*. Le *Buis*, bourg. Ibid.
Le *Gapençois*; son terroir, ses productions, son histoire. 37
La ville de *Gap*, sa situation, son histoire, ses premiers évêques. 38
Petites villes du *Gapençois*; ancien château des dauphins; *tour de Champeron*. 40
Fontaine *Vineuse*; pré flottant au milieu d'un étang. 41
L'*Embrunnois*, son terroir, ses productions, son histoire. 42

La ville d'*Embrun*, sa situation, son histoire, le palais de son archevêque; sa cathédrale. 43

Premiers évêques d'Embrun; concile qui s'y est tenu. 45

La ville de *Guillestre*, forteresse de *Mont-dauphin*. 46

Le *Briançonnois*, son terroir; manne de Briançon. 47

Histoire du Briançonnois. 48

La ville de *Briançon*, sa forteresse. 49

Roche percée nommée *Pertuis-rostang*. Homme illustre né à Briançon. 50

Le *Graisivaudan*; son terroir. 51

La ville de *Grenoble*, son histoire. Ibid.

Division de cette ville par deux rivieres dangereuses; choses remarquables qu'on y voit. 53

Commerce de cette ville; grands hommes qu'elle a produits. 55

Monastere de *Montfleuri*; la *tour Sans-venin*. 56

La *fontaine Ardente*, ou le *terrain qui brule*. 57

La *montagne inaccessible*, les *cuves de Sassenage*, la *fée Mélusine*, pierres *Ophtalmiques*. 59

La grande *Chartreuse*, sa description, son histoire. 61

Bourg-d'Oisans, fort *Barraux*. Réponse de Lesdiguieres à Henri IV, lors de sa construction. 64

Le pays de *Champsaur*, *saint-Bonnet*; Lesdiguieres; connétable de ce nom. 66

Le *Royanès*. 67

S 4

LETTRE CCCXCVII.
Suite du Dauphiné.

Bas Dauphiné; le Diois, son histoire. 68

La ville de *Die*, son histoire, sa description, lieux les plus remarquables de son diocese. 69

Le *Tricastin*, la ville de *Saint-Paul-trois-châteaux*, origine de son nom, ses évêques; portique remarquable, pierre latte. 71

Le *Valentinois*, sa surface, son climat, les productions de son terroir. 73

Histoire du Valentinois, ses comtes. 75

Evêques de Valence; conduite scandaleuse de Jean de Montluc l'un d'entr'eux; *Balagni*, son fils. 77

Situation de la ville de Valence, choses remarquables qu'on y voit. 79

Maison de Saint-Ruf; représentation d'un squelette de géant. 80

Université de Valence. 82

Environs de Valence, joli château nommé le *Valentin*. 83

La ville de *Montelimart*, son histoire, guerres de religion, siege de cette ville, trait de courage d'une femme, puits *Saigneux*. 84

Choses remarquables dans Montelimart, anecdotes concernant un des hommes illustres qui y ont pris naissance. 86

Environs de Montelimart, les petites villes de *Crest* & de *Livron*. 88

LETTRE CCCXCVIII.
Suite du Dauphiné.

Le *Viennois*, histoire de la ville de Vienne. 90

Comtes de Vienne, les archevêques en posses-

sion de la seigneurie de cette ville. Dauphins de Viennois. 91
Les archevêques réduits aux seuls honneurs ecclésiastiques. 93
Premiers évêques de Vienne. 94
Saint-Mamert. Tradition concernant Ponce-Pilate, opinion vulgaire au sujet d'un marais bourbeux; institution des Rogations. 95
Saint - Adon. Saint - Thibaud. Archevêque, premier comte & seigneur de Vienne. 97
Service rendus à la chrétienté par un Archevêque de la maison de Bourgogne. 98
Hommage rendu par les dauphins aux Archevêques de Vienne, concile fameux tenu dans cette ville; institution de la fête du saint-Sacrement. 99
Dauphin de Viennois reçu chanoine honoraire; prétentions de l'archevêque & du chapitre, à l'égard de nos rois reçus aussi chanoines. 101
Angolo Carto, Charles de *Marillac,* & autres archevêques de Vienne. 102
Population de Vienne; ses portes, ses anciens châteaux & son ancien pont. 103
Monumens curieux. Description de la cathédrale. 106
Divers tombeaux qu'on y trouve, petits cloîtres, palais de l'archevêque. 107
Abbaye de *Saint-Pierre,* tombeau de plusieurs martyrs de la légion Thébaine, d'un roi d'Italie qui se fit moine, &c. 109
Eglise de *Saint-André le bas,* & son fondateur; la *table ronde;* droit d'asyle qu'elle avait. 111

Eglises de saint-Severe & de *saint-André le haut.* 112

Usages particuliers de l'église de Vienne; abbé des fous; *vin d'Epices*; fête des *Noircis.* 113

Séminaire; place *des Ormes*, où l'on rendoit la justice. 114

Commerce de Vienne; hommes illustres qu'elle a produits. 115

Faubourg de *sainte-Colombe*; vieux château de *Ponas.* 116

Noble abbaye de *Saint-Cerf.* 117

La ville de *Romans*, son histoire; privilèges accordés à l'église collégiale de cette ville. 118

Le bourg de *Thain*; l'*Hermitage*; *Côte-Rotie.* 119

Le bourg de *saint-Antoine*; fondation de son abbaye. 120

Moines de cette abbaye sécularisés, réformés & enfin supprimés. 121

Petite ville de *saint-Marcellin*, *saint-Vallier*, *Albon*, *Roussillon.* 122

La *Tour-du-Pin*, pont-de-*Beauvoisin*, *Cremieu*, grotte de *Notre Dame de la Balme.* 123

La *Guillotiere*; guerres entre les Lyonnois & les Viennois. 124

Baronnies très-anciennes du Dauphiné. 125

Origine de la maison de *Clermont.* Ibid.

Ses belles alliances; trait de vanité d'un prélat de cette maison. 127

Baronnie de *Saffenage.* 128

Maison de *Berenger*, & autres. Ibid.

Maisons de *Montauban* & de *Moreton-Chabrillant.* 129

Maison de *Virieu*, de *Vesc*, de *Montchenu* de la *Poype.* 130

DES MATIERES.

Maison de *Labaume de Suze*, de *Salvaing*, de *la Tour-du-Pin*, & de *Viennois*. 131

LETTRE CCCXCIX.
Le Lyonnois.

Idée générale de la ville de Lyon, & du gouvernement de Lyonnois. 133
Situation du Lyonnois, climat & qualités du sol. Ibid.
Petite contrée appellée Franc-Lyonnois. 134
Fondation de la ville de Lyon, étymologie de son nom. 135
Agrandissement de Lyon; tables de bronze; harangue de l'empereur Claude. 136
Lyon brulé & rétabli; temple très-fameux dédié à Auguste. 137
Lyon sacagé, devient ensuite la principale ville des Gaules. 138
Les Bourguignons s'en emparent, nos rois leur succèdent. 139
Archevêques seigneurs & comtes de Lyon. 140
Autorité spirituelle de ces prélats. 142
Histoire abrégée des évêques de Lyon; *saint-Pothin*, *saint-Verissimus*, abbaye de l'Isle-Barbe. 143
Saint-Just, piété scrupuleuse de ce prélat. 144
Saint-Eucher, *Saint-Patient*; *Prisque*. 145
Saint-Arrige, *Saint-Ennemond*, *Saint-Genis*, *Fulcoalde*. 146
Leidrade; établissement des chanoines & comtes de Lyon; *Agobard*; piece remarquable qu'on trouve dans ses écrits. 147
Droit de l'évêque d'Autun sur le temporel de l'église de Lyon. 148

Burchard I. Hugues. Héraclius de Mont-Boissier. Guichard. Ibid.

L'archevêque Pierre de Savoie, ses querelles avec Philippe le Bel. 150

Henri de Villars, service qu'il rend à la France. 151

Princes de la maison de France élus archevêques; autres prélats de maisons très-illustres. 152

Hérésies de Luther & de Calvin répandues dans Lyon. 153

Antoine d'Albon, Pierre d'Epinac. Ibid.

LETTRE CD.
Suite du Lyonnois.

Milice bourgoise de Lyon, son ancienneté, sa dénomination, &c. 155

Quartiers de Lyon & sa population. Ibid.

Situation de cette ville ; rivière de la Saône. 156

Portes, faubourgs & division de Lyon; objets renfermés dans son enceinte. 157

Place de Bellecour. 159

Hopital général de la Charité; sa fondation; son usage. 160

Description de cet hopital; son administration. 162

Couvent de la Visitation; par qui fondé. 163

Belle vue sur les remparts de Lyon; abbaye d'Aisnay. 164

Opinion sur la fondation de cette abbaye. 165

Arsenal; quai & monastere des Célestins; sépulture des Pazzi, détruite par ordre de Marie de Médicis. 166

Eglise des Dominicains; chapelle fondée par

la famille de *Gadagne*; tombeau de deux princes de la maison de Bourbon. 167

Rue *Belle-Cordiere*, femme illustre qui y demeuroit. 169

Le grand Hôtel-Dieu. 170

Sa description. 171

Pont du Rhône, traits historiques à ce sujet; description de ce pont. Ibid.

Rue *Merciere*; établissement de l'imprimerie à Lyon, imprimeurs célèbres; commerce des livres. 173

Eglise de *Saint-Antoine*, *Antonins*; par qui établis. 175

Confrerie de pénitens, dite *du Gonfanon*. 176

Université, collèges; *mémoire prodigieuse d'un Jésuite*. 177

Eglise de *Saint-Nizier*, sa description. 178

Pont de pierre sur la Saône. 179

Place *des Terreaux*. 180

Hôtel-de-Ville, sa fondation & sa description. 181

Tribunal de la conservation. 183

Foires de Lyon, son commerce, ses manufactures. 184

Eglise des *Feuillans*; chapelle fondée par la famille de *Scarron*; anecdote sur le poëte de ce nom; tombeau de Cinqmars & de Thou. 186

Restes de l'*amphithéâtre* & de la *naumarchie* des Romains. 187

Monastere des Carmelites; maison des Chartreux. 188

Faubourg de *Vaise*; *monastere des Deux-Amans*. 189

Fondateur du couvent des Cordéliers; homme illustre de la famille de *Grollier*. 190

Château de *Pierre-Scife*. 191
Eglife de *Saint Paul*; tombeau de Jean Gerfon.
Ibid.
Couvent au pied de la montagne de *Fourviere*; rue *de la Juiverie*; joûtes du roi Charles VIII. 192
Origine du nom de *Fourviere*; monaftere de *l'Antiquaille*. 193
Eglife collégiale & chapitre de *faint-Juft*. 194
Infcriptions fépulcrales; arcades d'un fameux aqueduc, villages où ils aboutiffent; églife ancienne. Ibid.
Cathédrale de Lyon, formée de trois églifes; ufage qu'on y obferve pendant l'office. 196
Defcription de cette églife. 197
Chapelle des Bourbons; horloge curieufe. 198
Chapitre de cette églife; fes chanoines; regiftres capitulaires; habillemens de ces eccléfiaftiques. 200
Palais archiépifcopal. 201
Salles du concert & de la comédie. 203
Académie de Lyon. Ibid.
Perfonnes illuftres qu'a produits cette ville; femmes célèbres. 204
Autres favans & artiftes. 205
Familles qui ont donné des chanoines-comtes à Lyon. 207
Maifon d'*Albon*. Ibid.
Gentils-hommes de la maifon d'*Alleman* & de celle d'*Apchon*. 208
Maifon de *Beaumont*, de *Damas*, de *Talaru* & autres. 209
Chimere de la maifon de *Montdor*; cornet merveilleux. 210

LETTRE CDI.
Suite du Lyonnois.

Diocese de Lyon; bourg de *Condrieu*, fameux
    par ses vins.   213
Saint-Chamont; curiosité d'histoire naturelle.
     214
Brignais, fameux par une bataille; *Chef-*
    sieux.   215
La Bresle; inondation de la riviere de *Tar-*
    dine.   216
Tarare, *Anse*.   217
Principaux traits de l'histoire du Lyonnois;
    ses premiers comtes.   218
Division de cette seigneurie en trois parties.
     219
Le Lyonnois & le Forez réunis.   Ibid.
Le Lyonnois dépendant de nos rois.   220
Le Forez passe à la maison de Bourbon. 221
Premiers comtes de Beaujolois.   Ibid.
Cession du Beaujolois au duc de Bourbon
    comte de Forez.   222
Ces deux Provinces passent avec la princi-
    pauté de Dombes au connétable de Bour-
    bon.   223
La mere de François I les lui dispute, le roi
    s'en empare.   224
Le Beaujolois & la Dombes restitués au duc
    de Montpensier.   Ibid.
Une héritiere les porte dans la maison d'Or-
    léans.   225
Formation de la principauté de Dombes. Ibid.
Ses premiers souverains & leurs successeurs.
     226
Prérogatives & honneurs de la souveraineté
    accordés à cette principauté.   227

LETTRE CDII.
Suite du Lyonnois.

Situation, climat, rivieres & productions de la principauté de *Dombes*. 229

Population & division de ce pays. 230

La ville de *Trévoux*, origine de son nom, & sa situation. Ibid.

Manufactures; imprimerie. 231

Eglise & chapitre de Trevoux. Ibid.

Palais de la justice & parlement de Dombes. 232

Etats de cette principauté. 233

Hotel des Monnoies. 234

Ancienne synagogue de Juifs à Trévoux. 235

La ville de *Thoissey*, sa situation, son collége & son ancien château; sieges qu'il a soutenus. 236

La petite ville de *Montmerle*; vue des plus étendues. 237

Situation du *Beaujolois*; origine de son nom. Ibid.

Productions de ce pays. 238

La ville de *Beaujeu*, sa situation, son ancien château. 239

Monumens à voir dans son église collégiale. Ibid.

Chapitre de cette église; priviléges de ses chanoines. 240

Belleville; ses dehors; tombeaux que renferme son église; manufactures. 241

Villefranche; sa fondation; sa description. Ibid.

Chapitre, couvent des cordeliers, collége, académie. 242

Privilege singulier accordé aux habitans de cette ville par son fondateur ; autre usage non moins singulier. 243

Thizi, le Pereux, Amplepuis, Charlieu. Ibid.

LETTRE CDIII.
Suite du Lyonnois.

Ancienne surface du *Forez* ; origine de son nom. 245

Situation du Forez ; rivieres qui l'arrosent ; cours de la Loire. 246

Climat du Forez. 247

Montagnes du Forez ; oiseaux sauvages qu'on y trouve. 248

Mines du Forez. 249

Traces d'anciens volcans. 250

Monumens d'antiquité ; noms modernes qu'on fait dériver d'anciens noms Romains. 251

Commerce du Forez ; division de ce pays. Ibid.

La ville de *Saint-Etienne* ; manufacture fameuse d'armes à feu. 252

Saint-Galmier ; fontaine nommée la *Font-Forte*. 253

La ville de *Feurs* ; fontaine de *Sals*. Ibid.

La ville de *Montbrison* ; origine de son nom, sa situation. 254

Son ancien château ; son chapitre ; homme illustre qu'elle a produit ; eaux minérales. 255

La ville de *Roanne* ; son commerce. Ibid.

Seigneurs du Roannois. 256

Village de *Saint-Alban* ; ses eaux minérales ; terre d'*Urfé* ; maison de ce nom. 257

LETTRE CDIV.
L'Auvergne.

Situation & division de l'Auvergne. 259
Haute Auvergne. Ibid.
Basse Auvergne; pays de la Limagne; cours de la riviere d'*Allier*. 260
Autres rivieres & leur cours. 261
Révolutions qu'a éprouvées l'Auvergne; origine des Auvergnats. 262
Rois d'Auvergne; fait qui honore les femmes Gauloises. Ibid.
Lucius, roi des Auvergnats, ses prodigalités. 263
Bituitus; ses guerres contre les Romains & ses défaites. 264
Gouvernement républicain des Auvergnats. 265
Vercingentorix en est proclamé roi; ses guerres contre César; sa mort. Ibid.
Les arts fleurissent chez les Auvergnats. 266
Etablissement du christianisme en Auvergne; Monumens antiques détruits par les Barbares du Nord. Ibid.
Résistance des Auvergnats aux armes des Visigoths. 267
L'Auvergne sous la domination de ces peuples, & ensuite sous celle de nos rois. 268
Exploit cruel de Thieri, fils de Clovis. 269
L'Auvergne ravagée sous Pepin. Ibid.
Premiers comtes d'Auvergne. 270
Enrolement de l'un de ces comtes dans la premiere croisade; premier dauphin d'Auvergne. Ibid.
Maison dans laquelle subsiste le *Fief-Dauphin*. 271

Démmebrement du comté d'Auvergne : guerre entre deux freres ; Philippe Auguste souverain de l'Auvergne. 272
Maisons par lesquelles a passé le comté d'Auvergne. 273

LETTRE CDV.

Suite de l'Auvergne.

La ville de *Thiers* ; sa situation & sa description. 275
Ce qu'elle a été au commencement de la monarchie ; miracle qui s'y est opéré. 276
Maison de Thiers ; son histoire abrégée. Ibid.
Eglise du Moutier. 278
Ordre de Grammont ; maisons religieuses, &c. 279
Fabriques nombreuses ; route nouvelle. 280
Homme illustre qu'a produit Thiers. 281
Le bourg de *Vollore*; siege qu'il la soutenu. Ibid.
Terre de *Vollore* ; à qui elle a appartenu. 282
Colonne milliaire. 283

LETTRE CDVI.

Suite de l'Auvergne.

Communautés remarquables de paysans ; détails curieux sur celle des *Pinons*. 285
La petite ville de *Lezoux*, son histoire. 288
Le château de *Fonteniile*. 289
Le château de *Ligone* ; sa description. Ibid.
Le château de *Beauregard* ; note sur Massillon. 290
Le château de *Ravel* ; tableaux curieux. 291

La ville de *Billon*; son église; relique qui y est conservée. 293

Tombeaux qui sont dans cette église; fait historique concernant le collége des Jésuites. 295

Voie Romaine. 296

Situation de la ville de Billon; son commerce; ses environs. 297

LETTRE CDVII.
Suite de l'Auvergne.

BORDS de l'*Allier*. 299

La ville du *Pont-du-Château*; sa situation; son pont; Digue nommée *Peliere*; moulins. 300

Eglise & château de cette ville. 301

Sieges qu'a soutenus cette ville; son histoire. 302

Curiosités d'histoire naturelle. 303

Le village des *Martres d'Artieres*; cerceuil de pierre qui renfermoit un enfant. 304

Le village de *Jose*. 305

La ville de *Maringue*. 306

Monastere de *Laveine*. Ibid.

Plaine fertile en bled. 307

LETTRE CDVIII.
Suite de l'Auvergne.

LA ville d'*Aigueperse*; son histoire. 308

Eglises de cette ville; tableau curieux. 309

Homme illustre qu'a produit Aigueperse. 310

Emplacement de l'ancien château de Montpensier. 312

Le village de *Montpensier*. 313

DES MATIERES. 429

Evénement remarquable arrivé dans ce château. Ibid.
Maison de Montpensier; trait de piété filiale d'un jeune seigneur de cette famille. 315
La petite ville d'*Effiat*. 316
Le bourg d'*Artonne*; fait rapporté par saint Grégoire de Tours. 317

LETTRE CDIX.
Suite de l'Auvergne.

La Ville de *Riom*, son histoire. 318
Sa description. 319
L'église de *saint Amable*; choses curieuses à y voir. 320
Autres Eglises, & ce qu'elle renferment. 321
Morceau de sculpture remarquable. Ibid.
Le palais & la *Sainte-Chapelle*. 322
Population de Riom; conduite de ses habitans durant les divers troubles du royaume. 323
Hommes illustres qu'a produits cette ville. 324
Abbaye de *Mozat* & sa fondation. 326
Le bourg de *Volvic*; carriere de pierres volcaniques. Ibid.
La petite ville de *Mont-ferrand*, sa description, son histoire. 327
Réunion de cette ville à Clermont. 329
Eglises de Mont-Ferrand; tableaux qu'on voit dans celle des Récollets. 330
Le *puy de la Poix*. 331

LETTRE CDX.
Suite de l'Auvergne.

La ville de *Clermont*; son origine, & ses anciens monumens. 333

Ravages qu'elle a essuyés; son ancienne division; fragmens de monumens Romains.
335
Description de cette ville. 336
Place de *Jaude*. 337
Fontaines publiques; description de la plus considérable. Ibid.
Edifices publics; beau tableau de *le Brun*. 338
Eglises de Clermont; ses trois anciennes cathédrales. 340
Description de la cathédrale actuelle. 341
Chapelle du saint-Esprit; horloge remarquable, Sarcophage. 342
Epitaphe de *Pierre de la Machie*. 344
Boiseries & sculptures. 345
Le maître-autel; ce qu'il offre de curieux. Ibid.
Mausolées en marbre. 346
Anecdote singuliere concernant *Guillaume du Prat*. Ibid.
Opinions diverses sur cette anecdote. 348
Bibliothéque de la cathédrale, droit dont jouissoit autrefois le chapitre. 349
Eglise de *Notre-Dame du Port*; sa description; chapelle souterraine; ce qu'il y a de curieux. 350
Abbaye de *Saint-Allyre*. 351
Tableau qui représente un fait merveilleux de l'histoire de ce saint. 352
Trait de la vie d'un saint & d'une sainte connus sous le nom des *deux amans de Clermont*. 354
Aventure effrayante d'un prêtre. 356
Pont & mur remarquables; par quoi formés; fontaine minérale; ses singuliers effets. 357
Abbaye de Saint André. 359
Fondation des Jacobins. 360

DES MATIERES. 431

Mausolée de *Nicolas de Saint-Saturnin*. Ibid.
Mausolée d'*Hugues Aicelyn*. 361
Fondation des Cordeliers ; leur église, tableau, mausolée & tombeau remarquables. 362
Autres maisons religieuses ; tableau dans celle des religieuses Hospitalieres ; hôpitaux. 363
La halle au blé ; premiere croisade résolue à Clermont, & à quelle occasion. 364
Hommes illustres qu'a produits Clermont ; *Avitus*. 366
Grégoire de Tours. 367
Jean Bonnefons. 368
Jean Savaron. 369
Blaise Pascal. 370
Domat. 371
Bourg de *Chamaillére*, & ses environs. 372
Parc de *Mont-joly* ; route qui conduit au prieuré de *Saint-Mart*. 374
Le bourg de *Royat* ; fontaine remarquable. 375
Montagne de *Chaté* ; choses curieuses qu'on y voit. 376
Montagne du *Puy-de-Dome*, sa description ; vue dont on jouit sur son sommet. 377
Expérience faite sur cette montagne. 379
Cratére connu sous le nom du *Nid de la Poule*. 380

LETTRE CDXI.
Suite de l'Auvergne.

Le bourg de *Pont-Gibaud* ; son histoire & ses environs ; mines d'argent, source minérale. 382
Chartreuse du *port sainte-Marie* ; sa fondation & sa description. 383
Le bourg de *Rochefort*. 385

Lebourg d'*Orcival*; son église. 386
Lapetite ville d'*Herment*; son histoire. 387
Maisons dans lesquelles a passé cette terre.
anecdote d'un gentil-homme de celle de
Bosredon. 388

LETTRE CDXII.
Suite de l'Auvergne.

EMPLACEMENT de la forteresse de *Gergovia*. 391
Description de cette montagne de *Gergovia*. 392
Action de guerre mémorable entre *Vercingentorix*, chef des Gaulois, & César. 393
Environs de *Gergovia*. 394
La ville d'*Issoire* & son histoire. 395
Sieges qu'a soutenus cette ville. 396
Eglise remarquable qu'on voit dans cette ville. 399
Abbaye de Saint-Austrémoine; son histoire. Ibid.
Hommes illustres qu'a produits Issoire. 402
Environs d'Issoire. 403
Le village de *Perriers*; nombreuses excavations. 405
e village de *Pradines*; orage horrible & à jamais mémorable qu'on y a éprouvé. 406
La petite ville de *Champeix*; sa description. 407
Le bourg de *Nechers*. 408
Le bourg de *Saint-Sandoux*; colonnes basaltiques. 409
Cascade de *Saillens*. Ibid.
Le village de *Murol*; son ancienne description. Ibid.
Le lac de *Champon*. 410

Fin de la table du tome XXXI.